함께 살아나는 마을과 교회

함께 살아나는 마을과 교회

초판 1쇄 발행 2018년 7월 6일
초판 2쇄 발행 2018년 10월 17일

지은이 정재영
펴낸이 이의현
펴낸곳 SFC출판부
등록 제 114-90-97178
주소 (06593) 서울특별시 서초구 고무래로 10-5 2층 SFC출판부
Tel (02)596-8493
Fax 0505-300-5437
홈페이지 www.sfcbooks.com
이메일 sfcbooks@sfcbooks.com

기획 · 편집 편집부
디자인편집 최건호
영업마케팅 이정은
인쇄처 성광인쇄

ISBN 979-11-87942-27-6 (03230)

값 14,000원

잘못 만들어진 책은 언제든지 교환해 드립니다.

함께 살아나는
마을과 교회

정재영 지음

SFC

목차

3부. 함께 살아나고 있는 마을과 교회

교회에게 가장 중요한 일은 사람을 세우는 일이다. 지역교회들은 하나님 나라의 백성을 키워 지역사회로 파송해야 한다. 지역교회의 교인들이 지역사회 안에서 빛과 소금이 될 때, 그곳에서 바르고, 서로 화평하며, 함께 기쁨을 누리는 하나님 나라가 이루어진다. 그러나 이것은 결코 쉬운 일이 아니며, 신앙과 사회에 대한 많은 고민과 깊은 통찰을 필요로 한다. 그렇기 때문에 이 책이 출간된 것이 무척 반갑다. 지역 사역을 위해 고민하는 수많은 지역교회들에게 큰 도움이 될 정보들을 가득 담고 있는 이 책을 기꺼이 추천한다.

박원호(실천신학대학원대학교 총장)

오랫동안 한국사회의 세속화 현상을 관찰하고 분석해 온 사회학자인 저자는 한국교회의 미래를 지역사회 공동체 건설에 기여하는 지역교회 운동에서 찾는다. 마을 사람들을 사랑하고 그들의 필요를 경청하여 복음적 삶으로 대안을 제시하고자 하는 목회적 태도가 없는 한, 현재의 탈기독교적인 사회 분위기에서 단순한 선포적 전도로는 교회의 미래가 어둡다고 진단한다. 이 책에서 저자가 제시하는 지역교회 운동의 원리와 소개하는 여러 교회 모델들은 건강한 교회에 대한 희망과 소명을 지닌 목회자들과 그리스도인들에게 큰 도움이 될 것이다.

신원하(고려신학대학원 원장)

교회는 예수님을 믿고 거듭난 하나님의 자녀들이 모여 예배를 통해 하나님을 섬기고, 예수님의 사랑으로 이웃을 섬기고, 성령께서 공급하시는 힘으로 지역 사회를 섬기는 공동체이다. 건강한 교회는 기독교 신앙을 바탕으로 시민사회에 선한 영향력을 끼쳐야 한다. 민주시민을 양성하여 사회를 건강하게 발전시키는 데 이바지해야 한다. 하나님께서 우리를 구원하셔서 바로 천국으로 데려가지 않으시고 이 땅에 남겨 놓으신 까닭은 복음을 전하여 이 땅을 하나님의 나라로 만들기 위함이다. 교회 스스로 게토화되어 세상과 담을 쌓고 살지 말고 세상의 빛과 소금의 역할을 다하여 세상을 바꾸라고 명령하신다. "너희는 세상의 소금이 되어라!" "너희는 세상의 빛이 되어라!" 지금은 모든 교회가 지역 사회 속으로 깊숙이 침투해 들어가야 할 때다. 구체적으로 무엇을 어떻게 해야 하는지 고민하는 교회들에게 이 책이 훌륭한 안내서가 되어 줄 것이다. 특히 우리교회와 같이 협동조합이나 구체적인 마을 목회를 하려는 목회자들에게 큰 도움이 될 것이라 확신한다.

정성진(거룩한빛광성교회 담임목사, 장터 사회적 협동조합 이사장)

교회는 본질적으로 동네교회입니다. 요한복음 17장에 교회 공동체에 대한 예수님의 가르침이 기록되어 있습니다. 주님께서 땅에 계실 때 아버지 하나님께 올리신 마지막 기도입니다. 그 기도에 따르면 교회는 세상에서 주님께로 부름을 받아, 주님 안에서 거룩하게 훈련받으며, 다시 세상으로 파송되는 존재입니다. 교회의 현주소는 본질적으로 사회인 것입니다. 정재영 교수님이 이 주제를 정면으로 다루었습니다. 한국교회가 걸어갈 길이 이 책에서 보입니다. 참 고마운 책입니다.

지형은(말씀삶공동체 성락성결교회 담임목사, 사단법인 남북나눔 이사장)

교회가 세상으로부터 고립된 지는 꽤 오래되었다. 어디를 가도 교회를 볼 수 있지만, 교회가 그 동네 동사무소는커녕 노인정보다도 그 지역에서 존재 의미가 없는 경우가 허다하다. 교회는 세상 속에서 어떤 모습으로 존재하며, 그들이 속한 지역사회 속에서는 어떤 역할을 해야 하는가? 저자는 사회학적 분석과 이론에 기초하여 다양한 사례를 분석하며 신선한 도전과 통찰력을 제공하고 있다. 모든 사례에 신학적 반성이 필수적으로 동반되어야 하겠지만, 자신들이 살고 있는 삶터에서 선한 영향력 끼치기를 시도하였다는 사실만으로도 이 작은 교회들은 박수를 받을 자격이 있다. 이 책을 통해 성경적 교회론 위에 사회적 적실성으로 무장한 지역교회들이 일어나는 일에 물꼬가 트이길 기대한다.

김형국(나들목교회 대표목사, 하나복DNA네트워크 대표)

머릿말

최근 한국 교계에서 마을공동체에 대한 관심이 높아지고 있다. 한 교단에서는 '마을 목회'를 한 해의 주제로 정했을 정도다. 2010년도에 조성돈 교수와 함께 『더불어 사는 지역공동체 세우기』(예영)를 출판했을 때만 해도 마을에 대한 교계의 관심은 그리 높지 않았다. 이 책의 취지는 이웃 사랑의 실천이자 교회의 신뢰를 회복할 수 있는 방안의 하나로 지역공동체 운동에 참여하자는 것이었다. 하지만 "교회에서 그런 것까지 해야 하나?" 하는 반응이 대부분이었다. 물론 지금도 그렇게 생각하는 교회가 없지 않지만, 8년 전과 비교하면 교계 분위기는 사뭇 달라졌다.

그래서 지금 시점에서는 단순히 지역공동체 운동에 참여하자는 것보다는, '어떻게 참여할 것인가, 어떤 태도로 참여할 것인가'가 중요하다. 교회들이 지역공동체 운동에 관심을 가지면서 하는 질문은 대개 "이것이 교회 부흥에 도움이 되는가?" 하는 것이었다. 한국 기독교인, 특히 목회자의 궁극적인 관심이 대부분 교회 부흥에 있다고 해도 과언이 아니다. 모든 성도들의 활동의 목표가 교회 부흥이라고 할 정도다. 그래서 지역공동체 운동에 활발하게 참여하는 교회를 방문하는 사람들이 꼭 하는 질문이, "그래서 교회는 부흥

했습니까?"라는 것이다. 그리고 딱히 그렇게 말하기 어렵다는 말을 들으면, "그렇다면 도대체 왜 이런 일을 하는 겁니까?"라고 재차 묻기 일쑤다. 이것은 지역공동체 운동에 열심히 참여하는 목회자들의 힘을 쏙 빼는 일이다.

이 책의 여러 부분에서 주장하겠지만, 지역공동체 운동을 교회의 양적 성장을 위한 수단으로 여기는 것은 바람직하지 않다. 이러한 활동을 열심히 한다고 해서 양적 성장이 이루어진다는 보장도 없으며, 이웃 사랑의 실천을 교회 규모의 확장 수단으로 삼는 것은 바람직하지 않기 때문이다. 요즘 선교적 교회missional church가 주목받으면서 지역에 대한 관심이 높아져서 카페나 작은도서관을 여는 교회들이 많아지고 있으나, 이것을 교회 규모 확장의 수단으로 삼는 경우가 일부 있다. 교회의 문턱을 낮춤으로써 불신자들이 보다 쉽게 교회 안으로 들어오게 되면 이들이 교인이 될 수 있으리라 기대하는 것이다. 그러나 많은 재정을 투입하여 카페나 도서관을 열었는데도 교인이 늘지 않으면 교회 안에서 반대 여론이 커지기 마련이다. 이에 따라 결국 문을 닫는 경우가 많은데, 이로써 오히려 하지 않느니만 못한 결과를 낳을 수도 있다.

지역공동체 운동은 텃밭 다지기와 같다. 한국교회에 대한 사람들의 신뢰가 매우 낮은 지금 상황에서는 전도하기가 점점 어렵게 되고 있다. 사람들은 신뢰하지 않는 사람들의 말에 귀를 기울이지 않기 때문이다. 이러한 상황에서 이웃 사랑의 실천으로서 이러한 지역공동체 운동에 열심히 참여하다 보면 교회에 대한 신뢰가 쌓이게 되고, 결국 복음의 문도 열리게 될 것이라 기대할 수 있다. 그렇다고 해도 이것을 전도의 방편으로 삼기보다는 그 자체를 목적으로 삼고 진정성 있게 지속하는 것이 중요하다.

지역공동체 운동을 열심히 하고 있는 한 젊은 목회자는 "지역공동체 운동을 '운동'이라고 하지 말고 '삶'이라고 하면 좋겠다"라고 말했다. '운동'은 의도를 가지고 사람들의 관심을 모으고 자원을 동원해서 어떤 목표를 이루고자 하는 것이다. 그러나 지역공동체 운동은 특별한 운동 차원에서 하기보다는 그냥 목회자의 삶 속에서 이루어졌으면 좋겠다는 바람을 내비친 것이다. 운동은 하다가 그만둘 수도 있지만 삶은 그만둘 수 없기 때문에, 이것이 삶 차원에서 이루어져야 한다는 주장이기도 했다. 이 책에서는 지역공동체에 대한 교회의 관심을 높이고자 하는 의도로 이것을 '운동'이라고 표현하고 있으나, 운동을 넘어서 삶의 차원으로 나아갈 수 있기를 기대한다.

다만, 이 책에서는 지역공동체를 활성화하기 위해 적극적인 동원과 참여가 이루어질 때 '지역공동체 운동'이라고 표현했고, 상대적으로 적극성이 부족할 경우에는 '지역공동체 활동'이라고 표현했다. 그리고 지역공동체를 활성화한다는 것은 단지 지역 개발이나 경제적인 발전을 도모한다는 것이 아니라, 더불어 사는 공간으로서 지역사회에서 공동체성을 발현시키고 공동체를 회복시킨다는 뜻으로 사용하고 있음을 밝혀 둔다.

이 책은 이러한 관심을 가지고 그동안 연구하고 발표한 글들을 모은 것이다. 대부분 논문 형식으로 발표되었기 때문에 다소 딱딱한 느낌을 받을 수도 있어서 부분적으로 구성과 문장을 다듬고 고쳤다. 책의 구성은 3부로 되어 있는데, 먼저 1부는 지역공동체 운동을 뒷받침하는 원리적인 내용들이다. 1부의 1장과 2장은 이전에 출판한 『더불어 사는 지역공동체 세우기』에 실었던 부분과 그 후에 발전시킨 논의를 종합하고 재구성하여 실은 것이고, 3장은 지난 2017년 한국기독교목회자협의회(한목협)의 '한국인의 종교생활과 신앙의식 조사' 중 목회자 부분에 대하여 쓴 글을 고쳐서 실은 것이다. 그리고 4장부터 6장에서는 지역공동체 운동의 필요성과 함께 총체적인 대안을 제시했다.

다음으로 2부는 원리를 확장하고 응용하여 교회와 지역 현장에서 적용할 수 있는 내용들로 구성되어 있는데, 1장에서는 1부에서 다룬 원리들을 모델화해서 구체적인 방법과 전략을 제시했다. 2장은 지역공동체 운동을 도시 지역에서 적용하기 위해 한국연구재단의 지원을 받아 연구한 논문을 실은 것이고, 3장은 2장 내용과 균형을 맞추기 위해 『더불어 사는 지역공동체 세우기』에 실었던 농촌에 대한 글을 가져와 다시 실었다. 4장과 5장은 한국연구재단의 지원을 받아 연구한 논문을 기초로 했다. 지역공동체 운동의 한 차원으로서 공동체 자본주의에 교회가 참여하기 위한 방안으로 커뮤니티 비즈니스와 협동조합에 관하여 연구한 내용이다. 그리고 6장은 예전에 마을문고 형태로 시작되었다가 최근에 보다 공공성을 띤 형태로 발전하여 다양한 지역공동체 운동의 거점 역할을 하고 있는 작은도서관에 대하여 썼다.

마지막 3부의 글들은 그동안 지역공동체에 참여해 온 교회들을 탐방하고 목회자들을 인터뷰하여 교계 잡지인 『새가정』에 1년 동안 연재했던 글을 조금 수정하여 실은 것이다. 사례 교회들은 대부분 교인 수가 백 명 이하인 비교적 작은 교회들인데, 이렇게 작은 교회의 사례들을 소개한 것은 한국교회의 절대 다수를 차지하고 있는 작은 교회들이야말로 이 주제에 대한 관심을 필요로 하기 때문이다. 작은 교회도 큰 교회 못지않게, 어떤 부분에서는 큰 교회 이상으로 지역사회 안에서 많은 활동을 하면서 지역공동체를 세우는 데 기여하고 있다는 점을 보여 주고 싶었다.

이 사례들은 많은 작은 교회 목회자들이 인적, 물적 자원이 없어서 일을 할 수 없다고 하는 것이 핑계일 수도 있음을 잘 보여 주는 사례들이다. 이 글들을 이 년여 전에 썼기 때문에 지금은 각 교회의 사정이 다소 달라졌을 수도 있지만, 당시의 상황에서는 매우 의미 있는 활동들을 하고 있었다. 이후의 상황보다는 당시의 활동에 관심을 갖고 보면 참고할 만한 부분이 많은 사례라고 생각한다.

그리고 목회사회학연구소 주관으로 미국 시애틀 교회들을 방문한 후에 쓴 칼럼 두 편을 실었다. 칼럼에 썼듯이, 흔히 한국인들이 많이 찾는 LA가 포함된 캘리포니아 지역이 아니라 시애틀을 찾은 이유가 있다. 이 방문에서 이른바 '성공한 목회'가 아니라, 새로운 환경에 교회들이 어떻게 대응하고 있는지를 보고 싶었기 때문이다. 선교적 교회를 표방하는 크고 작은 교회들이 급변하는 환경 속에서, 교회의 본질을 놓치지 않으면서도 적실성 있는 사역을 하기 위해 노력하는 모습들을 생생하게 볼 수 있었다.

한 가지 덧붙이고자 하는 것은, 이 글들은 종교사회학의 관점에서 연구하고 쓴 것이기 때문에 신학적인 논의와는 다르다. 목회나 신앙생활에서의 적용점이나 대안이 부족하다고 느낄 수도 있다. 이것은 사회학이 사회 현상들에 대해 문제를 제기하고 그 문제를 가능한 대로 객관적으로 분석하는 것을 기본적인 목적으로 하기 때문이다. 구체적인 적용과 대안은 결국 이 운동에 참여하는 목회자를 비롯한 기독시민들, 그리고 함께 살아가는 우리 사회 구성원 모두가 고민하며 만들어 가야 할 것이다.

마지막으로 어려운 출판 여건에서도 흔쾌히 출판을 결정해 준 SFC출판부 이의현 대표와 책의 내용을 재구성하여 보다 짜임새 있게 만들어 준 편집부에 진심으로 감사한다.

2018년 6월

글쓴이

1부

죽어 가는 한국교회와
사회 살리기

한국개신교는 한국 3대 종교(개신교, 가톨릭, 불교) 중 가장 늦게 전파되었다. 그럼에도 불구하고 빠른 성장 속도가 두드러져서, 가장 짧은 기간 동안에 많은 신자들을 확보하여 전체 인구에서 경이적으로 높은 비중을 차지하게 되었다. 한국개신교의 성장은 60년대까지 꾸준히 이어졌고, 특히 70년대에 산업화가 본궤도에 오르는 것과 발맞추어 세계 기독교 역사상 유례를 찾아볼 수 없는 급성장을 보이기 시작했다. 그 결과 한국개신교는 선교 일 세기 만에 전체 국민의 오분의 일에 해당하는 인구를 개신교 신자로 만들었고, 전국에 육만 개에 달하는 교회당을 세우게 되었다.

2016년 말에 발표된 인구주택총조사(인구센서스) 결과에서 개신교는 급기야 우리나라에서 가장 교인이 많은 종교로 등극했으나, 이는 매우 의아한 결과이기도 하다. 그 이유는 장로교, 감리교, 성결교 등 주요 교단 통계에서는 교인 수가 최근 지속적인 감소세라고 보고되었기 때문이다. 정부의 공식 통계 조사에서 개신교가 대표 종교로 나온 것은 기뻐할 일이나, 따라서 단순히 교인 수에 따라 일희일비할 것이 아니다. 그보다는 개신교가 우리 사회에서 마땅히 감당해야 할 역할을 다하고 있느냐 하는 측면에서 평가해야 할 것이다.

신학의 관점에서 볼 때도 교회는 본성상 모두 지역교회local church이지만[1], 사회학적으로 보면 더더욱 교회는 역시나 뿌리박고 있는 지역사회에서 지방자치단체, 시민단체, 기업, 주민 등과 더불어 주요한 구성원이다. 교회는 그 지역사회의 정치, 경제, 사회 문제와 직접적인 관련이 있는 개인들로 이루어졌으며, 이 사람들을 위하여 세워진 기관이다. 그러므로 교회는 그 지역사회의 문제와 직접적으로 연결되어 있다. 교회 실존의 근거가 바로 지역사회인 것이다.

따라서 교회와 지역사회를 분리해서 생각한다는 것은 불가능하다. 이런 점에서 교회는 지역사회 안에서 일어나는 사회문제를 진지하게 다루고 그것을 해결하려는 노력을 해야 할 의무가 있다.[2] 그러므로 1부에서는 한국교회와 한국사회의 상황을 살펴보면서 교회가 지역공동체 운동을 펼쳐야 할 필요성에 대하여 논의하고자 한다.

1. 한국개신교가 생명력을 잃고 있다

잃어 가는 신뢰

교회에 다닌다는 것이 더 이상 신뢰의 기준이 되지 못하고 있다. '기독교윤리실천운동'의 사회신뢰도 조사에서는 십 년간 교회에 대한 신뢰도가 조금도 상승하지 않았고, 2017년 한목협 조사에서는 심지어 목회자도 한국교회를 그다지 신뢰하지 않는 것으로 나타났다. 한국교회에 대한 목회자들의 전반적 신뢰도(긍정률)는 35.5퍼센트로 매우 낮았고, 2012년 조사와 비교하면 거의 절반 수준(27.7퍼센트)으로 하락했다. 그리고 그동안 한국 개신교의 개혁 활동에 대해 53.2퍼센트는 "개혁을 이뤄 오지 못했다", 46.4퍼센트는 "개혁을 이뤄 왔다"라고 평가해 부정평가가 긍정평가를 앞섰다.[3] 작년 한 해 종교개혁 5백 주년을 맞이하여 교계에서 갖가지 행사를 벌였던 일들이 무색함을 보여 주는 결과이다.

한국개신교가 공신력을 잃고 있는 원인은 개신교 지도자들을 포함하여 개신교인들의 신앙이 삶과 일치되지 못하고 있기 때문이며, 조직으로서도 한국교회가 사회에서 기대하는 올바른 역할을 감당하지 못하고 있기 때문이다. 최근에 개신교와 관련하여 일련의 일들이 논란이 되었다. 이 일들에서 보면 우리나라 사람들에게 한국개신교의 모습은 우리 사회의 책임 있는 일원이라기보다는, 오로지 자신들의 이익만을 추구하는 하나의 이익집단과 같이 비치고 있다.

그동안 한국개신교는 사회와 소통하려고 하기보다는 상대방을 단순히 전도 대상자로 여기며 일방적으로 진리를 선포하는 태도를 보여 왔다. 절대진리를 수호한다는 입장에서는 전도의 대상자와 타협하기 어려우므로 자칫 도덕적 우월감에서 상대를 낮잡아보기 쉽다. 그리고 이렇게 자기 집단 우월주의의 사고방식에 매몰된 사람은 더 넓은 사회의 지평을 바라보지 못한다. 그리하여 한국개신교인들은 교회생활에 열심일수록 사회에 대한 의식 수준이 더 떨어지는 기현상을 보인다.

그 결과로 한국개신교는 우리 사회에서 일어나고 있는 공공의 문제에 대해 관심을 갖고 책임 있는 역할을 감당하지 못했고, 세상과는 벽을 쌓고 자기들만의 왕국을 건설하는 데만 급급하여 교세 확장과 교회당 건축에만 몰두하고 있다는 비판의 소리가 높다. 전래 초기 한국개신교는 남녀차별과 신분제와 같은 사회 부조리를 혁파하고 새로운 가치 질서를 제시하는 선구자의 역할을 감당했다. 하지만 오늘날의 한국개신교의 활동에서는 선한 사회를 이루고자 하는 공공의 노력은 거의 찾아보기 힘든 실정이다. 이제 한국개신교가 직면한 상황을 직시하고 교회가 사회에 대한 올바른 사명을 감당하기 위하여 온 힘을 기울여야 할 때다.

흔히 교회에 대하여 '공동체'라는 말을 사용한다. 하지만 시대의 흐름 속에 묻힌 오늘날 교회들은 성경에 나오는 초대 교회의 기독교인들이 경험했던 공동체의 요소를 상실했다는 지적이 보편화되고 있다.[4] 교회공동체 안에서 훈련된 기독교인은 교회 밖에서도 분명 일반인들의 삶의 양식과는 구별된 삶을 살아야 한다. 그러나 그것은 교회가 스스로 외부와는 단절된 채 안으로의 결속에만 집중해야 한다는 것이 아니다. 교회를 공동체라고 할 때는 일종의 동류 집단이라고 할 수 있는 '끼리끼리'의 집단, 곧 공공성과는 아무 관계가 없이 게토ghetto: 특정 집단의 거주구역화 된 공동체를 가리키는 것이어서는 안 된다.[5] 여러 개신교 연구자들은 기독교 영성이 이웃을 향한 봉사나 지원 활동으로 연결되지 않는다면 영성이 우리 시대의 도전 속에서 살아남을 수 있을지 의심스럽다고 지적한다. 영성이 개인의 사사로운 공간 속으로 깊이 은거할 것을 우려하는 것이다. 종교사회학자인 로버트 우스노우Robert Wuthnow는 확실히 한 사람의 신앙은 개인의 것이고, 신념의 문제이고, 그 사람의 기본 인생관의 일부라고 말하면서도, 신앙이 개인의 것이고 사사로운 것이라고 말할 때 우리가 믿음이 지닌 공공의 차원을 무시하게 된다는 것도 지적한다.[6]

곧 참다운 그리스도인은 참이웃, 참시민으로 살아가는 사람이라는 것이다. 기독교인은 사회를 하나님의 영광을 드러내야 할 삶의 무대로 여기며 자신의 신앙을 공공 영역에서 실천할 수 있어야 한다. 그러므로 교회 공동체 안에서 훈련된 기독교인이라면 자기 자신이나 자기 가족의 이익을 구해서는 안 된다. 비기독교인들보다 더 엄격한 도덕 기준에 따라 자신과 가족의 울타리를 넘어서 공공의 문제에 관심을 갖고 토론하며 사회에 참여할 수 있어야 한다. 교회가 이러한 기독시민을 길러낼 수 있을 때에야 한국개신교가 우리 사회에 기여하는 위대한 종교로서 신뢰를 얻을 수 있을 것이다.

결국 이것은 한국개신교인들이 기존의 성장주의 패러다임으로 교회를 운영하고 신앙생활을 영위하는 것이 문제가 있다는 말이기도 하다. 기존의 성장주의식 패러다임의 전환을 심각하게 요청받고 있는 것이다. 이제는 교회들이 단순히 성장을 추구하는 것이 아니라 내실을 다지며 교회가 속한 지역사회에서 공적인 역할을 감당해야 할 때다. 성장주의 패러다임에서는 전국 어디에서든지, 심지어는 다른 교회 교인이라도 우리 교회에 들어오기만 하면 된다고 여겼지만, 이제는 교회가 속한 지역사회와 소통하며 지역사회의 책임 있는 구성원으로서 역할을 감당해야만 한다. 이를 통해 신뢰를 회복하려는 노력이 어느 때보다 시급한 상황이다.

파괴된 교회 생태계

최근 부쩍 많이 사용하고 있는 말 중 하나가 '교회 생태계'이다. 일반 생태계와 마찬가지로 교회들이 생태계처럼 연결되어 있어서 서로 직간접으로 영향을 주고받고 있다는 뜻이다. 특정 부류의 개체만이 아니라 모든 개체들이 공생 또는 상생할 수 있는 여건이 유지될 때 '생태계가 건강하다'고 한다. 이것을 교계에 비추어 본다면, 교계를 이루고 있는 다양한 주체들이 공존하며 서로에게 건강한 영향을 미치고 있는가 하는 측면에서 교계의 건강을 진단할 수 있다. 곧 개체 교회가 아니라 전체 교회의 공동체성(공교회성)을 생각해 보아야 한다는 것이다.

통계청에서는 목사, 사모, 부목사, 전도사 등 교회 종사자의 숫자가 네 명 이하면 소형 교회, 다섯에서 아홉 명 사이이면 중형교회, 그 이상이면 대형교회로 분류한다. 그런데 2009년 국민일보 기사에 따르면, 통계청이 집계한 한국교회 5만 2,905개 중 93퍼센트에 해당하는 4만 9,192개가 소형 교회인 것으로 나타났다. 그러나 교회 종사자를 기준으로는 정확한 규모를 파악하기 어렵다. 그러므로 2015년에 예장 통합 교단이 조사한 내용에 따르면, 이 교단에서 교인 수가 백 명 이하인 교회는 5,563개로 전체의 62.9퍼센트를 차지했다.[7] 통합 교단은 교세가 안정된 주요 교단이므로, 개신교 전체에서 소형교회의 비율은 이보다 다소 많은 70퍼센트 정도라고 추정할 수 있을 것이다.

이러한 소형 교회는 교인 수가 적기 때문에, 전체 개신교인 중 이들이 보유한 교인들이 차지하는 비중이 아주 크지는 않다. 2012년 한목협 조사 결과에서는 개신교인의 39.5퍼센트가 삼백 명 미만의 중소형교회에 속한 것으로 나타났다. 또한 필자가 책임을 맡고 있는 실천신학대학원대학교 '21세기교회연구소'와 '한국교회탐구센터'가 2016년에 공동으로 실시한 '평신도의 교회 선택과 만족도 조사'에서는, 전체 개신교인의 37.5퍼센트가 백 명 이하의 소형교회 교인으로 집계되었다. 그리고 그중에서도 오십 명 이하의 교회에 다니는 사람들이 23.8퍼센트로, 오십일 명 이상 백 명 이하 규모 교회들의 교인보다 더 많은 것으로 조사되었다. 한국교회의 60퍼센트 내지 70퍼센트를 차지하는 소형 교회들의 교인 수 합계가 전체의 40퍼센트가 채 안 된다는 것은 소형 교회가 그만큼 어려운 형편이라는 것을 보여 준다. 그러나 한편으로 한국 개신교인 열 명 중 네 명이 소형 교회 교인이라면, 소형 교회의 존립은 전체 한국교회의 존립과 무관할 수 없다고 할 것이다.

그런데 최근에는 일 년에 삼천 교회가 문을 닫는다는 이야기가 있을 정도로 개교회들이 대단히 어려운 형편에 처해 있다. 특히 교인들이 큰 교회로 쏠리는 현상 때문에 개교회의 다수를 차지하는 소형 교회가 양적으로 성장하기가 불가능할 지경이다. 극소수의 큰 교회로 교인들이 몰리고 절대다수의 작은 교회는 양적으로 성장하지 못하는 이른바 교회간의 '양극화 현상'이 극심하다는 뜻이다. 연도별 통계를 비교하면 이것이 더욱 심해지고 있는 것으로 나타났다.

필자는 이러한 현상에 대하여 목회자 의식 조사를 실시했다. 그 결과 설문에 응한 목회자 430명 중 58.1퍼센트가 "매우 심각한 문제이다"라고 응답했고, 33.3퍼센트가 "어느 정도 문제가 된다"라고 응답하여, 총 91.4퍼센트가 양극화 현상을 문제라고 인식함을 알 수 있었다. 현재 교회에서 사역한 기간이 길수록, 그리고 다른 지위의 교역자들에 비해 담임교역자가 이러한 상황을 더 심각하게 느꼈다. 또한 서울 경기 등 수도권 지역의 목회자들이 다른 지역에 비해 더 문제를 심각하게 느꼈는데, 이것은 수도권에 많은 교회가 몰려 있는 것과 관계가 있는 것으로 보인다.[8]

이러한 양극화 현상의 가장 큰 원인 중 하나는 기존 교인이 교회를 옮기는 이른바 '수평 이동'이다. 앞의 한목협 조사 결과에 따르면 한국개신교인들은 평균 2.7개의 교회를 옮겨 다닌 것으로 나타났다. 출석한 교회의 수는 '두 개'가 52.9퍼센트, '세 개'가 34.6퍼센트, '네 개'가 7.5퍼센트, '다섯 개 이상'이 5퍼센트로, 두세 교회를 다녀 본 경우가 전체의 87.5퍼센트를 차지했다.[9]

또한 앞에서 언급한 '평신도의 교회 선택과 만족도 조사' 결과에 따르면, 교회 이동의 요인으로 '이사, 결혼, 거리' 문제가 주를 이루고 있다. 따라서 종교적인 이유보다는 종교 외적인 이유로 교회를 옮긴 것을 알 수 있다. 현재 우리 사회는 도시화율이 90퍼센트에 육박하는데, 도시에서는 직장 변동과 주택 사정으로 자주 이사를 한다는 점을 고려하면 교회를 옮기는 수평 이동은 앞으로도 지속될 것으로 예측된다. 이러한 교회 이동은 대개 작은 교회에서 큰 교회로 옮기는 경향이 강하기 때문에, 그만큼 큰 교회는 더욱 커지게 되고 작은 교회는 성장하기가 더 어려워진다. 이러한 현상이 지속된다면 대형 교회로 쏠리는 현상이 가속화되고, 소형 교회는 마침내 생존조차 어려운 상황을 맞게 될 것이다.

큰 강물도 작은 시냇물들이 모여서 이루어지는 것이다. 때문에 작은 시냇물이 없어지거나 약해지지 않도록 하천 관리를 해야 하듯이, 작은 교회들이 활력을 잃어버리게 되면 결국 전체 한국교회에 부정적인 영향을 미칠 수밖에 없다. 사회학에서는 "개인의 합리성이 집단의 합리성을 담보하지 못한다"라는 말이 있다. 만일 어떤 건물에 불이 나면 개인의 입장에서는 살기 위해서 다른 사람을 제치고 밖으로 나가는 것이 합리적이지만, 모든 사람들이 그렇게 하면 오히려 무질서해지기 때문에 모두가 사망에 이르는 비합리적인 결과가 올 수 있다는 것이다. 마찬가지로 교계에서도 큰 교회가 자기의 성장과 이익을 위해 주변의 다른 교회를 고려하지 않고 자기중심의 활동을 한다면, 결국 교회에 대한 인식이 나빠져서 전체 한국교회에 악영향을 미치고 공멸할 수도 있다. 그러므로 공교회성을 향상시켜 큰 교회와 작은 교회들이 상생할 방안을 마련하는 일이 시급한 실정이다.

사실 작은 교회는 그 자체로 큰 가치가 있다. 작은 교회는 교회의 본질적 특성으로서 성경에서 말씀하고 있는 '공동체로서의 교회'에 보다 가까운 형태를 하고 있는 경우가 많기 때문이다. 대형 교회가 되지 못해서 작은 교회인 것이 아니라, 오히려 교회가 교회답게 되게 하는 바람직한 방법으로서 공동체성을 위해 작은 교회를 추구하는 것이 의미가 있다는 것이다. 이런 점에서 작은 교회를 단순히 규모가 작은 교회라기보다는 '공동체성이라는 교회의 핵심 가치를 중시하고 추구하는 교회'라고 보는 것이 옳다. 이렇게 '작은 교회 정신'을 추구하는 것이 현재 한국교회가 직면한 많은 문제를 극복할 수 있는 대안이 된다고 본다. 그러니 작은 교회가 사라지는 것은 곧 한국교회가 안고 있는 문제를 극복할 대안을 잃어버리는 것이다.

'양극화' 현상으로 작은 교회들이 고사 상태로 내몰리고 공동체성을 상실한 대형 교회에 실망하여 교회를 떠나는 사람들이 늘어나는 지금, 한국교회는 개교회 중심의 사고를 넘어서 공교회성을 회복해야만 한다. 그리고 작은 교회 정신이 몇몇 교회의 작은 몸부림으로 그칠 것이 아니라 한국개신교계에서 하나의 존재 양식으로, 그리고 하나의 교회 문화로 자리 잡을 수 있도록 확대재생산해야 한다. 이로써 한국 개신교계에서 규모와 상관없이 공교회성과 공동체성을 함양하는 새로운 대안 문화가 자리 잡을 수 있도록 노력해야 할 것이다.

가나안 성도도 교회에 나가고 싶다

최근 한국 교계에서 또 하나의 중요한 쟁점으로 거론되는 것이 '가나안 성도'이다. 미국과 유럽의 종교 연구에 따르면 신앙은 갖되 종교 제도로부터는 벗어나려고 하는 탈제도화 경향이 강해지고 있음을 알 수 있다. 같은 맥락에서 한국개신교에서 나타나는 현상이 '가나안 성도' 현상이다. '가나안 성도'라는 말은 기독교인으로서의 정체성은 가지고 있지만 현재 교회에는 출석하지 않으면서, 이스라엘 백성들이 가나안 땅을 향해 여행했듯이 '새로운' 교회를 찾아다니는 사람들을 일컫는 말이다. '가나안'을 거꾸로 읽으면 '안나가'인 것과 같이, 의도적으로 제도적 교회를 나가지 않거나 '기성 교회'를 거부하는 사람들을 가리키기도 한다. 작년 인구주택총조사 결과에서 전체 개신교인의 수는 증가했지만 교회 안의 '교인' 수는 감소했는데, 이는 이러한 가나안 성도의 증가와 무관하지 않다.

필자는 이 현상을 객관적으로 이해하기 위해 종교사회학의 관점으로 이 현상을 분석했다.[10] 가나안 성도라고 하면 흔히 '선데이 크리스천'과 같이 기독교인으로서의 정체성이 약하고 교회에도 정착하지 못한 이름뿐인(명목적인) 기독교인이라고 생각하기 쉽다. 그러나 조사 결과에서는 교회 출석 당시에 서리집사 이상의 직분을 받은 사람이 26.7퍼센트를 차지했고, 교회를 다닌 기간이 평균 14.2년으로 나와 이들이 평균 10년 이상 교회를 다녔던 사람들임을 보여 주었다. 또한 교회에 다니던 당시에 구원의 확신이 분명했다는 응답이 48.1퍼센트였고, 전체 응답자에서 네 명 중 한 명 꼴로 지금도 구원의 확신이 있다고 응답했다. 이어서 교회 활동에도 "매우 적극적으로 참여했다"(36.9퍼센트), "어느 정도 적극적으로 참여했다"(53.4퍼센트)라는 응답을 합하면 90퍼센트 이상이 적극적으로 교회 활동을 한 사람이라는 것을 알 수 있었다.

그리고 응답자의 70.7퍼센트가 교회를 한 번 옮겼거나 옮긴 적이 없는 사람들이었다. 한목협의 조사 결과에서 기독교인들이 평균 2.7개 교회를 옮겨 다닌 것과 비교해 보면, 오히려 가나안 성도들이 더 드물게 교회를 이동했음을 알 수 있다. 이러한 조사 결과로 볼 때 가나안 성도들은 본래 교회를 자주 옮겨 다니던 이른바 '교회 쇼핑족'들이었다가 교회를 떠난 것이 아니라, 대부분 한두 교회에 10년 이상 정착해서 다니던 사람들이었다. 또한 절반가량이 구원의 확신도 가지고 있었던 진지한 기독교인이었으나 교회를 떠나게 되었음을 또한 알 수 있다.

이들이 교회를 떠난 후 경과한 시간은 평균 9.3년으로 비교적 오래되었는데, 그럼에도 25.2퍼센트는 여전히 구원의 확신을 가지고 있는 분명한 기독교인이었다. 특히 91.8퍼센트가 신앙모임에 참여하고 있지 않은 상황인데도, 세 명 중에 두 명은 교회에 다시 나가고 싶어 했다. 이 사실을 고려한다면 이들이 신앙을 잃지 않고 교회로 돌아올 수 있는 방안을 마련하는 일이 시급한 실정이다.

가나안 성도가 출현하는 이유는 두 가지로 생각해 볼 수 있다. 하나는 뒤에서 더 자세히 살펴보겠지만, 사회가 변화했기 때문이다. 근대 사회에서 개인은 제도와 집단을 통해서 정체성을 형성했지만, 오늘날의 개인들은 이러한 제도화를 거부하는 경향이 강하다. 지금 시대 사람들은 사회적 역할을 부과하는 획일적이고 상투적인 규범에 의존하지 않고 자신의 욕망대로 살겠다는 의지가 있다. 성 해방, 가족적 풍속의 해방, 이혼과 독신 생활의 증가 등은 모두 강요된 소속의식을 대신하여 개인의 독립을 내세우는 개인주의 혁명의 또 다른 모습이기도 하다. 이러한 경향이 종교성에 영향을 미친 결과가 가나안 성도의 등장인 것이다.

이러한 경향은 우리 사회에서만 나타나는 것이 아니다. 영국에서는 이미 이십 년 전에 '소속되지 않은 신앙believing without belonging'이라는 개념으로 이러한 문제가 제기된 바 있다. 필자가 실시한 조사에서도 이들이 교회를 떠난 이유들 중 "자유로운 신앙생활을 원해서"가 30.3퍼센트로 가장 많아서 이렇게 변화한 사회상을 반영하고 있었다.

그러나 다음으로 "목회자에 대한 불만"이 24.3퍼센트, "교인들에 대한 불만"이 19.1퍼센트, "신앙에 대한 회의"가 13.7퍼센트로 뒤를 이었다는 것도 생각해 보아야 한다. 특히 고학력자, 교회에 다녔을 때 직분이 있었던 사람, 구원의 확신이 있었던 사람들에게서 상대적으로 목회자에 대한 불만 때문에 교회를 떠났다는 응답이 많은 것이 특징적이었다. 이에 비하면 "시간이 없어서"라는 단순한 이유는 6.8퍼센트에 불과한 것으로 나타났다. 이 결과로 볼 때 가나안 성도들이 교회를 떠난 것은 자유로운 신앙생활을 원하는 탈현대인들의 특징과 함께, 기성 교회와 기성 교회의 가르침에 대한 불만도 주된 이유가 되었다는 사실을 알 수 있다.

이러한 조사 결과를 본다면, 우리 사회에서 교회를 떠난 이들이 모두 교회라는 제도 자체를 거부하는 탈제도화의 경향이 있다거나 '무교회주의'를 주장한다고 해석하는 것은 옳지 않다. 기존 제도 교회가 지나치게 권위적·

획일적·형식적이게 된 것에 반발하여 교회를 떠나는 사람들도 많다는 점을 이해해야 옳다. 최근에 이들 중의 일부가 다시금 모여서 신앙 모임을 만드는 일이 늘고 있다는 것이 그 방증이다. 이것은 일면 다행스러운 징후인데, 이들이 교회 자체를 거부하는 극단적인 개인주의자들이라면 이들을 다시 교회로 돌아오게 하기는 매우 어려울 것이기 때문이다. 그러나 이들이 기성 교회의 문제점에 대한 불만으로 교회를 떠난 것이라면, 교회가 갱신되기만 한다면 이들이 다시 교회로 돌아올 가능성이 크다.

그런데 얼마 전에 한국을 방문한 유명 기독교 작가 필립 얀시Philip Yancey는 가나안 성도에 대해 묻는 기자의 질문에, 교회 문제 때문에 "그렇게 떠난 사람들은 돌아오지 않는다. 불에서 꺼낸 숯은 차가워지게 마련이다. 성숙한 기독교인이 교회 안에 계속 남아 개혁과 새 생명 운동을 일으켜야 한다. 그렇지 않으면 한국교회는 오늘날 유럽교회가 그렇듯 텅 빈 유물로 전락할 것이다."라고 경고한 바 있다. 그의 진단에 따르면 가나안 성도들을 다시 교회로 데려오려 애쓰기보다 이들이 새로이 신앙생활을 할 수 있도록 돕는 것이 보다 현실적인 방안이 될 수도 있다. 제도 교회가 갱신되는 것이 단시일 내에 되는 일이 아닌 만큼, 교회를 떠난 상태에서라도 신앙을 유지할 수 있도록 돕는 일이 급선무라는 것이다. 그래서 최근에 부각된 '구도자에 민감한seeker-sensitive 교회'뿐만 아니라, '교회 이탈자에 민감한leaver-sensitive 교회'나 교회 이탈자들이 안전하게 신앙을 탐구할 수 있는 '경계 집단들liminal groups'도 필요하다.[11]

가나안 성도들은 그들이 의도하든 의도하지 않든 기성 교회에 큰 도전이 되고 있다. 그것은 이들이 기성 교회에 대해 뚜렷한 불만을 가지고 떠난 사람들이고, 그들 중 일부는 기성 교회와 차별성이 있는 대안적인 교회를 세우고 있기 때문이다. 이것은 마치 제도화된 중세 교회가 형식적으로 경직되고 교권주의화됨에 따라 일어난 수도원 운동이나, 교권이 미치지 않는 사막으로 나갔던 사막 교부들의 모습을 떠올리게 한다. 우리 사회의 가나안 성도 현상은 한국교회의 제도가 지나치게 경직되고 권위주의적인 데 반발한 사람들이 비제도적으로 교회 갱신을 촉구하는 것으로 볼 수 있다.

이러한 점에서 이들이 한국교회에 요구하고 있는 것은 바로 '살아 있는 공동체로서의 교회'이다. 이들은 한국교회가 다양한 생각을 가진 개인들을 존중하고 포용하며 서로 간에 소통할 수 있는 공동체성을 회복하기를 소망한다. 탈현대 시대에도 종교적 의미를 담고 있는 진정한 공동체로 거듭나기를 기대하는 것이다.

2. 붕괴되어 가는 한국사회

해체되고 있는 전통 가족

우리 사회는 근대화 과정을 거치면서 이전과는 전혀 다른 형태의 사회로 변하고 있다. 특히 서구에서는 이백 년에서 삼백 년에 걸쳐 근대화가 서서히 이루어진 데 반해, 우리 사회는 오십 년에서 육십 년 정도에 걸친 매우 짧은 시기 동안에 급격한 변화가 일어나는 '압축적 근대화'를 경험했다. 이러한 근대화 과정은 경제 영역뿐만 아니라 사회의 모든 영역에 영향을 미쳐 엄청난 변화를 가져왔다. 특히 한국의 가족은 전통적인 형태와 특징으로부터 크게 변했다.

이러한 변화를 가장 잘 보여 주는 것이 한부모 가족, 독신 가족, 기러기 가족, 무자녀부부 가족, 재혼 가족, 동거 가족 등 기존의 상식으로는 비정상으로 비치기도 하는 이른바 '비정형 가족'의 등장과 증가다. 이에 따라 가족의 위기, 가족의 해체를 논할 정도로 한국의 가족은 엄청난 변화의 소용돌이 가운데 처해 있다. 또한 부모나 자녀와 함께 살지 않는 1인 가구가 급속히 증가하고 있다. 결혼보다 내 삶을 택하는 2030세대, 가부장적 가족제도를 거부하는 여성들, 결혼적령기를 넘긴 남녀, 여기에 기러기 아빠와 '돌아온 싱글'(이혼자), 홀로 된 노인까지 더해져 우리 사회에서 '나홀로족'의 수가 가파르게 늘어나고 있는 것이다. 전체 가구 중 25퍼센트가 1인 가구일 정도로 혼자 사는 사람들이 급증하고 있다.

이렇게 전통적인 가족 형태를 유지하기 어렵게 만드는 요인 가운데 하나는 우리 사회의 급속한 고령화와 저출산 경향이다. 2016년에 결과가 나온 2015년 인구주택총조사 인구부문을 보면, 우리 사회에서 65세 이상 고령인구는 13.2퍼센트(657만 명)로, 2010년 11퍼센트(536만 명)에 비해 2.2퍼센트 포인트(121만 명)증가한 것으로 나타났다. 총인구에서 65세 이상 인구가 차지하는 비율이 7퍼센트 이상인 사회를 고령화 사회Aging Society라고 한다. 그리고 65세 이상 인구가 총인구에서 차지하는 비율이 14퍼센트 이상인 사회를 고령사회Aged Society라고 하고, 65세 이상 인구가 20퍼센트 이상인 사회를 후기고령사회post-aged society 혹은 초고령 사회라고 한다. 우리 사회는 2017년에 이르러 고령인구가 14퍼센트를 넘어 고령사회에 진입했다.

인구주택총조사 결과에서 노령화지수0~14세 인구에 대한 65세 이상 인구 비율는 2010년 68에서 2015년 95.1로 증가했다. 2010년에 통계청은 1980년에 3.8퍼센트에 불과했던 우리나라의 65세 이상 고령인구의 비중이 2050년에는 38.2퍼센트가 되어, 칠십 년간 열 배 증가할 것으로 전망했다. 그리고 2050년에는 전체 인구 열 명 중 한 명이 80세 이상 인구가 될 것으로 예측했다. 이러한 우리나라 인구 구성의 특징을 한마디로 요약하면, 우리나라는 고령화 속도가 세계에서 가장 빠른 나라다. 프랑스가 고령화 사회에서 초고령 사회로 이행하는 데 무려 155년이나 걸린 반면, 한국은 단 26년 만에 도달하는 것으로 추산되고 있다. 2010년의 노령화지수는 69.7로 유소년 열 명 당 고령자 일곱 명 수준으로 조사되었는데, 2005년의 48.6보다 21.1이 증가했고,

1980년(11.2)에 비해서는 여섯 배 이상 증가했다. UN의 예상대로라면 우리나라는 2026년에는 초고령 사회로 탈바꿈하게 된다. 우리는 세계 어떤 나라와도 비교할 수 없는 급격한 인구 변동을 경험하고 있는 것이다.

이러한 인구 고령화를 가속시키는 주요 요인 가운데 하나가 바로 저출산이다. 고령 인구는 증가하는 데 반해 이를 상쇄시킬 신생아 출산이 감소하기 때문에 인구 고령화가 더 심해지는 것이다. 출산율이 급격하게 떨어진 가장 직접적인 이유는 베이비부머들이 아이를 적게 낳기 때문이다. 「2016년 한국의 사회지표」에 따르면, 우리 사회의 합계 출산율여자 1명이 가임기간 낳는 평균 출생아 수은 1.17명으로 여전히 OECD 회원국 중에서 최저 수준이다. 과거 합계출산율이 1960년에는 6명, 1970년 4.5명, 1980년 2.8명, 1990년 1.5명이었음을 감안하면 지난 40년간 한국의 출산율은 그야말로 급격한 하락을 경험했다. 또한 2017년 1월부터 5월까지 누적 출생아 수는 15만 9,600명을 기록하여 전년도 같은 기간보다 12.4퍼센트 줄었고, 출생아 수는 2015년 11월에 전년보다 3.4퍼센트 증가한 것을 마지막으로 18개월 연속 감소했다. 2016년까지는 그나마 한 해 출생아 수가 40만 명 선을 유지했으나, 그 마지노선이 무너질 것이라는 비관적인 전망이 나왔다. 이와 같이 우리나라에서 한 해 출생하는 신생아 수는 전 세계적으로 유례를 찾아보기 힘들 정도로 급감하고 있는 추세다.

이와 같은 출산율 하락이 지속될 경우 2021년부터 인구가 줄 것이라던 정부의 당초 예상보다 인구감소가 훨씬 앞당겨지게 될 것이라는 분석도 나왔다. 현 추세대로라면 2012년 6월에 5천만 명을 돌파한 현재 인구가 2045년부터는 적정 인구를 밑돌아 인구 부족 현상이 나타나고, 2050년에는 4,400만 명 수준까지 줄어들 것으로 예측됐다. 그리고 2100년에는 현재의 절반 수준으로 줄어들고, 2300년 무렵에는 한반도에서 인간이 사라지는 인구 소멸 상태가 될 것으로 예측된다. 옥스퍼드대 데이빗 콜먼David Coleman 교수는 한국이 인구소멸 국가 1호가 될 것이라고 예측하기도 했다. 우리나라의 인구 절벽이 가까운 현실이 되고 있다.

잃어버린 공동체성, 잃어버린 행복

이러한 변화는 한국 사람들이 가장 중시하며 이상적인 공동체로 여겨왔던 가족이 더 이상 과거와 같은 형태로 유지되지 못하여 공동체로 기능할 수 없는 상황을 야기한다. 대부분의 사람들이 여러 가족 구성원들과 주변의 친척이나 이웃 공동체 속에서 정서적으로나 규범적으로 안정된 삶을 영위하던 과거와는 전혀 다른 상황에 처한 것이다.

OECD가 발표한 '2016년 더 나은 삶의 질 지수'를 보면 한국은 조사 대상 38개국 중 하위권인 28위를 차지했다. 그리고 2012년 24위, 2014년 25위에 이어서 지속적인 하락세를 보이고 있다. 이 조사에서는 환경, 주거, 건강에 대한 지표들이 모두 나빠지고 있는 데다가 공동체의 결속도 매우 약한 것으로 나타났다. "어려움에 처했을 때 도움을 요청할 수 있는 친척, 친구 또는 이웃이 있다"라고 응답한 사람은 75.8퍼센트였는데, 이는 멕시코 다음으로 낮은 수치였다. 누군가 진실로 믿어 주는 단 한 사람만 있어도 사람은 다시 일어설 수 있다고 하는데, 우리 사회는 이러한 공동체적 풍토가 매우 취약한 것이다.

이러한 결과가 마침 우리나라가 OECD에 가입한 지 20주년이 되는 해에 발표되었다는 것은 시사하는 바가 크다. OECD로 줄여 쓰는 '경제협력개발기구Organization for Economic Cooperation and Development'는 이른바 '선진국

클럽'으로 불린다. 실제로 1996년 10월 11일에 OECD의 29번째 회원국으로 가입이 결정된 이후 한국의 경제규모는 몰라볼 정도로 커져서 곧 선진국으로 진입하는 듯했다. 이후 1년 만인 1997년에 외환위기를 맞아 큰 어려움을 겪었지만 이를 잘 극복했고, 2008년에 시작된 글로벌 금융위기 등의 시련 속에서도 우리나라는 경제 외형을 키우는 데는 성공했다. 그 결과 OECD 가입 20주년을 지나며 국내총생산GDP은 세계 9위로 올라섰고, 세계 6위의 수출대국이 되었다. 그러나 전체적인 사회적 지표들을 보면, 우리나라는 선진국이라고 말하기 민망한 수준을 면치 못하고 있다.

OECD는 한 나라의 삶의 질을 종합적으로 보여 주는 지표 가운데 하나로 자살률을 꼽는다. 우리나라는 1996년에는 십만 명 당 12.9명이 자살했지만, 2015년에는 28.7명으로 자살률이 두 배 이상 올랐다. 금융위기 때인 2009년에 30명을 돌파한 뒤 소폭 낮아졌지만 여전히 OECD 회원국 가운데 압도적인 1위로, 2위인 일본보다 거의 두 배 가까이 높다. 자살은 통계청이 2016년에 조사하여 발표한 우리 국민의 사망원인 5위를 차지하고 있다. 이것은 교통사고, 고혈압, 당뇨, 간질환으로 사망한 사람보다 자살로 사망한 사람이 더 많다는 뜻이다. 자살자 수는 최근 자살 예방 활동의 효과로 다소 감소하기는 했지만, 2016년 한 해 동안 자살로 죽음에 이른 사람이 1만 3,092명이었다. 여전히 하루 평균 37명이 자살을 하고 있으며, 약 40분에 한 명씩 자살로 사망하는 셈이어서 '자살공화국'이라고 해도 지나치지 않을 정도다.

출세와 성공 지향이라는 우리 사회의 강력한 문화·정서적 경향은 학생들을 교육이라는 미명 아래 입시 경쟁으로 내몰아, 수능시험 날이 되면 수험생이 목숨을 끊었다는 보도가 끊이지 않고 있다. 또한 가족의 안정을 위해 성공과 출세의 압력에 시달리는 40대 남성들은 우리 사회에서 가장 높은 자살률을 기록하고 있다. 이와 같이 가족마저도 성공을 위해 수단이 되는 도구적 가족주의 경향 아래서는 노인들은 전혀 효율성이 없으므로 가족과 사회의 짐으로 여겨질 뿐이다. 이 결과로 2000년대로 들어선 이후 노인 자살자 증가율이 전체 자살자 증가율의 대여섯 배에 달할 정도로 가파르게 상승하고 있다.

스스로 목숨을 끊지 않더라도 돌보는 사람이 없어 혼자 살다가 외로이 죽음에 이르게 되는 '고독사'도 최근 들어 급증하고 있다. 이러한 상황은 우리 사회의 삶의 질이 어느 수준인지 여실히 보여 준다. 보건복지부에 따르면 지난해 1,232명이 고독사로 숨을 거둔 것으로 나타났다. '무연고 사망자'는 2011년 693명에서 2012년 741명, 2013년 922명, 2014년 1,008명, 2015년 1,245명으로 늘었다. 2011년부터 2015년 사이 77.8퍼센트나 증가한 것이다. 이러한 상황은 우리 사회의 공동체로서의 기능이 대단히 취약하다는 것을 보여 주고 있다.

OECD가 사회 분야 통계에서 중요한 통계로 공표하는 또 다른 지표는 사회지출이다. 이 지표들이 나쁠수록 병과 실직, 노환 등으로 힘들고 어려운 일을 겪을 때 국가나 사회의 도움을 받기보다는 개인이 더 많이 스스로 해결해야 한다는 뜻이다. 언론 보도에 따르면, 한국은 사회지출 부문에서 대부분 OECD의 꼴찌나 최하위를 기록했다. 저소득가정이나 노년층, 장애인, 병자, 실직자, 청년 등을 대상으로 한 중앙정부나 지방정부의 현금과 물품, 용역, 세제 혜택 지원 등을 뜻하는 사회보장지출의 경우, 2016년 기준으로 GDP에서 차지하는 비중은 10.4퍼센트였다. 이것은 자료가 있는 스물아홉 개 국가들 가운데 꼴찌인 29위에 해당한다. 이러한 내용 역시 우리 사회가 더 이상 공동체라고 말할 수 없는 지경에 이르렀음을 보여 주고 있다.

갈 길을 잃어버린 사회

앞에서 살펴본 급격한 사회 변동과 공동체의 붕괴는 그 사회에 속한 구성원들에게서 많은 혼란과 갈등을 일으키게 된다. '압축적 근대화'로 표현되는 우리 사회의 변동 과정은 특히 경제 발전이라는 측면에서 선진국 따라잡기 식의 '돌진적 근대화'가 특징이라고 할 수 있다. 짧은 시간에 서구의 경험을 바탕으로 삼아 잘사는 사회, 또는 현대적인 사회를 만들기 위해 오로지 앞만 보고 달려온 것이다. 이렇게 경제발전을 향해 앞만 보고 달려왔지만, 이전의 가치관과 새로운 가치관 사이에서 갈등과 혼란을 일으키면서 한국인들의 의식은 심각하게 왜곡되었다.

과거에 삶의 규범을 제공했던 공동체는 붕괴되었지만 현재 우리 사회의 어떠한 제도나 기관도 올바른 가치관과 삶의 규범을 제시해 주지 못하고 있다는 것이 더욱 큰 문제다. 근대화 과정에서 과거의 전통과 전통적인 가치는 변화된 사회에 적합하지 않아 쓸모없게 되었지만, 현대 사회에 적합한 새로운 가치와 규범이 제대로 형성되지도 않았다. 때문에 사회구성원들은 자신의 삶을 지탱하고 방향을 잡아 줄 기준을 찾지 못해 갈등과 혼란을 경험하게 되는 것인데, 이것이 일찍이 사회학자 뒤르케임Emile Durkheim이 말한 '아노미anomie 상태'인 것이다.

근대화 과정에서 두드러지게 등장한 가치관은 경제주의식 사고방식과 성공주의 가치관이다. 경제주의란 경제성을 잣대로 일상생활의 모든 것을 평가하고 파악하는 사고방식을 말한다.[12] 경제주의에 성공주의가 더해지자 돈과 물량이 성공의 독보적인 기준으로 자리 잡게 되어, 이웃에 대한 배려 없이 자신의 출세와 가족의 성공만을 추구하게 되었다. 그 결과는 사회 곳곳에서 찾아볼 수 있는데, 앞에서 살펴본 고령화 저출산 현실에서 특히 부정적으로 두드러진다. 경험이 중요했던 전통 시대에는 노인이 '지혜의 보고'로 여겨졌고, 가족 재산도 그것의 형성을 주도해 온 노인에게 귀속되었다. 반면에 전통적인 산업구조를 찾기 어려운 오늘날에는 노인의 경험이 큰 쓸모가 없으며, 재산도 가족구성원들이 각자의 직업에 따라 형성하기 때문에 노인 공경의 물적 토대가 사라졌다. 자신들이 젊었을 때 노인들을 극진히 공경했던 현재의 노인들이 지금은 거의 '천덕꾸러기' 신세로 전락한 상황에서 겪는 혼란과 상실감은 말로 표현할 수 없을 정도다.

경제주의는 저출산의 원인으로도 가장 자주 등장한다. 과거에는 아이를 낳으면 여성이 자녀 양육을 위해 직장을 포기하는 등 자신의 삶을 희생해야 하는 경우가 적지 않았다. 그러나 요즘에는 비용을 이유로 일을 계속하기 위해 결혼을 늦추거나 출산 계획을 보류하는 사례들이 상당수 있다는 사실이 심층 면접 결과 확인되었다.[13] 게다가 최근에는 경제 상황의 악화로 연애, 결혼, 출산을 포기한다는 이른바 '삼포세대'라는 말이 생겼을 정도이니, 앞으로 저출산 문제는 더 심각해질 것으로 우려되고 있다.

이러한 가치관의 혼란은 우리 사회 구성원들이 의미 있는 삶을 영위하는 것을 저해하고 있다. 모든 것을 경제성과 효용성 그리고 성공이라는 잣대로 평가하려는 의식은, 사람은 그 자체로 가치가 있으며 그에 걸맞은 권리가 있다는 천부인권사상조차도 배척해 버린다. 이렇게 인간의 가치를 지키는 기본적인 도덕이 무너지게 되면, 도덕적으로 옳고 그름과 상관없이 약육강식의 정글의 법칙이 작동하는 비인간적인 사회가 되어 버릴 것이다.

도덕이 살아 있는 사회에서야 소수자와 약자에 대한 배려와 보호를 기대할 수 있다. 그리고 이러한 도덕적인 힘의 원천이 되는 것이 바로 종교다. 종교는 고래로부터 인간에게 필요한 기본 규범뿐만 아니라 그 사회가 존속하고 발전하는 데 필요한 도덕과 정의의 원천이 되어 왔다. 따라서 극심한 가치관의 혼란을 겪는 한국사회에서 한국교회의 역할이 더없이 중요한 상황이라고 할 수 있다.

3. 목회자 앞에 놓인 장애물들

목회 환경이 크게 달라졌다

교회가 어려움에 봉착하고 한국사회가 크게 변함에 따라 목회 환경도 이전과 매우 다르게 변하고 있다. 전래 초기 우리 사회에서 기독교는 새로운 종교이자 새로운 문물의 전달자였고, 구질서를 혁파하고 새로운 나라의 기틀을 세우는 데 중요한 자원이었다. 교회는 나라의 독립을 위해 앞장섰고 전쟁으로 폐허가 된 나라를 다시 세우는 데 크게 일조했다. 그래서 당시에 누군가 교회에 다닌다는 것은 그 사람이 믿을 만한 사람이라는 의미였으며, 목회자는 지역사회에서 존경받는 어른이었다. 목회자는 가장 학식이 높으며 삶의 지식이 뛰어난 사람으로 여겨졌고, 그래서 마을 대소사에서도 빠지지 않는 유지와 같은 역할을 했다. 이러한 환경에서 교회는 날로 부흥하고 성장했다.

오늘날 교회의 처지는 사뭇 다르다. 이전처럼 십자가를 세우기만 하면 사람들이 몰려들지 않는다. 교회를 세워도 삼 년을 유지하기가 어렵다고 하고, 일 년 안에 문을 닫는 교회가 수천 개에 이른다고 한다. 그래서 전국에 있는 교회 수를 정확하게 파악하기도 어려운 실정이다. 교회들은 서로 경쟁하는 상황으로 내몰렸고, 다른 교회가 어찌 됐든 우리 교회가 부흥하는 것이 최우선의 가치가 되었다. 어떠한 중앙집권적인 권력에도 의지하지 않고 각 교회들이 스스로 판단하고 결정할 수 있는 권한이 있다는 종교개혁의 전통은 개교회의 이기주의로 변질되었다.

앞서 살펴보았지만 이제 목회는 더 이상 사회적으로 존경받는 일이 아니며, 목회자가 목회에 충실하더라도 일정 정도 만족감을 누리며 교회 또한 성장하는 결과를 기대하기도 어려운 시대에 살고 있다. 조사 결과 현 시무교회에 대한 만족도를 포함하여 모든 항목이 2012년에 비하여 크게 하락하여 만족도(긍정률)가 50퍼센트를 넘지 못했다. 시무교회에 대한 전반적 만족도(긍정률)는 44.3퍼센트로 2012년 대비 27.5퍼센트 하락했고, 교회 성도들과의 관계에 대한 만족도도 전체적으로 2012년 대비 하락했다. 이에 따라 소명에 대해 후회해 본 경험에 대해서도 응답자의 21.9퍼센트가 후회한 적이 있다고 응답했으며, 특히 40대 이하의 젊은 목회자들에게서는 34.7퍼센트로 후회한 경험이 높게 나타났다.

지금의 목회 현실은 이전과는 분명히 다르다. 이제 목회에도 이전과는 다른 식의 접근이 필요하지만, 분명한 대안은 나타나지 않고 있다. 목회자들은 나름대로의 열정을 가지고 열심히 일해 온 것 같다. 그런데 열심히 일하면 일할수록 우리 사회에서 개신교의 인상은 더 나빠지고 교회 성장은 한계에 다다른 상황이다.

기존 목회 방식으로는 어렵다

지금은 교회 성장이 쉽지 않은 상황이다. 앞에서 본 한목협 조사에 따르면 주일 예배에 참석하는 장년 성도 수가 늘었다는 응답이 증가했지만, 줄었다는 응답도 증가했다. 작년에 있었던 각 교단 총회에서 거의 모든 교단이 교인 수 감소를 확인했던 것을 보면 실제로 교인 수가 증가하고 있다고 보기는 어렵다. 그나마 성장을 하고 있다는 응답은 교인 수가 백 명이 넘는 중형 교회 이상의 규모에서 많았고, 백 명 미만의 소형 교회에서는 성장이 정체라는 응답이 훨씬 많았다. 이와 관련하여 2017년 12월에 실천신학대학원대학교의 '21세기교회연구소'와 '한국교회탐구센터'가 공동으로 소형교회의 실태와 목회자 의식 조사를 실시했는데, 이 결과에서도 정체하고 있다는 응답이 과반수(52.5퍼센트)를 차지했다. 성장하고 있다는 응답은 36.4퍼센트, 감소하고 있다는 응답은 11.2퍼센트였다.

그래서 현재 목회자들이 목회 환경에서 느끼는 가장 큰 어려움으로는 "교인 수 증가가 더딤"이 30.3퍼센트로 가장 높게 나타났고, 요즘의 가장 큰 고민을 물은 결과에서도 "교회 성장의 어려움"이 44.7퍼센트로 가장 높게 나타났다. 그러면서도 목회자들은 한국교회의 가장 큰 문제점으로 "신앙의 실천 부족"(26.6퍼센트)과 함께 "지나친 양적 성장 추구"(23.6퍼센트)를 꼽았다. 일종의 내면의 갈등을 드러내는 것으로 보이는데, 이것은 교회 성장이 어렵기는 하지만 양적 성장을 지나치게 추구하는 것은 바람직하지 않다고 인식하는 것으로 해석될 수 있다.

이러한 교회 성장 정체로 목회자의 생활환경도 나빠졌다. 한목협의 조사에 따르면, 목회자들의 월 사례비는 평균 176만 원으로 2012년 대비 37만 원 줄어들었고(-17.4퍼센트), 기타 소득은 월 평균 108만 원으로 2012년 대비 61만 원 늘어났는데(129.8퍼센트), 월 사례비와 기타 소득을 합하면 평균 284만 원으로 집계됐다. 2012년의 260만 원보다 24만 원이 늘었으나, 그동안의 물가상승분을 생각하면 오히려 감소한 것이나 다름없다. 이는 한국교회의 재정 상태가 불안정해지면서 목회자의 경제 상황도 어려워지고 있음을 보여 주는 결과이다. 목회자의 소득 수단은 '교회 사례금'이 84.4퍼센트, '배우자 소득'이 36.7퍼센트, '개인 활동 소득'이 20.7퍼센트, '가족 도움'이 15.8퍼센트 등으로 나타났다. 2012년 대비 배우자가 다른 직업을 갖고 있는 비율과 가족 도움의 비율이 늘어, 목회만으로는 기본 생활도 유지하기 어려운 경우가 늘어나고 있음을 알 수 있다.

작은 교회의 목회자들은 형편이 더 좋지 않다. 앞에서 소개한 소형 교회에 대한 조사 결과에 따르면, 30퍼센트 정도가 비정기적으로 사례를 받거나 사례를 아예 받지 못한다고 답했다. 사례를 받는 경우에도 그중 56.3퍼센트가 연 삼천만 원 미만의 사례를 받고 있는 것으로 나타났다. 그나마 이것은 방문조사의 특성상 비교적 형편이 나은 교회들을 대상으로 조사한 것임을 감안하면, 여러 소형교회 목회자들의 생활이 매우 열악한 상황인 것을 알 수 있다.

우리 사회가 산업화에 박차를 가하며 경제 성장을 구가하던 시기에는 교회도 양적인 성장을 경험했지만, 어느 정도 경제 성장을 이루고 나니 더 이상 성장이 어려워졌다. 요즘에는 사람들이 종교적 집단 활동보다는 자기 성찰과 명상에 더 관심을 갖게 되었고, 덩달아 이제 교회 안에서도 양적인 성장보다는 질적인 성숙에 대한 관심이 높아지고 있다. 더군다나 교회에 대한 사회의 신뢰가 떨어진 현실에서 말로 전도를 하는 것은 더 이상 효과적인 방법이 아니다. 삶을 통해서 본을 보이고 기독교의 참된 가치를 보여 주는 것이 요즘 사회에서 요청되는 전도 방법이다. 계속 인용하고 있는 한목협 조사에서 목회자의 전도 경험이 16퍼센트 하락한 것이 이를 방증한다.

마찬가지로 목회적 실천도 약화되었는데, 오 년 전에 비해 설교 횟수와 상담 횟수, 그리고 선교사 파송 비율도 줄어들었다. 이것은 목회자의 성실성이 부족해졌다기보다는 기존의 목회 방식이 더 이상 유효하지 않음을 보여 주는 것으로 해석된다. 이 조사에서 목회자의 바람직한 역할에 대해서도 "기독교 복음을 주변에 전파하는 것"(16.8퍼센트)이나 "영적 깨달음을 얻게 도와주는 것"(20.5퍼센트)보다 "정직, 도덕, 이웃 사랑의 언행일치의 삶"이 42.8퍼센트로 가장 많이 나온 것이 이를 잘 보여 준다. 그러나 성도들의 신앙과 일상생활의 일치 정도는 20퍼센트 이상, 목회자 자신에 대해서는 30퍼센트 가까이 하락한 것으로 응답했다. 이러한 상황에서 교회가 필요로 하는 것은 그리스도의 사랑을 몸소 실천하는 일이다.

그러나 교회가 사회의 복지와 지역 발전에 "기여하고 있다"라고 생각하는 비율은 53퍼센트로 그리 높지 않았다. 그나마도 개신교인의 긍정률은 76.3퍼센트인 데 반해 비개신교인의 긍정률은 불과 17.2퍼센트밖에 되지 않는 것이 한국교회의 현주소이다. 또한 목회의 다섯 영역 중 '봉사'는 가장 낮은 비중을 차지하고 있었으며, 봉사를 본인 교회의 강점으로 꼽은 목회자는 1.9퍼센트에 불과했는데, 이것은 2012년 조사보다도 더 감소한 수치이다.

이번 조사에서는 문항이 빠졌지만, 2012년 조사에서는 개신교를 신뢰한다고 응답한 사람들에게 신뢰 이유를 물었다. 그 결과 가장 많은 44.8퍼센트가 "교회가 사회봉사를 잘하기 때문"이라고 응답했다. 적지 않은 목회자들이 여전히 "교회는 봉사단체가 아니다", "봉사는 교회의 본질적 요소가 아니다"라고 이야기를 하지만, 교회 밖에서는 교회의 봉사활동을 보고 교회를 신뢰한다고 응답한 것이다.

패러다임을 바꿔야 한다

　이러한 현실은 목회 패러다임에도 전환을 요구하고 있다. 사회는 더욱 복잡하고 다양하게 변하고 있다. 어느 누구도 '이게 답이다'라고 말하기는 어려운 가운데, 결국은 각 교회가 처한 상황에 따라 적절한 방법을 스스로 찾아야 하는 상황이 되고 있다. 결론적으로 앞으로는 목회하기가 더욱 어려운 시대가 될 것이다. 최근의 한국 교계의 경험에서 보듯이 대형교회를 벤치마킹하는 것은 큰 의미가 없다. 또한 누군가가 카페 목회나 도서관 사역으로 효과를 보았다고 해서 무작정 따라하는 것도 위험성이 크다. 특정 지역의 특정한 환경에서 성공한 방법이 다른 지역의 다른 여건에서 똑같이 성공을 거두리라는 보장은 없기 때문이다.

　결국 교회의 특성과 성도들의 정서, 그리고 지역사회에 대한 이해가 가장 뚜렷한 목회자와 성도들이 함께 자기들이 처한 특수한 상황을 근거로 나름대로의 대안을 마련해 가는 '아래로부터bottom up'의 운동이 적실할 것이다. 교회가 스스로 전문성을 가지고 대안을 찾아 가야 한다는 것이다. 풀뿌리의 다양한 주체들이 자기들만의 삶과 신앙에 대한 이야기를 만들어 가며 이를 바탕으로 새로운 흐름을 만들 수 있어야 한다.

　한편 목회자 수급 불균형 현상도 패러다임 전환을 요구하는 중요한 요인으로 등장하고 있다. 신학교 졸업생 수와 은퇴하는 목회자 수, 선교사로 나가는 수, 그리고 전체 교회 수 등을 종합해 보면 매년 수백 명의 목회자가 과잉 공급되고 있다. 그 결과 최근 십 년 사이에 수천 명에 이르는 목회자가 임지를 찾지 못한 채 무임 목사가 되고 있다고 보고된다. 십 년 전만 해도 목회자의 수도권 편중이 심해서 지방의 시골 지역은 목회자가 부족한 형편이라고들 했다. 그러나 요즘에는 목회자 공급이 넘쳐 나서, 교인 수가 십여 명에 불과한 시골 교회라도 목사가 없는 곳을 찾아보기 힘들 정도가 되었다. 그래서 전에는 작은 시골 교회의 목회를 대물림하는 것을 아름답고 귀하게 여겼으나, 이제는 그렇게 볼 수도 없는 상황이 되었다.

현재 일 년 동안 설립되는 교회는 많아야 이천 내지 삼천 개 정도이다. 그러나 매년 칠천여 명의 목회자가 배출되고 있으니 사역할 교회가 부족할 수밖에 없다. 그나마 매년 수천 개의 교회가 문을 닫고 있고, 교회가 개척되어 유지되고 있는 경우는 1퍼센트에도 채 미치지 못하는 현실이다. 지방 신학교나 군소 신학교를 나온 목회자들은 더더욱 임지를 찾기 어려운 형편이다. 그러다 보니 목회자들도 청년 실업자들처럼 스펙 쌓기에 열을 올리고, 심지어는 학력 부풀리기로 물의를 빚는 경우까지 발생하고 있다.

이러한 목회자 과잉 배출은 과도한 교회 개척으로 이어져서 개교회들 사이에서나 목회자들 사이에서 지나친 경쟁을 유발하기도 한다. 협력하고 연대해야 할 교회와 목회자들의 지나친 경쟁은 교회의 의미와 신뢰성을 상실시켜, 결국 기독교 전체와 복음 전파에 악영향을 끼치고 있다. 신도시마다 수많은 개척교회들이 몰려 서로 경쟁하는 상황인데, 난립한 개척교회들은 대부분 영세하기 마련이다. 그래서 열악한 환경을 극복하지 못해서 신도시마다 교회 건물이나 예배 처소가 부동산에 매물로 줄줄이 나오고 있고, 그러면서 그 지역에서 기독교 전체의 신뢰가 저하되는 의도하지 않은 부정적인 결과를 낳고 있다. 얼마 전 감리교 선교국이 내놓은 자료에 따르면, 십 년 동안 감리교 서울연회에서 개척한 교회들 중 41퍼센트가 담임목사의 사임과 재정문제 등으로 폐쇄된 것으로 나타났다. 그나마 운영되고 있는 교회도 절반 이상이 미자립 상태를 벗어나지 못하고 있는 것으로 조사됐다.

이러한 상황이므로 목회를 종래의 범위를 넘어 교회 밖의 다양한 일이나 활동으로 넓힐 필요가 있다. 기존의 관점에서는 목회 활동이라고 보기 어려운 영역도 자비량 목회의 일부로 이해하거나 그 영역 자체를 선교 영역이라고 이해한다면, 훨씬 폭넓은 일에 대해서 목회의 가능성이 열릴 것이다. 특히 최근에는 지역사회에 대한 관심이 커지고 있으므로, 지역사회에서 다양한 목회 활동을 전개하는 것이 교회의 본래적인 사역과도 이어진다는 점에서 매우 의미 있게 여겨지고 있다.

이제 한국교회는 교회 성장 이후기를 준비해야 한다. 앞에서 살펴본 바와 같이 목회자의 만족도와 목회적인 실천 등이 많이 약화되었다. 이것은 전통적인 목회 패러다임이 한계에 다다랐으며 이제 새로운 패러다임이 필요하다는 뜻으로 볼 수 있다. 기성 제도적 기독교를 거부하는 가나안 성도가 급증하고 있는 현상도 이를 방증한다. 2017년 한목협 조사에서는 가나안 성도의 비율이 23.3퍼센트로 나와 역대 최고치를 기록했다. 이미 오래전부터 한국교회의 위기에 대한 담론이 형성되었고, 최근에는 가나안 성도에 대한 문제가 제기된 후에 나름대로 대안 마련을 요청하고 이런저런 노력을 해 왔다. 하지만 여전히 기존의 목회 방식에 만족하지 못하는 사람이 계속해서 증가하고 있다는 것은, 필요한 대안이 기존과 매우 다른 차원의 것이어야 한다는 의미이다.

4. 교회를 살리는 지역 사역

사회봉사가 교회를 성장시켰다

앞에서부터 살펴보고 있는 한목협의 조사 결과에서는 흥미로운 사실을 하나 도출할 수 있다. 바로 다양한 항목에서 교회가 사회봉사 활동을 필요로 한다는 사실이다. 사회가 교회의 봉사활동을 필요로 한다는 것이 아니라 그 반대라는 이야기다. 앞서 확인한 대로 많은 사람들이 교회를 사회봉사를 잘하기 때문에 신뢰한다. 참고로 교회에서 주변 지역 주민을 위해 정기적으로 하고 있는 활동은 '독거노인 돕기'가 32.4퍼센트로 가장 높았으며, 그 다음으로 '김장·쌀·반찬 등 생필품 나눠주기'(28.3퍼센트), '장학금 기부'(21.5퍼센트), '고아원·양로원 봉사'(20.8퍼센트), '장애인 돕기'(20.1퍼센트) 등의 순으로 나타났다. 우리 사회가 작년에 고령 사회에 진입하면서 노인층을 위한 봉사가 더욱 확대된 것을 알 수 있다.

더욱 흥미로운 통계가 하나 더 있다. 목회자들에게 스스로 자신이 목회하는 교회를 '성장하는 교회', '정체하는 교회', '감소하는 교회' 중 하나로 평가하게 한 후에 그 교회의 가장 큰 강점을 물어보았다. 그랬더니 '감소하는 교회'에 속하는 목회자들은 81.8퍼센트가 예배가 강점이라고 응답했고, 다음으로 12퍼센트가 전도라고 응답했고, 사회봉사라는 응답은 전무했다. 이와 대조적으로 '성장하는 교회'에 속하는 목회자들은 62.7퍼센트만이 예배라고 응답했고, 다음으로 12.7퍼센트는 봉사가 강점이라고 응답했으며, 전도라는 응답은 4.8퍼센트에 불과했다. 물론 감소하는 교회가 더 전도에 열심을 내는 것이 자연스럽다고 할 수도 있다. 그러나 성장하는 교회들이 전도를 강점으로 드는 경우가 많지 않다는 점에서 전도가 성장과 사회봉사로 선순환되리라 기대하기는 어려운 현실이다.

한편 복음의 인지도를 보면 2008년에 16.6퍼센트였던 것이, 이 조사에서는 31.5퍼센트로 두 배 가까이 증가했다는 것도 주목할 만한 사실이다. 해당 기간 동안 개신교 인구는 늘지 않았기 때문이다. 대개 사회 여론조사에서는 상품의 인지도가 상품 구매에 직접적인 영향을 미치며, 선거에서도 후보 인지도가 당락에 가장 큰 영향을 미친다. 이를 감안한다면 복음에 대한 인지도가 크게 늘었음에도 교회 출석자가 늘지 않았다는 것은, 복음 전파가 반드시 교회 내 활동과 관련이 있지는 않다는 의미이다. 이것은 효과적인 복음 전파를 위해서는 불신자를 교회로 초대하는 것과는 다른 식의 전략도 필요하다는 의미이기도 하다. 그리고 앞에서 많은 응답자들이 교회의 지역사회 봉사활동을 보고 교회를 신뢰한다고 한 것에서 그 전략의 실마리를 찾을 수 있다.

그렉 호킨스Greg L. Hawkins와 캘리 파킨슨Cally Parkinson은 미국의 윌로크릭willowcreek 교회를 중심으로 영적인 성장에 대하여 1,000여 개의 교회를 조사하여 보고서를 펴냈다.[14] 이 보고서는 윌로크릭 교회를 3년간 조사하고 분석한 '발견 프로젝트'를 통해 약 25만 명의 사람들을 설문 조사한 내용을 바탕으로, 그리스도인들의 영적 성장 과정을 측정하고 영적 성장 단계의 중요 요소를 설명하고 있다. 이 보고서에는 지역공동체 활동과 관련하여 흥미로운 내용이 나온다. 교인들의 영적 성숙을 가장 성공적으로 이끌어 낸 최상위 5퍼센트 교회들의 특징을 열거하고 있는데, 그중 하나가 바로 지역사회 목회를 한다는 것이었다.

최고로 모범적인 교회들의 사역은 단순히 지역의 어려운 사람들을 구제하는 데 그치지 않고, 지역사회의 목자가 되어 해당 지역의 여러 쟁점들에 더 깊숙이 관여하고 있었다. 지역 시민단체에서 지역교회 교인들이 중요한 자리를 맡아 공공을 위해 일하는 것이 영적으로 성장하는 데 중요한 역할을 했다는 것이다. 이 사실은 영적 정체 현상으로 고심하는 한국교회에도 시사하는 바가 매우 크다.

사회봉사는 교회의 사명이다

한국교회가 우리 사회에서 적실성 있는 사역을 감당하지 못하는 이유 중의 하나는 선교에 대한 오해에서 비롯된다. 선교는 대개 외국에서 하는 것으로 이해되고 있으며, 국내에서 선교는 복음 전도로 환원되어 이해되고 있다. 그러나 선교는 좁은 의미의 복음 전도만이 아니라 이웃사랑까지 포함하는 폭넓은 개념이며, 이 땅이 하나님의 창조 원리에 따라 작동하고 이 땅의 모든 사람들이 하나님의 형상을 회복하고 하나님의 통치가 이루어지도록 하나님 나라를 구하는 것까지 포함하는 것으로 이해해야 한다. 예수님께서 제자들을 파송하시며 그들에게 세례를 주는 일뿐 아니라, 예수님의 '모든 가르침을 가르쳐 지키게 하는 사명'도 주셨기 때문이다마태복음 28장 20절.

그러므로 복음은 사사로운 신앙이 아니라 공적인 수준에서 발현되어야 한다. 기독교 신앙은 사사로운 개인 영역에서만 가치를 갖는 것이 아니라 세상의 모든 공적인 영역에서 그 힘을 발휘하는 것이기 때문이다. 기독교인의 삶은 교회 안에서만 이루어지는 것이 아니다. 기독교인이 각각의 삶의 영역에서 기독교 정신을 구현하고 기독교 가치를 실천함으로써 우리 사회를 하나님의 통치가 이루어지는 공간으로 만드는 일이 중요하다.

선교에 대한 이러한 시각을 신학적으로 뒷받침하는 자원으로 '선교적 교회론'을 들 수 있다. 선교적 교회는 이제까지 선교와 관련된 오해와 문제들을 극복하기 위해 비교적 최근에 등장한 개념이다. '선교적 교회'는 'missional church'를 번역한 것인데, 여기서 '선교'라는 말은 선교의 본래 의미를 이해하는 데 도움이 되기도 하고 오히려 방해가 되기도 한다. 앞서 말했듯이 한국교회에서 '선교'라고 하면 대개 해외선교와 결부시키기 때문에, '선교적 교회'라고 하면 '해외 선교에 몰두하는 교회' 정도로 이해하게 될 것이기 때문이다.[15]

영어권에서도 역시 mission이라는 말이 본래의 의미와 상관없이 '교회에서 하는 일종의 선교 프로그램들'로 이해되는 경향 때문에, 굳이 사전에도 없는 'missional'이라는 말을 사용하는 것이다. 이에 따라 'missional church'를 단순히 '선교적 교회'라고 번역하기도 하지만, 의도에 맞게 풀어서 '파송된 교회'라고 의역하기도 한다. 그러나 이 책에서는 신학계에서 통용되고 있는 '선교적 교회'라는 명칭을 사용하고자 한다.

선교적 교회를 이야기하기 위해서는 영국 교회로부터 인도 선교사로 파송받아 사십 년 가까이 사역한 후에 은퇴한 레슬리 뉴비긴Lesslie Newbigin에게서 출발해야 한다. 그는 거의 사십 년 만에 자신의 고국인 영국으로 돌아왔을 때, 인도가 아니라 조국 영국이 바로 선교지가 되었음을 인식한다. 당시 영국의 해외 선교는 대부분의 선교 국가들이 그러했듯이 제국주의적 식민주의와 궤를 같이하는 것이었다. 곧 선교지에 대영 제국의 기독교, 뉴비긴의 표현으로 말하면 '동시대의 문화적 설득력 구조'를 이식하는 것이었다.[16] 그런데 영국 사회가 세속화되고 다원주의화되면서 복음은 사사로운 것이 되었고, 사회와 문화 속에서 공적인 진리로 제시되지 못하게 되어 버렸다. 선교기지였던 영국 사회가 다른 선교지보다 더 선교지처럼 되어 버려 제도 교회들이 유명무실해진 실상을 보게 된 것이다.

이런 배경에서 나온 선교적 교회는 선교를 하나의 프로그램으로 보지 않고 교회의 본질로 이해한다. 선교하지 않는 교회는 내부적으로 어떤 활동을 하더라도 교회로 기능하지 못하는 것이다. 교회는 자체로 이미 세상에 보내진 하나님의 백성 공동체이고, 따라서 교회의 모든 사역과 그리스도인의 삶 자체가 선교를 지향한다. 이러한 선교는 단순히 복음 전도 차원만을 의미하는 것이 아니다. 개인 수준에서는 전인격을 통하여 성경의 가르침과 기독교 정신을 실천함으로써, 신앙을 개인의 사사로운 영역을 넘어서 공공의 수준에서 실천하는 것을 의미한다. 사회 수준에서는 하나의 대항문화 counterculture로서 기독교 정신과 가치에 터한 새로운 사회 질서를 세우는 것을 추구한다. 그래서 베반스Stephen B. Bevans는 맥락과 상황에 따라서 그에 적절하게 복음을 재해석하여 표현하는 뉴비긴의 상황화contextualization 모델을 대항문화적 모델로 명명하고 있다.[17]

선교적 교회론은 북미와 서구가 처한 문화적 상황에서 강조된 것이기 때문에 '복음, 교회, 문화'의 삼중 대화를 중요시한다. 이러한 점에서 선교적 교회론의 전략적 핵심 단어가 되는 것이 세상에 대한 교회의 '문화적 개입'이다. 그것은 단순한 '접촉'이 아니라, 그리스도의 피 묻은 생명의 복음을 담은 교회가 세상의 문화를 변혁하기 위해 세상과 만나는 '대항문화적counter-cultural' 개입인 것이다. 이러한 점에서 캐나다에 위치한 기독교 공동체 앨럴

론Allelon의 부회장과 AMLNAllelon Missional Leadership Network의 총책임자를 맡고 있는 앨런 록스버러Alan J. Roxburgh는, 세상으로 나아가는 선교적 교회가 되려면 전통적인 교회들로 하여금 중대한 변화를 요구해야 한다고 말한다. 그것은 교회가 그동안 중요하게 생각하고 지키고자 했던 여러 '경계들을 깨뜨리는' 변화를 이루어야 한다는 것이다. 이것은 전통적인 교회와 성도들이 갖고 있는 통념들의 변화를 말한다.

여기서 변화시킬 통념들이 기독교 신앙의 핵심 내용들을 가리키는 것은 전혀 아니다. 그보다는 선교를 해외선교나 선교전문가에게 국한된 사명으로 보는 오랜 통념을 가리키는 것이다. 선교적 교회론에서는 선교의 사명을 모든 교회와 기독교인에게 해당되는 것으로 이해한다. 많은 교회가 직업선교사에게 선교 사역을 위임한 채 일정한 재정을 후원하고 기도하는 것으로 선교의 책임을 다하고 있다고 생각한다. 그래서 이제까지 교회들은 선교헌금을 낼 사람들을 더 많이 모으기 위해 많은 재정을 투입하여 교회당에 좋은 시설과 프로그램을 갖추는 데 힘써 왔다. 그러나 선교적 교회의 관점에서는 모든 교회들이 그 교회가 속한 지역사회에서 선교해야 하며, 모든 기독교인은 자기가 속한 사회에서 선교적 삶을 살아야 한다는 것을 강조한다. 그러므로 선교적 교회론에서는 교회가 훈련된 교인들을 지역사회에 파송하여 각각의 영역에서 선교적 사명을 감당하도록 하는 것을 중요시한다.

따라서 기독교인은 단순히 개교회에 속한 '교인'으로는 충분하지 않고 사회를 변혁시킬 수 있는 기독시민이 되어야 한다. 그래서 교회 안에서 기독시민 교육을 실시해야 하고, 이렇게 훈련된 기독시민은 교회 안에서뿐만 아니라 다양한 사회 영역에서 공적인 참여를 통해 지역사회를 바꾸고, 정치와 경제를 바꾸고, 우리 사회의 규범과 가치를 바꿀 수 있어야 한다. 이것이 우리가 지역공동체에 관심을 가져야 하는 이유이다. 우리는 먼저 교회가 속한 지역사회에 관심을 가져야 한다. 지역교회는 지역사회에서 선교적 사명을 감당해야 하기 때문이다.

이러한 점에서 파송받은 교회로서의 사명을 다하기 위해서는 우리가 속한 사회, 특히 지역사회를 이해하는 것이 필수적이다. 뉴비긴은 선교란 일방적인 한 방향의 판촉과 같은 것이 아니라 복음이 담고 있는 의미들을 보다 깊이 배울 수 있는 상호간의 만남이라고 말했다.[18] 선교의 상황화를 위해서는 여러 지역과 상황 속에 존재하는 다양한 사람들과 그들이 영위하는 각각의 하위문화에 대한 연구가 필요하다. 그들의 삶의 이야기와 추구하는 가치, 그리고 세계관에 대하여 이해하고, 이에 적절한 형태와 표현으로 복음이 제시되어야 한다. 이것이 록스버러가 주장한 '아래로부터bottom up' 방식이기도 하다.[19]

앞 장에서 살펴본 바와 같이 우리 사회는 더 이상 공동체라고 말하기 어려운 상황을 맞고 있으나, 교회는 공적인 책임을 감당하는 데까지 나아가지 못하고 있다. 교회당을 신축하면서 주택가를 떠나 허허벌판으로 이전하는 일도 벌어지고 있다. 지역교회가 지역성을 상실하고 있는 것이다. 이제 교회는 다시 지역사회 안으로 들어가야 한다. 거기에서 하나님의 통치가 이루어질 수 있도록 노력해야 한다.

5. 사회를 살리는 교회 공동체

교회를 향한 시민사회의 요청

앞서 살펴보았던 것처럼, 현대 산업 사회인 우리 사회에서는 전통적인 공동체가 붕괴된 지 오래다. 이런 우리 사회는 조직 구조가 거대화되고 관료제화되면서, 사회 구성원들이 서로 친숙해지기 어렵게 하여 구성원들 사이의 신뢰성과 인격의 상호성을 약화시키고 있다. 이렇게 되면 인간관계가 비인격적으로 변하고, 결국 인간은 사회 안에 있으면서도 소외감을 느끼게 된다. 이에 따라 현대인들 사이에서는 잃어버린 전통적인 공동체를 그리워하고 그 공동체로 회귀하려는 욕구가 심화되고 있다. 이것이 바로 오늘날 우리 사회가 '새로운' 공동체를 필요로 하는 이유이다.

여기서 말하는 '새로운' 공동체는 인류사 대부분을 통해서 특징지어진 가족, 이웃, 민족 집단, 종족과는 분명히 다른 공동체이다. 이 공동체는 더 유동성 있고 개인의 감정 상태와 더 연관되어 있다. 이러한 '새로운' 공동체는 쉽게 결속하지만 또한 똑같이 쉽게 해체할 수 있게 함으로써 현대 사회의 유동성을 반영하는 것이다. '새로운' 공동체 운동은 대인 결속력을 상실했다고 느끼는 사람들에게 공동체를 제공하고 세속의 맥락에서 영성을 양성하는 것이다. 그리고 '새로운' 공동체는 많은 사회와 개인의 비용을 지불하고만 얻을 수 있는 형태의 공동체가 아니다. 오히려, 바쁘고 불안정한 사람들이 자신의 생활양식을 심각하게 조정하지 않고 가질 수 있는 사회적 상호작용social interaction을 제공한다. 결국 '새로운' 공동체 운동은 우리가 사는 복잡한 다원주의 세계에 완전히 적응할 수 있는 공동체를 제공하는 것이라 말할 수 있을 것이다.

이 '새로운' 공동체를 필요로 하는 상황이 현대 교회와 시민사회가 만나는 지점을 제공한다. 국가가 감당해야 하는 사회적 요구는 증대하는 대신에 정부의 예산 부담은 줄여야 하는 추세가 뚜렷한 지금, 결국 기대야 할 곳은 시민사회의 자발적 부문뿐일 수밖에 없다. 이러한 상황에서 볼 때, 역시 시민사회에 속해 있을 뿐만 아니라 많은 인적, 물적, 제도적 자원을 가지고 있는 교회가 한 축을 감당하는 것은 자연스러운 귀결이다. 교회는 종래의 시민사회를 하나로 묶어 주던 사회적 제도—학교, 가족, 정부, 회사, 근린집단, 전근대적 교회 등—가 제구실을 하지 못하게 됨으로써 생긴 사회적 공백을 메우고 지역공동체를 재조직하는 일에 앞장서라는 요청을 받고 있다. 뿐만 아니라 현실적으로 그 기능을 할 수 있게 되었다는 것이다.[20]

시민사회에 대한 정의는 다양하다. 그러나 어떤 정의에 따르든지 간에 토크빌Alexis de Tocqueville이 이미 한 세기 전에 미국 사회에 대하여 지적한 바와 같이 자발 결사체어떤 특정한 목적에 동의하는 사람들의 자발성에 기초한 모임가 시민사회의 중요한 일부이며, 따라서 다른 종교 조직들과 함께 교회 역시 시민사회의 특징을 지니고 있다. 이 때문에 최근 사회과학계에서는 새로운 관점에서 교회를 주목하고 있다. 그것은 시민사회에 대한 논의가 활발해지면서 나타난 현상인데, 이른바 '제3섹터'로 불리는 비영리·비정부 영역이 국가와 시장의 한계를 극복하는 대안적 패러다임으로 주목을 받기 시작하면서부터다. 시민사회 영역을 의미하는 제3섹터는 국가(제1섹터)의 통제로부터 자유롭고 시장 경제(제2섹터) 체제로부터 벗어나 있는 공간을 의미한다. 이런 점에서 교회는 당연히 제3섹터이자 시민사회 영역에 속한다고 볼 수 있다.[21]

이러한 교회는 시민 조직에 참여하는 데 필요한 인간관계를 형성하고 공공 활동에 필요한 정보를 교환하는 연결망을 발전시키기에 매우 적합한 장소이다. 현대 사회에서는 사람들이 누구를 신뢰할 수 있는지 확신하지 못한다. 이런 때에 교회는 내부에서 친밀한 교제를 통하여 사회적 상호작용을 증진시키고 절대로 혼자가 아니라는 신뢰를 발전시킴으로써 공동체주의 운동을 활성화시키게 되고, 그럼으로써 시민사회에 기여하게 될 것이다. 교회는 교인들이 그리스도의 충실한 제자가 될 뿐만 아니라 이 사회의 건실한 시민이 될 수 있도록 가르치고 격려해야 한다. 이것이 현대 시민사회에서 교회가 해야 할 역할이다.

교회는 현실적으로 우리 사회의 가장 기초적인 단위에까지 영향을 미칠 수 있는 사회 조직이다. 전국적으로 교회는 6만여 개에 달하는 것으로 알려져 있다. 전국 동·면사무소를 비롯한 관공서가 4천여 개이고 공공행정, 국방 및 사회보장행정기관을 모두 합한 행정기관 수가 1만 2천여 개인 것과 비교하면 그것이 얼마나 많은 숫자인지 알 수 있다. 동네마다 있는 편의점이 만여 개이고 주유소가 1만 3천여 곳이다. 전국에 있는 사회복지 시설도 2만여 개 정도이다.[22] 물론 이것은 교회가 너무 많다는 뜻도 되지만, 이렇게 많은 교회가 협력해서 활동을 한다면 전국의 지역사회를 모두 엮을 수 있는 잠재력을 가지고 있다는 의미이기도 하다. 이렇게 된다면 교회는 정부 차원에서 지원하지 못하는 전국적인 민간차원의 사회안전망 역할을 감당할 수도 있을 것이다.

이러한 관점에서 교회는 하나의 '사회자본'으로서 기능할 수 있다. 사회자본social capital이란 넓은 의미에서 개인과 집단이 다른 개인이나 집단과 맺는 관계를 통해 기대할 수 있는 사회적 가치, 곧 사회관계에 내재한 자산적 속성을 포괄하는 개념이다. 조직 구성원들 상호간의 이익을 증진시키기 위한 조정과 합의를 이끌어 내는 기본 동력인 신뢰, 규범, 가치관 등을 예로 들 수 있다. 물질적 자본은 아니지만 신뢰를 바탕으로 한 친밀한 인간관계는 협력 행위를 촉진시켜 사회의 효율성을 향상시킬 수 있다는 점에서 하나의 '자본'으로 이해되는 것이다. 사회학자인 퍼트넘Robert D. Putnam은 이 사회자본이 생산성이 있기 때문에 특정 목표를 달성하는 것을 가능하도록 해 준다고 말한다. 곧 구성원들이 서로 신뢰하고 다른 사람들에 대한 믿음을 보이는 집단은 그렇지 않은 집단보다 많은 것을 성취해 낼 수 있다는 것이다.[23]

퍼트넘은 『나홀로 볼링Bowling Alone』이라는 책에서 미국에서 볼링 리그의 감소가 자발적 시민 결사체를 통한 공동체적 참여가 급감하고 있는 현실을 상징적으로 보여 주고 있다고 말한다. 미국의 볼링장에서 맥주와 피자를 들면서 사회적 교류를 하고 공동체의 문제에 관해 이야기하는 사람들은 줄어들고 자기만의 여가를 즐기려는 나홀로 볼링인들만 북적대고 있다. 이 사실이 미국의 '사회자본'의 감소를 상징적으로 보여 주고 있다는 것이다. 퍼트넘은 이러한 현실에서 교회가 새로운 사회자본으로 기능할 수 있다고 주장했다. 흩어져 고립된 개인들이 운동 경기를 보려고 모이듯이 모여 있는 교회 구성원들이 공공의 토론을 하는 사회관계를 발전시키게 된다면, 시민사회를 지탱할 수 있는 하나의 사회자본으로 형성될 수 있는 가능성이 있다는 것이다.

개인 사이의 신뢰가 사회 전체의 신뢰구조를 만들어 내는 선순환의 구조가 있듯이, 사회 안에서 큰 비중을 차지하고 있는 종교단체의 사회참여와 봉

사는 다른 자발 결사체에 자원을 공급하기도 하고 다른 조직들의 활성화에
도 기여한다. 이것은 종교단체가 신자들의 신앙에 영향을 주어 신자들의 사
회참여와 봉사를 유도하는 것과는 다른 차원이다. 개인 단위의 자원봉사가
아니라 집단 단위의 자원봉사가 시민들을 공동체로 만드는 데 더 큰 기여를
한다는 연구 결과도 있다. 교회와 같은 종교단체의 사회봉사나 사회참여는
중간집단이나 매개집단의 활성화를 통해 지역사회 또는 시민사회의 조직
화·공동체 만들기의 촉매 역할을 할 수 있다. 또한 신자들이 비종교적 사회
단체에 참가하는 것을 촉진하기도 한다. 이와 같이 교회는 시민사회에서 중
요한 역할을 감당할 수 있는 조직이다.

그러나 교회가 그렇게 기능하기 위해서는 고려해야 할 것이 있다. 바로
오늘날의 사회는 중앙 중심이 아니라, 여러 다양한 지역으로 권력이 분산되
고 풀뿌리로부터의 참여가 중시되는 사회로 변화하고 있다는 점이다. 우리
사회 역시 절차상의 민주주의, 곧 제도로서의 민주주의를 이룩한 이후에 사
회에서 실질적인 민주주의를 이루기 위해 시민사회와 관련된 의제들이 활
발하게 논의되고 있다. 한국교회 또한 시민사회에 관한 의제들을 제기하는
노력에 참여해 왔으나, 이러한 한국교회의 활동은 교회 안에 있는 일반 교인
들의 활동이라기보다는 주로 목회자를 비롯한 교회 지도자들과 명망가들을
중심으로 한 활동이었던 것이 사실이다.

시민사회는 시민의 참여를 바탕으로 하는 사회이고, 풀뿌리로부터의 실
질적인 참여가 있어야만 진정한 의미에서 시민들이 주인이 되고 주체가 되
는 사회라고 할 수 있다. 따라서 이제는 목회자 중심이 아니라 목회자와 평
신도가 함께 참여하는 기독교 운동이 전개될 필요가 있다. 한국교회가 교계
라는 울타리 안에 머물지 않고 울타리 밖의 시민사회와 의사소통하며 참다
운 시민사회의 구성원으로서의 역할을 다해야 한다. 그러나 그러기 위해서

는 교회 구성원의 대다수를 차지하는 사람들이 교회 안에 조용히 머물러 있거나, 기껏해야 교회 안에서의 활동에 몰두하고 있는 것으로는 부족하다. 그들이 한국사회에서 의미 있게 참여하는 주체가 될 수 있도록 신앙적으로 동기를 부여하는 것이 매우 중요하다.

개교회의 다수 구성원들이 시민사회에 참여한다면, 결국 교회가 자신이 속한 지역사회의 의제와 현안에 관심을 갖고 활동한다는 의미가 된다. 이러한 점에서 최근 시민사회에서 활발하게 전개되고 있는 공동체 운동을 교회들이 주목할 필요가 있다. 이전에는 지역사회 주민들이 주로 지역사회 개발 운동의 차원에서 지역사회의 경제·정치·사회적 조건을 향상시키는 일에 자주적으로 참여하고 주도해 왔다. 그러나 최근에는 단순히 경제 발전이나 개발을 지향하는 것이 아니라, 한 걸음 더 나아가 '공동체 세우기community building'에 관심이 모이고 있다. 공동체 운동이 지역교회와 지역사회의 문제를 함께 해결할 수 있는 대안으로 주목받고 있기 때문이다.

교회의 공동체성과 시민공동체

그동안 학계에서는 시민사회에 대한 다양한 관점을 제시했으나, 이제까지 종교와 시민사회에 대한 논의는 우리 사회에서 깊이 있게 논의되지 못하고 있다. 특히 기독교계에서는 구체적인 논의가 시작조차 되지 못했다고 할 수 있다. 여기서는 시민사회를 최근에 논의되고 있는 '시민공동체'라는 측면에서 이해하고자 한다. 시민공동체는 가족이나 혈연, 민족 등 타고난 지위에 기초한 전통 공동체와 달리, 시민의 덕성에 초점을 둔 현대사회의 새로운 공동체를 뜻한다. 다시 말하면, 사회적 지위에 제한되지 않고 자발성을 갖춘 참여에 터하여 구성원들의 상호 의무에 헌신하기를 요구하는 공동체인 것이다.

이러한 공동체가 기독교인들에게는 전혀 낯설지 않다. 교회 역시 흔히 '공동체'라고 표현되기 때문이다. 독일의 신학자 칼 바르트Karl Barth는 1946년에 한 「기독교인 공동체와 시민공동체」라는 강의를 통해, 제2차 세계대전 이후 전쟁의 폐허 가운데 있는 독일 교회와 독일 국민들에게 새로운 민주 시민사회로 나아갈 것을 강력히 촉구한 바 있다. 바르트는 강의에서 교회와 국가(사회)를 의도적으로 '기독교인 공동체'와 '시민공동체'로 각각 지칭했다. 이는 교회와 국가 사이에는 처음부터 긴밀한 상관관계가 있어 왔고 각각의 공동체 구성원들은 '공동의 과제'를 함께 수행해야 한다는 사실을 애써 부각하려는 의도를 담고 있다. 바르트는 그리스도인들은 시민공동체 안에서 비기독교인들과 함께 공존해야 하고, 이 둘은 서로 뗄 수 없는 관계에 있다고 말하고 있다.

이러한 관점에서 요구되는 것이 교회의 공동체성 회복과 교회를 통한 공동체 운동이다. 현대사회와 같이 사람들이 서로 누구를 신뢰할 수 있을지 더 이상 확신하지 못하게 된 해체된 공동체 안에서는 사회적 상호작용을 통해 돌파구를 마련할 수 있다. 곧 공동체주의 운동의 지지자들과 자원 결사체의 지도자들이 했던 것처럼, 구성원들 사이에서 사회적 상호작용을 더 많이 증진시키는 것이다. 로버트 우스노우Robert Wuthnow에 따르면, 사람들은 이 공동체 환경에서 서로 상호작용할 때 대인 신뢰를 발전시킬 수 있다. 이러한 신뢰감은 사람들에게 그들이 느끼기에 절대로 혼자가 아니라는 확신을 심어 주며, 그 확신을 바탕으로 시민사회에 참여할 수 있게 되는 것이다. 그런 공동체의 일원인 기독교인들은 다른 기독교인들이 신뢰할 만하다고 비기독교인들에게 확신 있게 대답할 수 있으며, 공동체 운동은 이런 식으로 기독교

인들이 시민으로서 종사하게 되도록 북돋는다.[24]

그렇다면 교회는 어떠한 공동체가 되어야 하는가? 현대의 공동체 이론가들은 공동체를 물리 차원의 조건과 관계없이 사회 공간에서 이루어지는 인간관계의 망으로 인식한다. 곧 같은 주거 공간 안에서 공동생활을 하느냐가 공동체의 우선 조건이 되는 것이 아니라는 뜻이다. 이러한 관점에 따라서 공동체 개념은 '상호 신뢰'를 바탕으로 '공동의 의식'과 '공동의 생활양식'을 통해 결속감이 증대된 사회 집단으로 이해되어야 한다. 이러한 공동체는 특히 서로에 대한 책임과 의무를 다하는 도덕 공동체를 뜻한다. 일찍이 뒤르케임은 '교회'라고 할 때는 '공통된 이념들을 가지고 공동의 의식들을 수행하는 하나의 종교 공동체'를 뜻한다고 말했다. 교회는 성직자들의 집단이 아니라 단일한 믿음을 가진 모든 믿는 이들로 말미암아 구성되는 '도덕 공동체'인 것이다.

이러한 뜻에서 공동체라는 말은 단순히 특정 공간에 개인들이 모여 있다는 뜻이 아니라, 구성원들이 서로 의존하고 토론과 의사 결정에 함께 참여하며 사회성을 함양하는 집단이라는 뜻이다. 또한 집단의 목적을 위해 개인이 희생되는 것이 아니라 한 사람, 한 사람이 주체가 되어 선한 것을 공유하는 '실천'을 함께하는 사람들로 이루어진 집단을 가리킨다. 이러한 공동체는 공동체 밖에 있는 사람들에 대하여 문을 닫고 자신들의 이익만을 챙기는 이기주의 공동체가 아니라, 서로에 대한 책임과 의무를 공동체 밖으로 표출할 수 있는 도덕 공동체인 것이다.[25] 퓌스텔 드 쿨랑주Numa Denis Fustel de Coulanges 가 『고대도시La Cité antique』에 썼듯이 고대의 신들은 '도시'의 신이었으나, 기독교의 하나님께서는 특정 도시 경계 안에 갇혀 있지 않고 그 공간을 초월하신다. 이러한 기독교의 공동체는 특정 집단의 배타성을 초월하여 삶의 양식과 가치를 공유하는 집단이며, 서로에게 책임과 의무를 다하는 도덕 집단이어야 한다.

이러한 관점에서 본다면, '도덕 공동체'로서 교회 공동체는 일반 사회에서 말하는 시민공동체와 중첩되는 특징을 갖는 것이며, 시민사회 내의 일종의 자발 결사체인 교회는 현대 사회에서 요구하는 도덕적 시민을 길러 내는 조직의 측면을 갖게 되는 것이다. 로버트 벨라 등 많은 사회학자들이 시민을 키우는 학교로서 자발 결사체의 역할에 주목해 왔다. 자발 결사체 안에서의 경험이 다른 사람에 대한 배려와 책임이라는 시민의 덕목을 양성하기 때문이다. 이러한 점에서 하나의 자발 결사체로 이해될 수 있는 교회 역시 사사로운 개인이 사회에 대한 책임과 시민으로서의 역할을 배우는 학습장이 될 수 있다고 보는 것이다.

특히 다양한 이해관계와 가치가 충돌하고 있는 공론의 장인 시민사회의 특성을 고려할 때 자기중심적인 개인들의 의식을 변화시켜서 공공선을 위해 연대하게 하는 것은 매우 중요한 문제이다. 여기서 개인들을 연대하게 하는 힘은 규범이다. 개인들 안에 내재하는 이기심을 억제하고 시민적 도덕심으로 결속하도록 해야 한다. 도덕이 무너지게 되면 도덕적으로 옳고 그름과 상관없이 정글의 법칙이 작동하는 비인간적인 사회가 되어 버릴 것이다. 그러나 도덕이 살아 있는 사회에서는 소수에 대한 배려와 약자 보호를 기대할 수 있다.

이러한 도덕적인 힘의 원천이 되는 것이 바로 종교이다. 특히 기독교는 오랜 역사를 통해서 인간에게 필요한 기본 규범뿐만 아니라 그 사회가 존속하고 발전하는 데 필요한 도덕과 정의의 원천이 되어 왔다. 대표적으로 성경은 십계명을 비롯한 많은 도덕규범들을 제시하고 있으며, 산상수훈은 이 세상의 세속적 가치와는 전혀 다른 가치를 분명하게 보여 준다. 사회가 변하고 삶의 기준이 되는 규범이 흔들려서 가치 판단이 어려울수록 사람들은 더욱 종교에 의지하게 된다. 정의롭지 못한 현실과 불확실한 미래에 대하여 종교가 기준점이 되어 주기를 바라는 것이다.

이러한 점에서 교회에서 훈련된 성숙한 기독교인의 관심은 마땅히 공공으로 확장되기 마련이고, 교회공동체의 삶은 마땅히 교회 밖의 다른 사람들을 위한 삶이 되어야 한다. 이러한 공동체 의식을 갖추려면 교회가 안으로 닫힌 공동체가 아니라 지역사회를 향해 열린 공동체여야 한다. 성숙한 공동체는 자신이 존재를 두고 소통하고 있는 더 큰 사회에 긍정적인 영향력을 발휘하기 마련이다. 교회는 기독교인들만의 공동체가 아니라 지역사회와 소통하며 지역사회에 기여하는 공동체가 되어야 한다. 교회가 우리 사회의 책임 있는 구성원이 되기 위해서는 사회 공공의 문제에 관심을 갖고 이의 해결을 위한 노력에 동참해야 한다.

대개 신학계의 논의에서는 교회를 '그리스도의 몸'과 같이 신앙고백의 차원에서 이해하기 때문에 일반 사회와의 연결점을 제시하는 데 제약이 있다. 또한 성속의 구분을 지나치게 강조하는 이원론식 사고는 기독교인으로서의 사회생활에 올바른 의미를 부여하지 못하여 기독교인들을 분리주의자 또는 배타주의자로 만들 우려가 있다. 그러나 이와 같이 사회학의 관점에서 교회를 이해할 때 교회는 오늘날 주목하는 시민사회 또는 시민공동체와 중요한 연결점을 갖게 된다.

그러나 시민공동체는 지역에 한정되지 않는 보편적이고 추상적인 공동체이다. 우리는 이 시민공동체를 다시 지역 차원의 실천 영역에서 구체화하고자 한다. 시민사회가 시민이 주체가 되는 삶을 실질적으로 이루기 위한 작동원리이고 그것이 구현되는 것이 시민공동체라면, 이것을 지역사회라는 구체적인 영역에서 실현하고자 하는 것이다. 그리고 지역사회의 구성요소 가운데 하나인 교회가 이 일에서 한 축을 담당할 수 있다고 본다. 이제까지 교회의 지역사회 참여는 교회 중심의 관점에서 일종의 봉사나 구제 차원에 한정되어 왔다. 그러나 교회 역시도 지역사회의 구성원 중 하나라는 관점에서 다른 지역 단체나 시민 단체와 동등한 자격으로 연합 활동을 해야 한다고 본다. 이것은 앞에서 말한 바와 같이 교회를 자발 결사체의 하나로 이해하는 인식론적 기초 위에서 가능한 것이다.

교회는 일차로 예배공동체의 성격을 지니고 있지만, 그와 동시에 사회 속에 존재하는 시민공동체이기도 하다. 하나의 의례행위로서 예배에 참여하는 것으로 그칠 것이 아니라 윤리를 실천하는 행위 지향성이 삶의 무대인 사회생활에서 표출되어 나타나야 한다. 특히 한국교회는 개교회 내부 결속력은 강하지만 다른 교회와의 협력이나 지역사회에서의 연계 활동은 부족하므로 이에 대한 노력이 더욱 절실한 상황이다. 교회가 지니고 있는 물질과 제도 자원이 지역사회를 위해 효과 있게 활용될 뿐만 아니라, 교회 구성원들이 지역사회 구성원으로서의 정체성을 가지고 적극적으로 참여해야 한다. 그리고 뜻을 같이하는 다른 교회나 시민 단체들과 협력해야 한다.

현대 사회에서 종교에 대하여 기대하는 것은 사회에서 무시되고 있는 도덕의 차원을 다시 공공 영역으로 들여오는 일이다. 그럼으로써 사회 구성원들이 개인 및 집단 이기주의로부터 벗어나 다른 사람들에 대한 책임과 의무를 갖도록 하는 데 종교가 기여하기를 기대하는 것이다. 특히 시민사회는 법과 정치의 강제력이 아니라 결사의 자유가 적용되는 자발적인 영역이고, 이윤과 이기심보다는 헌신으로 동기가 부여되는 삶의 영역들과 관련된다는 것을 감안해야 한다. 그러자면 교회가 공공 영역에서 사람들 사이의 사회적 상호작용을 증진하고 도덕에 헌신하게 하는 동기를 부여할 수 있는 공동체적 가치들을 형성하는 것은 매우 중요한 일이다. 그렇게 될 때 지역사회에서 시민공동체가 활성화되고 기독교의 가치를 지향하게 될 뿐만 아니라, 교회의 공신력도 회복하게 될 것이다.

지역공동체 운동을 위한 '새로운' 목회

한편 앞서 검토한 바와 같이 목회 환경이 급속히 변함에 따라, 목회도 전통적인 관점에서 '교회 안에서의' 활동으로만 한정하기가 어렵게 되고 있다. 제한적으로 인정해 온 기관 목회나 전문직에 한정된 이중직을 넘어서 다양한 형태의 이중직을 인정할 수밖에 없는 상황이 벌어지고 있는 것이다. 이전에는 규모가 큰 교회 목회자나 박사 학위를 가진 목회자가 신학교 강의를 하면서 두 개 이상의 수입원을 갖는 경우를 방지하기 위해 이중직을 금했다면, 현재의 상황은 생계 문제를 해결하지 못해서 불가피하게 이중직을 하면서 죄책감을 갖는 작은 교회 목회자들의 현실적인 필요를 무시할 수 없는 형편이라는 것이다. 이에 따라 법으로는 금지하는 교단조차도 이중직을 하는 목회자들을 징계하거나 처벌하는 경우는 거의 없다.

따라서 이제는 이중직에 대해서 좀 더 유연한 태도를 가질 필요가 있다고 판단되며, 목회자의 품위를 손상하지 않고 목회의 의미를 왜곡시키지 않으면서도 수용할 수 있는 다양한 목회 영역의 개발이 오히려 시급한 과제로 떠오르고 있다. 최근 한 교계 단체가 이러한 필요에 따라 '목회자 직업학교'를 준비하는 것은 현실적인 필요를 적극 수용하여 대안을 만들고자 하는 의미 있는 노력이라고 여겨진다. 준비 모임에는 스물두 명의 목회자가 참석하여 다양한 의견을 나누었다고 한다.[26]

목회 이중직을 유형별로 분류해 보면, 생계형 이중직, 자비량형 이중직, 선교형 이중직으로 나누어 볼 수 있다. 생계형 이중직은 오로지 생계 수단으로 이중직을 하는 것이다. 여기에는 단지 먹고 사는 문제뿐만 아니라 부모 봉양이나 자녀 교육을 위해 이중직을 하는 것까지 포함된다. 그리고 입지가 없어 목회를 중단하고 생계를 위해 이중직 아닌 이중직을 하는 경우도 이 유형에 포함될 수 있을 것이다. 다음으로 자비량형 이중직은 목회를 하면서 사례비를 교회에 의존하지 않고 스스로 직업활동을 통해 사례비를 충당하는 경우이다. 자비량 선교를 하듯이 목회도 자비량으로 하는 것이다. 생계형 이중직과 자비량형 이중직은 외형상 큰 차이가 없으나 이중직의 동기와 의도에서 차이가 있다. 생계형 이중직은 본래 자비량 목회를 할 의도는 없었으나 교회 형편상 일정 수준의 사례비를 받지 못해 타의로 이중직을 하는 경우이고, 자비량 이중직은 본래부터 성도들의 헌금에 의존하지 않으려는 의도를 가지고 이중직을 하는 경우이다.

마지막으로 선교형 이중직은 자비량 목회와 일정 부분 중첩되지만, 보다 적극적으로 이중직 자체를 선교 활동으로 이해하고 직업활동을 통해 선교를 이루어 가는 경우이다. 자비량 이중직이 목회를 하기 위한 수단으로 이중직을 하는 데 비해, 선교형 이중직은 직업활동 자체를 넓은 의미에서 목회라고 여기는 것이다. 여기에는 기존의 기관 사역이나 특수 목회를 하는 경우도 포함될 수 있다. 최근에는 선교적 교회의 관점에서 선교형 이중직을 의미 있게 여기고 적극적으로 참여하는 경우가 늘고 있는 추세이다. 이러한 세 가지 유형은 이념형적인 분류이고, 실제로는 상당 부분 중첩되기도 하고 구분이 모호할 수도 있다.

여기서 선교형 이중직의 하나로 '지역공동체 운동 참여형' 이중직에 주목할 필요가 있다. 최근 지역공동체 운동에 대한 관심이 증대되고 있는데, 이것은 산업화의 결과로 도시뿐만 아니라 농촌에서도 공동체가 붕괴되었기 때문이다. 공동체 붕괴로 생활환경이 더욱 척박해지면서 사람들 사이에서 예전의 공동체를 그리워하게 되어 새로이 공동체를 추구하고자 하는 욕구가 생겨나고 있음을 앞서 언급했다. 이에 따라 이러한 지역공동체 운동에 교회가 참여하는 것이 중요한 일이 되고 있다. 마을이 지역교회의 중요한 선교 대상이기 때문이며, 이웃 사랑을 위해 이웃들의 삶을 개선하는 것도 교회가 이 세상에서 맡은 중요한 임무이다.

본질적인 성격상 모든 교회는 지역교회이고, 전래되던 당시에도 이 땅의 교회들은 애초에 지역을 중심으로 세워졌다. 그래서 교회 이름이 흔히 지역 이름에 숫자를 붙여서 신의주 1교회, 2교회, 3교회 식으로 만들어졌다. 교회의 존재 이유가 바로 지역이었던 것이다. 그러나 오늘날의 교회가 지역을 넘어 온 나라, 그리고 전 세계를 품으면서 오히려 지역에 대한 관심은 줄어들게 되었다. 더 넓은 세상을 품게 되면서 정작 교회가 터하고 있는 지역을 소홀히 여기게 되는 모순을 낳게 된 것이다. 그리하여 이제 지역교회라는 말은 명목상의 의미일 뿐 실질적인 의미는 거의 사라지게 되었다.

이러한 상황에서 최근 교회들이 마을에 관심을 가지게 된 것은 반가운 일이다. 특히 한 주요 교단이 올해의 주제를 '마을 목회'로 정하면서 그 어느 때보다도 마을에 관심을 갖는 교회들이 많아졌다. 이는 선교적 교회에 대한 이해가 생기면서, 선교가 꼭 해외에 나가서 해야만 되는 것이 아니라 교회가 속한 지역사회에서도 필요한 것이라는 인식이 형성되었기 때문이라고 할 수 있다. 앞서 소개한 것처럼 선교적 교회의 관점에서는 선교를 교회의 본질로 이해하며, 교회는 그 자체로 이미 세상에 파송된 하나님 백성의 공동체이다. 따라서 교회의 모든 사역과 그리스도인의 삶 자체가 선교를 지향해야 한다고 본다. 이러한 인식이 자연스럽게 일상생활의 영역인 마을에 대한 관심으로 이어진 것이다.

또한 우리 사회에서 마을 만들기 사업이 활성화되면서 마을 공동체 복원과 관련된 활동이 늘어났고, 지역사회의 한 주체인 교회가 자연히 여기에 동참할 필요가 생긴 것도 또 하나의 이유가 될 것이다. 마을 만들기 운동에 교회가 참여하는 것은 매우 의미가 크다. 기독교 정신이 건전한 시민의식을 형성할 수 있고, 교회가 지역사회와 협력함으로써 사람들의 의식이 기독교의 가치를 지향하도록 이끌 수 있기 때문이다. 최근에는 각 지자체에서 마을공동체에 직접 들어가 주민과 함께 자원조사, 마을 의제 발굴, 주민관계망 형성 등 마을의 주민활동을 도와주는 다양한 역할을 수행할 마을코디네이터를 선발하는 경우가 많다. 평소 마을을 기반으로 마을공동체 활동을 한 경험이 있는 주민이라면 누구라도 지원이 가능하다. 그러므로 마을 선교를 해 온 목회자라면 지역공동체 참여형 이중직으로 고려할 만하다고 생각된다.

교회는 언제나 사회와 영향을 주고받는다. 이 땅에 기독교가 전해져 온 이후 끊임없이 교회는 자신이 몸담고 있는 이 사회에 관심을 가져 왔고, 우리 사회는 그런 교회에 주목해 왔다. 그러나 사회는 언제나 고정불변한 것이 아니고 시간이 흐름에 따라 변해 간다. 교회는 이렇게 변해 가는 사회와 사회구성원들에게 관심을 기울여야 한다. 교회를 구성하는 교인들도 똑같은 사회에서 살아가는 이들이기 때문이다. 마찬가지로 기독교의 전통은 끊임없이 사회 상황에 따라 해석되고, 재해석되어야 한다. 이것이 변화하는 사회에서도 변함없이 기독교가 우리 사회 구성원들에게 삶의 의미를 제공할 수 있는 방법이다.

이를 위해 교회는 자신의 본질을 훼손하지 않으면서도 사회의 변화에 민감하여 시대의 욕구를 충족시켜 줄 수 있어야 한다. 목회자의 역할에 대해서도 신학적인 고찰뿐만 아니라 현대 사회에서 필요로 하는 목회자 상에 대해서 재고할 필요가 있다. 사회는 보다 복잡하게 변하고 있고, 더 이상 목회자의 역할을 교회 안으로 제한할 수는 없기 때문이다. 이러한 점에서 최근 우리 사회에서 관심이 고조되고 있는 지역공동체 운동에 목회자가 참여한다면 많은 의미가 있을 것이다.

6. 지역공동체 세우기가 대안이다

앞에서 검토해 온 바와 같이 교회와 시민사회의 관계를 상정하고, 교회의 구체적인 지역 선교로서 시민사회에 참여하기 위해 '지역공동체 세우기community building'를 시도하고자 한다. '지역사회'라는 용어는 영어로는 'community'라고 하는데, 이 단어는 사회학 개념으로는 '공동체'라고도 불린다. 이 community는 '공동'을 뜻하는 'common' 또는 'communal'과 통합을 의미하는 'unity'의 합성어에 어원을 두고 있다. 이러한 지역사회를 간단하게 정의한다면 '지리상의 근접성(지역성)과 사회 차원의 단일성(공동의식) 및 문화 차원의 동질성(공동규범)이 있는 공동의 사회 집단'이라고 할 수 있다. 좀 더 구체적으로 말하면, 지역사회는 일정한 인구가 자연, 생태, 지리상으로 근접한 한정된 지역에 살고 있으면서, 협동생활을 하며, 역사 유산을 공유하여 단일한 의식을 가지고 있다는 조건을 갖춘 사회이다.

지역공동체 세우기는 이러한 지역사회를 공동체화하고자 하는 것이다. 앞에서도 살펴보았듯이, 최근에는 공동체라는 개념을 꼭 공간에 한정된 것으로 인식하지는 않는다. 장소의 의미는 내포하지 않는 이러한 공동체와 구별하여, '지역공동체'는 일정한 지역을 공유하는 인간집단이라는 면에서 굳이

영어로 표현하자면 'local community'라는 개념에 가깝다고 할 수 있다.[27]

그러나 우리가 세우고자 하는 지역공동체는 과거에 자연발생으로 형성된 촌락공동체와 같은 자연적 공동체일 수는 없다. 앞서 한국사회의 상황에 대해서 이야기한 바와 같이, 급격한 근대화와 산업화 과정에서 촌락공동체를 뒷받침하는 물리적 정신적 근간이 완전히 와해되었기 때문이다. 그러므로 추구해야 할 지역공동체는 의도적으로 새로운 맥락에서 공동의 목적과 이념, 가치를 추구하는 공동체여야 한다.[28]

따라서 지역공동체는 일정한 지리적 영역 안에 거주하는 지역의 구성원들이 목적과 가치를 공유할 수 있는 여건을 만들고, 그러한 목적을 달성할 수 있는 사회적 역량을 구축해 나가는 일련의 조직화된 활동을 전제로 한다. 산업화의 결과로 전통의 공동체들이 와해되고 정신적 규준이 무너진 현재 상황에서, 삶의 기반을 공유하는 지역사회에서 공동 의식에 터한 공동체를 세우는 것은 매우 의미 있는 작업이다.

왜 교회가 지역공동체를 세워야 하는가?

계속 강조하지만, 교회는 이러한 지역공동체를 형성하는 데 중요한 주체가 될 수 있다. 그 이유를 다시 정리하자면, 첫째로 교회는 시민사회 내의 중요한 자발 결사체의 하나이며, 개인의 극단적인 이기심을 제어할 수 있는 공동체의 권위를 가지고 있기 때문이다. 미국의 시민사회 논의에서 언제나 빠지지 않고 등장하는 주체 가운데 하나가 바로 교회와 기독교 관련 단체들이다. 사회학자인 로버트 벨라Robert. N. Bellah는 미국 사회의 공공성 회복을 위한 하나의 방편으로 기독교 전통의 회복을 주장하고 있고, 퍼트넘 역시 교회 및 그 관련 소모임들을 미국 공공성의 중요한 범주로 다루고 있다. 또한 로버트 우스노우는 아예 『기독교와 시민사회Christianity and civil society: the contemporary debate』라는 제목의 책을 통하여 그 가능성을 탐색하고 있기도 하다. 그것은 적어도 시민사회의 문제 해결을 위해 교회가 가지고 있는 가능성에 주목하고 있는 사례들이라 할 수 있을 것이다.

두 번째 이유는 교회가 가지고 있는 문화자원 때문이다. 개인 안에 내재하는 하나님의 성품을 전제하고 타인에 대한 헌신이나 돌봄 등의 윤리를 강조하는 것은 기독교 교리가 본래부터 해 온 것들이다. 따라서 공동체 세우기가 지향하는 사회의 공공성 실현이라는 과제는 교회가 전통적으로 가지고 있는 교리 가운데 하나라고 볼 수 있다. 최근 한국교회의 현실에서 이러한 가치들이 드러나고 있지 못하는 점은 매우 안타까운 일이다. 하지만 공공성과 관련하여 교회가 신학적으로 가지고 있는 가능성만은 누구도 부인하기 어려울 것이다.

또한 지역교회와 지역사회는 떼려야 뗄 수 없는 운명이다. 많은 경우 지역사회의 쇠퇴가 지역교회의 쇠락으로 이어지며, 지역사회의 발전은 어김없이 지역교회의 성장으로 이어진다. 이러한 맥락에서 90년대 수도권 신도시 개발 붐을 타고 구도시 지역교회들이 신도시 지역으로 대거 이주하는 현상이 일어나게 된 것이다. 이것은 교회와 지역사회가 결코 분리될 수 없는 깊은 태생적 연관성을 갖고 있음을 의미한다. 그러므로 교회는 지역사회의 욕구와 당면한 문제들을 진지한 태도로 대하며, 그 해결을 위해 지역사회의 여러 구성원들과 다양한 형태로 연대할 수 있어야 한다.

바로 이런 점에서, 우리는 최근 시민사회에서 활발하게 논의되고 있는 '마을 만들기'에 주목한다. 이전에는 주로 지역사회 주민들이 자주적인 참여와 주도적 노력으로 지역사회의 경제적, 정치적, 사회적 조건의 향상을 추구하는 지역사회 개발 운동이 이루어져 왔다. 이 일에서는 진정한 민주주의를 실현하기 위한 방편으로 지역사회 구성원들이 지역사회의 경제, 정치, 사회적 활동에 '참여'하고 다양한 기관들이 '연대'하는 일을 강조했다. 그러나 최근에는 한 걸음 더 나아가, 단순히 경제 발전이나 개발을 지향하는 것이 아니라 지역공동체 형성에 관심이 모이고 있다. 개인주의 사회가 경쟁을 앞세운 약육강식과 적자생존의 원리의 지배를 받는다면, 공동체 운동은 배려와 관심으로 더불어 사는 공동체주의 사회를 추구한다. 마을 만들기는 바로 이러한 취지에서 지역사회를 재구조화하기 위한 시도로 볼 수 있다.

마을 만들기 운동은 일종의 주민자치운동으로, 여기서 '마을'이란 시민 전체가 공유하는 것으로 여겨지고 공동으로 이용하며 활용할 수 있는 장을 총칭한다. 대부분의 도시 계획이나 도시 재개발 사업이 국가가 주도하는 사업이라면, 마을 만들기는 관 주도의 지역 개발 운동에 오히려 저항하며 주민들의 주체적인 참여를 강조하는 것이 가장 큰 대조점이라고 할 수 있다. 이러한 뜻에서 관변 기관의 용어나 학술적인 한자어를 피하고 '마을'이라는 단어를 사용하는 것이다.[29] 그러므로 '마을 만들기'란 곧 시민 전체가 공유하는 공동의 장을 시민이 공동으로 만들어 내는 작업을 말한다. 이러한 마을 만들기는 '눈에 보이는 마을 만들기'와 '눈에 보이지 않는 마을 만들기'의 두 가지 측면이 있다. '눈에 보이는 마을'이란 말 그대로 물질로 구성되어 눈으로 관찰할 수 있는 마을을 뜻하는 것이며, '눈에 보이지 않는 마을'이란 눈에 보이지 않는 사람들의 활동으로 형성되는 마을을 뜻하는 것이다. 따라서 '마을 만들기'는 '사람 만들기'를 포함하는데, 곧 시민의식을 가지고 참여하는 사람이 되도록 사람들의 의식을 개혁하는 것을 가리킨다.

최근 CHE 선교회와 같이 지역사회 세우기를 선교 방법으로 삼는 관점들이 등장하고 있다.[30] CHE는 'Community Health Evangelism'의 줄임말로, 총체적 지역사회 선교의 관점으로 특히 위생 환경이 열악한 제3세계 국가들에서 우물을 파 주는 일 등 선교 지역의 필요를 채워 주는 방식으로 일하고 있다. 제3세계 빈곤 국가에서는 이러한 지역사회 개발이 중요한 선교 전략이 될 수 있다. 그러나 이미 일정 수준의 경제 성장을 이룬 한국사회에서는 지역 개발보다는 지역공동체 만들기에 보다 초점을 맞출 필요가 있다. 다만 도시에 비해 생활수준이 낮은 촌락 지역에서는 개발 전략이 함께 모색될 필요가 있다.

요즘 우리 교계에서 마을에 대한 관심이 많아진 것은 일면 환영할 일이다. 사회에서 공신력을 잃어버린 교회가 무엇보다도 자신이 속한 지역사회에서 참된 종교로서의 모습을 보임으로써 신뢰를 회복할 필요가 있기 때문이다. 그러나 이에 대한 우려가 있는 것도 사실이다. 특히 지역 활동가들은 마을에 대한 교회의 관심에 의심의 눈초리를 보내고 있다. 교회에게 마을은 그동안 전도의 대상으로 여겨져 왔는데, 이러한 관점에서는 마을이 교세를 확장하기 위한 대상 이상의 의미를 갖지 못했기 때문이다. 마을에 대한 교회의 관심은 그저 전도의 수단이자 방편이라고 여겨졌던 것이다.

설령 교회가 마을 공동체에 진정한 관심을 가지고 참여한다고 하더라도, 기존에 오랫동안 마을을 위해 애써 온 활동가들 입장에서는 그리 탐탁치 않아 보일 수 있다. 교회는 개별 활동가들에 비하면 많은 인적 자원과 물적 자원을 가지고 있는데, 이러한 자원을 동원하여 교회가 오히려 기존의 질서를 깨뜨리고 혼란과 갈등을 야기할 수 있기 때문이다. 그래서 교회가 마을 생태계를 교란시킬까 우려하는 마을 활동가들이 많다는 이야기까지도 들리고 있다.

그동안 교회의 지역 활동은 도덕적 우월감 위에서 시혜를 베푸는 식으로 이루어진 측면이 컸다. 인격적인 관계를 형성하기보다는 시혜자와 수혜자라는 비대칭적 관계에서 지역 주민들을 수혜자로 대상화해 온 것이다. 그리고 그마저도 지속성이 없이 일회성으로 끝나는 전시성 활동이 많았고, 특히 그것이 대형 교회들 중심으로 과시적으로 이루어진 측면이 있다. 사회봉사는 단순한 시혜 행위도 아니고 복음 전도의 수단도 아니다. 진정한 이웃사랑의 실천이어야 하고, 인격과 인격의 만남을 통해 서로의 긍정적인 변화를 추구하는 것이어야 한다. 그러나 한국교회는 이 부분에서 진정성을 담아 내지 못했다. 이러한 점 때문에 시민사회에서 교회의 지역사회 참여를 긍정적으로 보지 않기도 한다.

따라서 무엇보다 중요한 것이 진정성이다. 앞에서 말한 바와 같이, 지역 주민들 중에는 교회에서 하는 것은 아무리 좋은 일이라고 해도 결국 전도하기 위한 것이라고 생각하고 꺼리는 사람들이 많다. 기독교인으로서 전도에 열정이 있는 것은 당연한 일이나, 주민들을 단순히 전도 대상으로만 여겨서는 안 된다. 사람 자체에 관심을 가지고 그들을 위해 지역사회의 문제를 해결하며, 그들의 삶의 조건을 개선하기 위한 노력을 함께하는 것이 필요하다. 진심으로 이러한 활동을 장기간 지속하게 될 때 결국 그 진심이 전달되고, 그렇게 교회에 대한 신뢰가 회복되면 자연스럽게 전도의 문도 열리게 될 것이다. 따라서 지역공동체 운동을 당장의 교회 부흥의 수단으로 삼기보다는, 이웃 사랑의 실천으로 여기고 이 운동에 참여하는 것 자체에 의미를 두는 것이 타당하다.

지역공동체 운동과 기독교 평생교육

지역공동체 운동에서 매우 중요한 부분을 차지하는 것이 바로 교육이다.

앞에서 살펴본 대로 마을 만들기의 중요한 차원이 '사람 만들기'인데, 사람들의 의식을 개혁하기 위한 유용한 수단이 교육이기 때문이다. 우리보다 앞서 마을 만들기와 같은 지역공동체 운동을 발전시킨 일본은 '공민관公民館'을 중심으로 다양한 평생교육을 진행하고 있다. 공민관은 주민을 위해 실제 생활에 입각한 교육, 학술, 문화에 관한 각종 사업을 진행하는 교육시설이다. 지역 주민에게 가장 가까운 학습 거점이며, 교류의 장으로서도 중요한 역할을 하고 있다.[31]

최근 우리나라에서도 지역사회마다 여러 가지 유형의 교육조직들이 평생교육 활동을 해 오고 있다. 지역 평생교육은 역사적으로 지역사회 교육의 맥락 안에 있어 왔다. 그러므로 지역 평생교육의 원형은 지역사회 교육이라고 할 수 있고, 최근에는 이러한 맥락에서 지역사회 교육의 의의가 다시 강조되고 있다. 그런데 지역 평생교육의 발전 과정과 현황을 종합해 볼 때, 현재 지역 평생교육에서는 지역에서 전통적으로 중시되었던 공동체적 관점이 약화되고 현대사회에서 새롭게 부각된 정치적·경제적 관점이 상대적으로 크게 나타나고 있음을 부인하기 어렵다. 곧 현재 지역 평생교육이 가지고 있는 지역에 대한 관점은 주로 물리적, 경제적 기반으로서의 지역이라고 할 수 있다는 것이다.

이는 기존의 지역 평생교육이 대개 진정한 의미에서 지역사회 교육이 추구해야 할 가치가 무엇인지 진지하게 검토하지 않기 때문에 생기는 문제다.[32] 지역사회 교육의 원리는 곧 '지역공동체를 지향하며 지역사회와 더불어 이루어지는 교육'이라고 할 수 있고, 그러므로 지역 평생교육의 의의도 지역공동체성에 있다. 곧 공동체 형성과 지역 주민의 주체적 사회 참여를 위한 교육이라는 의미가 담겨 있다는 것이다.[33] 따라서 평생교육은 지역을 활용하는 것 이상으로 공동체 추구에 관심을 가져야 한다. 물론 지역이 갖는 정치 경제적 가치는 매우 중시되어야한다. 공동체로서의 지역은 정치적 자치와 경제적 자립의 기본이 되어야 하기 때문이다. 그렇더라도 이러한 정치적 자치와 경제적 자립은 일차적으로 공동체를 형성하고 지탱하는 데 이바지하는 것이 되어야 한다.

문제는 이러한 공동체성과 정치 경제적 가치는 현대사회에서 양립하기 어려울 때가 많다는 점이다. 신자유주의와 경제적 세계화로 대표되는 현대사회의 정치 경제적 가치관은 지역사회의 계층간 양극화, 지역의 문화적·생물학적 다양성의 파괴, 지역정체성의 파괴 등의 결과를 가져오는 것이 일반적이기 때문이다. 그러므로 지역사회 교육을 부활시킴으로써 우선적으로 추구해야 할 것은, 지역의 정치 경제적 활용 그 자체보다는 공동체적 가치의 회복이라고 할 수 있다. 지역 평생교육을 통해 지역의 정치적 경제적 가치를 개발하고 활용하는 것도 중요하지만, 그것은 지역공동체를 형성하는 틀 안에서 이루어져야 한다.

최근에는 주민들의 마을공동체에 대한 인식을 개선하고 마을 일꾼을 육성하기 위해 서울시를 중심으로 '마을학교' 사업이 실시되고 있다. 이것은 마을 만들기와 평생교육이 결합된 것으로, 이전까지 존재했던 양자 사이의 이견을 극복하여 하나의 새로운 개념을 형성한 것이다. 여기서 마을학교는 '주민이 주체적으로 마을공동체를 만들어 갈 힘을 키울 수 있도록 지속적인 학습과 성장을 지원하는 곳'이라고 할 수 있다. 이것은 단순히 지역 지도자 양성을 넘어서, 다수 주민들이 마을 만들기 주체로 성장할 수 있도록 지속적인 학습을 지원하는 공적 공간으로 해석될 수 있다.[34]

공동체 세우기에서 '사람 만들기'를 위한 교육이 중요하다는 사실은 공동체 운동에 참여하려는 교회들에게도 의미심장한 것이다. 그동안 한국교회는 사회의 해체와 도덕성의 위기에 직면해서도 개인 구원 문제에만 집착

할 뿐, 교회 밖의 사회 문제에는 무관심하고 사회 정의에 대해서는 무감각했다는 비판을 받아 왔다. 그 결과 교회의 구성원들에 대해서도 믿음만을 강조하고 종교인으로 만드는 일에만 관심을 가지고, 기독교의 사랑을 실천하고 생활 속에서 이웃에 대한 책임 의식을 갖는 올바른 시민으로 성장하도록 돕지는 못하게 되었다.[35]

기독교인들이 시민으로서 정체성을 상실하자 신앙과 생활의 분리라는 결과를 초래하게 되었다. 그리고 바로 이것 때문에, 제자이자 시민으로서의 기독교인이라고 하는 이중의 의무와 권리를 망각하는 지경에 이르게 되었다는 비판을 피할 수 없다.[36] 그럼에도 불구하고 현재 대부분의 한국교회에서는 기본적인 시민교육조차 이루어지지 않고 있어서, 기독교인들이 우리 사회에서 시민의 한 사람으로서 올바른 역할을 회복하기가 어려운 상황이다.

그래서 이제는 단순히 '교인'이 아니라 '기독시민'에 대한 인식이 형성되어야 한다. 시민은 자기 자신만의 이익을 구하거나 자기 가족만의 이익을 구하는 사람이 아니고, 자신과 가족의 울타리를 넘어서 공공의 문제에 관심을 갖고 토론할 수 있는 사람이다. 이런 시민은 결코 약자나 사회적 소수자를 무시하지 않고 그들을 배려할 수 있는 사람이다. 그런 의미에서 참다운 그리스도인은 참이웃, 참시민으로 살아가는 사람이다. 이러한 시민다움은 그저 되는 것이 아니라, 훈련을 통해 이루어지는 것이다. 원죄가 있는 인간의 본성은 자기중심적이고, 우리가 몸담고 있는 사회 역시 도덕성을 상실하고 있다. 흔히 교회에서 제자 '훈련'을 하듯이 바른 '시민' 덕성도 훈련을 통해 얻어지는 것이다. 따라서 교회 안에서는 제자 훈련을 통해 선하고 믿음 좋은 그리스도인을 만들 뿐만 아니라, 바른 시민을 만들기 위해서도 노력해야만 한다.

그러자면 기독교 시민교육을 일반 시민교육의 차원에서 진행할 필요가 있다. 지역공동체 운동은 기독교인들끼리 하는 것이 아니라 지역 주민 주체의 운동이기 때문에 다양한 종교를 가진 사람들이 참여한다. 따라서 기독교인과 비기독교인들이 함께 지역공동체에 대한 꿈을 나누며 스스럼없이 어울리는 인격적인 관계를 만드는 것이 중요하다. 마찬가지로 기독교 교육도 기독교인들을 대상으로 하는 교육뿐만 아니라 일반 시민들을 위해 이루어질 수 있도록 용어나 개념을 바꿔서 할 수 있을 것이다. 그렇게 함으로써 진정한 의미의 공동체를 이루어 가게 될 것이다.

이미 이러한 시민교육을 실시하고 있는 교회도 있다. 예를 들어 부천 새롬교회 이원돈 목사는 마을을 만드는 것은 새로운 생태계를 만드는 것으로서 구체적으로 마을 안에 학습, 복지, 문화 생태계가 갖추어져야 한다고 말한다. 여기서 학습 생태계는 유아부터 중장년층까지를 아우르는 평생학습의 장이 된다. 또한 경기도 화성에 있는 더불어숲동산교회는 작년에 화성시 민관협력단체 '화성의제21 실천협의회'가 주최하고 '화성마을만들기 시민네트워크 준비모임(가칭)'이 주관하는 '마을, 새로운 세상을 꿈꾸다'라는 주제의 마을학교를 열었다. 한편 작은도서관을 운영하는 많은 교회들이 다양한 인문학 강좌를 개설하여 지역공동체 교육활동을 벌이고 있다. 이러한 활동에 많은 교회들이 참여할 수 있도록 관심을 모으고 구체적인 방안을 강구해야 한다.

지역사회 개발과 지역공동체 운동

지역사회 개발의 목적은 지역사회를 소중한 인간 경험의 장이자 인간 욕구 충족의 장으로 재건설하려는 것이다. 그러나 상당수의 지역사회 개발 프로그램들은 지나치게 단순한 측면에만 기초하여 보다 강력한 지역사회 기반을 건설하고자 하며, 그 밖의 다른 다양한 측면은 무시하는 경향이 있다. 예들 들어, 전통적인 사회복지의 실천에 뿌리를 두고 있는 지역사회 개발은 지역사회 기반의 휴먼서비스 공급에 치중하면서 지역사회의 경제적 기초는 무시하는 경향이 있다. 반대로 지역경제 개발 프로젝트들은 경제가 개발되면 다른 모든 것이 그에 뒤따르게 된다는 가설에 기초하여, 당연히 사회적 욕구를 무시하는 경향을 띤다.

그렇게 개발된 산업사회의 역사, 자본주의의 역사는 사실상 전통적인 지역공동체의 붕괴의 역사라고 할 만하다. 마을, 대가족, 교회를 불문하고 전통적인 지역공동체의 해체는 노동력의 유입, 개인과 가계 소비 수준의 증가, 유동인구의 증가, 개인주의의 확산을 요구하는 산업자본주의의 발달을 위해 필수불가결한 과정이자 귀결이었다. 농촌 지역에는 일부 전통적인 지역사회가 남아 있고 어떤 지역사회는 기능적인 역할을 통해 통합, 유지되고 있기는 하다. 그러나 전통적인 의미에서의 지역사회가 현대 산업사회의 주요 부분을 구성하고 있다고는 할 수 없다. 이렇게 공동체가 해체된 지역사회의 구성원들은 의지할 데 없는 각자도생의 삶으로 내몰리며, 천박한 시장 자본주의적 개발 논리에 복속되어 자신과 자기 가족의 이기주의를 넘어서지 못하고 있다.

이러한 측면에서 바람직한 지역사회 개발은 현대사회에 들어서 쇠퇴하고 있는 시민사회와 사회자본을 회복시키기 위한 시도여야 한다. 앞에서 말한 바와 같이, '나홀로 볼링족'의 증가가 상징적으로 보여 주는 미국 사회자본의 감소가 미국인들의 삶의 질을 떨어뜨리는 큰 문제가 되고 있다. 그런데 지역사회 개발은 이러한 경향을 역전시키기 위한 시도로서 시민사회 구조와 사회자본 모두에 작용할 수 있는 것으로 받아들여지고 있다. 이것이 바로 최근에 지역사회 개발에 대한 관심이 급증하게 된 이유이다.

그러므로 지역사회 개발은 지역사회 구성원들 간의 협동의식을 고취하는 것에서 출발하여 궁극적으로 그 지역사회의 공동체를 형성해 나가는 것을 가장 중요한 이념으로 삼아야 한다. 곧 지역사회 개발은 지역공동체를 파괴하는 경향을 역전시키는 일과 함께 진행되지 않는다면 효율적일 수 없다. 이러한 이념에서 진행되는 지역사회 개발은 지역사회를 외형적으로나 물질적으로 개선하려는 방향으로 접근하는 것보다, 먼저 주민 주도의 유형을 갖추기 위해 지역사회 구성원들의 의식 변화를 추구하는 것이 가장 바람직하다. 바람직한 지역사회 개발은 결국 그 지역사회를 구성하고 있는 주민들의 의식이 받쳐 주지 않으면 전개하기 어렵게 되는 제한점이 있기 때문이다.

앞서 지적한 대로, 지역 사회의 외면적이고 물리적인 측면에만 몰두하는 일면적 지역사회 개발은 실패할 확률이 높다. 우리나라 지역사회 개발의 과정에서 공동체가 무너진 것이, 단선적 사고의 결과로 통합적으로 접근하지 않았기 때문이다. 지역사회 개발은 사회, 경제, 정치, 문화, 환경, 정신적 측면을 모두 고려해야 한다. 이 모두에 동등한 우선순위를 부여할 수 없는 상황도 있고, 지역의 특성에 따라 어느 한쪽에 치중해야 할 경우도 있으나, 중요한 것은 여섯 가지 측면이 모두 중요하므로 균형 개발이 이루어져야 한다는 점이다. 물리적 환경친화성만이 아니라 정치, 경제, 사회의 모든 측면에서 통합적인 발전의 지속 가능성을 고민해야 한다.

지속 가능한 개발이라는 개념은 특히 최근에는 무분별한 개발로 심각해진 환경문제를 해결하기 위해 주목받고 있다. 근대 서구학문의 발달과정에서 인간과 환경은 서로 다른 영역에 속하는 것으로 간주되어 왔다. 주체인 인간의 인식과 활동을 규정하는 외적 조건이며 이러한 활동의 대상이 되는 객체로 환경을 인식했던 것이다. 그러나 이러한 사고방식으로 진행된 근대화의 결과 인류는 엄청난 환경 재앙을 맞을 위기 상황에 놓이게 됨으로써 사고방식의 전환을 피할 수 없게 되었다.[37]

지속 가능한 사회의 모습은 다음과 같은 것이다. 첫째로, 지속 가능한 사회의 이념은 경제 발전과 자연 환경, 그리고 사회 복지를 포함하는 개념이다. 둘째로, 지속 가능한 사회는 의사 결정에서 구성원의 참여를 중시하는 협의적인 참여민주주의가 실천되는 사회다. 셋째로, 지속 가능한 사회는 지속 가능한 농업을 기반으로 유지되는 사회다. 넷째로, 지속 가능한 사회에 적합한 기술과 생산방법은 지역생태계와 공동체에 적합해야 한다. 마지막으로, 지속 가능한 사회는 경제활동과 생활 자체가 환경오염을 최소화하는 자원순환형 사회여야 한다. 이를 위해 생태 공원, 생태도시, 생태마을 등 자연친화적인 마을 만들기에 노력해야 한다. 도시나 마을 전체를 자연친화적으로 만드는 것은 주민의 역량만으로는 한계가 있으나, 주민이 주도하는 다양한 '살기 좋은 마을 만들기 운동'에 관심을 갖고 지역공동체 운동에 참여할 필요가 있다.

특히 최근에는 서울을 비롯한 여러 자치단체장들이 이 부분에 지대한 관심이 있고 행정 차원에서 많은 지원이 이루어지고 있다. 그러나 행정 지원 이전에 더욱 중요한 것은 역시나 사람들의 인식을 변화시키고 공감대를 형성하여 운동 역량을 강화하는 것이다. 주민들의 의식이 실제로 그러한 일에 참여하거나 감당할 만한 준비가 되어 있지 않은 상황에서 공동체 운동이 행정 차원에서 '위에서부터top down' 전개되면 본래의 취지가 왜곡되기 쉽다. 많은 사람들이 경제주의와 이기주의에 지배당하고 있어서, 자신의 경제적 이익과 관련이 없는 일에 관심을 갖거나 참여하기를 매우 꺼리는 경향이 강하다는 것을 감안해야 한다.

앞서 언급했던 사회학자 퍼트넘은 시민의 참여가 세 가지 측면에서 사회자본의 주축 형태라는 것을 깨달았다. 첫째로, 시민의 참여는 자원하는 것이기 때문에 개인적인 헌신에 의존하며, 공공 생활에 도덕적인 덕목의 중요성을 들여온다는 것이다. 둘째로, 시민의 참여는 지역에서 이루어지므로 개인들에게 그들이 공동체에 영향을 줄 수 있다는 의식을 부여한다. 그리고 셋째로, 시민의 참여는 사회적인 활동이므로 개인적인 필요조차도 다른 사람과의 교제 속에서 가장 잘 추구될 수 있다는 것이다.

종교 활동은 이러한 시민의 참여를 촉진하는 사회자본의 한 형태이다. 종교 모임에서는 다른 시민 조직에 참여하는 데 필요한 대인 기술을 얻을 수 있다. 또 직업, 후원 집단, 공공 행사에 반드시 필요한 정보를 교류하는 연결망을 발전시키면서 사람들이 서로 상호작용하고 신뢰하는 것을 배우는 장소가 되어 준다.[38] 그러므로 바람직한 시민의식을 형성하는 일에서도 교회의 역할이 매우 중요하다. 경제주의와 이기주의를 넘어 공동선을 위해 참여할 수 있도록 시민의식을 형성하는 데 교회가 앞장설 수 있기 때문이다.

지금은 우리 사회의 삶의 조건을 개선함으로써 하나님의 창조 원리가 회복될 수 있도록 하는 지역사회 개발을 위해 기독시민들의 힘을 모을 때다. 기독교인들이 지역공동체 운동 차원에서 선한 사마리아인의 마음으로 지역사회 개발에 참여해야 한다. 그렇게 한국교회가 현재 한국사회의 자본주의적 문제와 위기를 극복하고, 지역사회를 활성화하고 공동체화하는 데 기여할 수 있을 것이다. 뿐만 아니라 이를 통해 현대 사회에서 선교의 지평도 더욱 의미 있게 넓어질 것이라고 기대한다.

주

1. 성석환, 「지역공동체 형성을 위한 '문화 복지'의 실천」, 『지역공동체를 세우는 문화 선교』(두란노, 2011), 14쪽.

2. 교회가 참여하는 지역공동체 운동과 관련하여, 정재영·조성돈, 『더불어 사는 지역공 동체 세우기』(예영, 2010)와 김경동, 『기독교 공동체 운동의 사회학』(한들, 2010)을 볼 것.

3. 지앤컴 리서치, 「2017 한국인의 종교생활과 신앙의식 조사: 개신교인 비개신교인 보 고서」(한국기독교목회자 협의회 미출판물, 2017)

4. 하워드 스나이더, 『새포도주는 새부대에: 기계 문명 시대에 있어서 교회의 구조는?』 (이강천 옮김, 생명의말씀사, 1981), 78쪽.

5. 교회의 공공성에 대하여는, 기윤실 엮음, 『공공신학』(예영, 2008)의 여러 글들과, 정 재영, 「사적 신앙에서 공적 신앙으로」, 강영안 외, 『한국교회, 개혁의 길을 묻다: 새로 운 한국교회를 위한 20가지 핵심 과제』(새물결플러스, 2013)을 볼 것.

6. Robert Wuthnow, *Producing the Sacred*(Urbana and Chicago: University of Illinois Press, 1994), 36-38.

7. 「국민일보」, 2017년 2월 20일자. http://news.kmib.co.kr/article/view.asp?arcid= 0923697949

8. 이에 대하여는 정재영, 『한국교회의 종교사회학적 이해』(2012, 열린출판사), 6장을 볼 것.

9. 한국기독교목회자협의회, 『한국기독교 분석리포트: 2013 한국인의 종교생활과 의식 조사 보고서』(도서출판 URD, 2013), 75쪽.

10. 그 결과는 『교회 안 나가는 그리스도인: 가나안 성도를 어떻게 이해할 것인가?』 (IVP)라는 제목으로 출판되었다.

11. Alan Jamieson, *A Churchless Faith: Faith Journeys beyond the Churches*(London: The Society For Promoting Christian Knowledge, 2002).

12. 이에 대하여는, 박영신·정재영, 『현대 한국사회와 기독교』(한들, 2006), 2부 1장을 볼 것.

13. 손승영, 「한국사회 저출산 원인과 가족친화적 정책대안」, 『가족과 문화』17집 2호,

한국가족학회, 2005.

14. 이에 대하여는, 그렉 호킨스·캘리 파킨슨, 『MOVE 무브: 영적 성장에 대한 1,000개 교회들의 증언』(박소혜 옮김, 국제제자훈련원, 2013), 특히 3장과 15장을 볼 것.

15. 지성근, 「교회의 존재양식을 묻는다: 선교적 교회론」, 『제8회 바른교회아카데미 연구위원 세미나 자료집』, 2010, 2쪽.

16. 설득력 구조(plausibility structures)는 본래 사회학자인 피터 버거(Peter L. Berger)가 사용했던 말로, 한 사회에서 일반적으로 수용하는 신념과 행위의 유형을 가리키는 말이다. 이에 대하여는 레슬리 뉴비긴, 『다원주의 사회에서의 복음』(홍병룡 옮김, IVP, 2007), 27쪽을 볼 것.

17. 이에 대하여는 최형근, 「레슬리 뉴비긴의 선교적 교회론」, 『신학과 선교』31권(2005년), 384쪽을 볼 것. 최형근은 counterculture를 '대응문화'로 번역했으나 여기에서는 사회학에서 사용하는 '대항문화'로 번역했다.

18. 레슬리 뉴비긴, 『복음, 공공의 진리를 말하다』(김기현 옮김, SFC, 2008), 42쪽.

19. 이에 대하여는 앨런 록스버러, 「서구 교회에서의 미셔널 정황」, 『한목협 제11회 전국수련회 자료집: 하나님의 사명을 수행하는 교회와 리더십』, 한국기독교목회자협의회, 2009. 6. 15, 39쪽을 볼 것.

20. 교회와 시민사회에 대한 글로는, 굿미션네트워크 엮음, 『시민사회 속의 기독교회』(예영, 2008)를 볼 것.

21. Robert Wuthnow, *Saving America?: Faith-Based Services and the Future of Civil Society*(Princeton, N.J.: Princeton University, 2004), 23쪽.

22. 문화체육관광부가 발표한 '2008 한국의 종교현황'에 따르면 개신교 교회 수는 58,404개로 조사되었는데, 이것은 인구 832명당 교회 1개가 있는 셈이다. 이 수치는 전국에 있는 병의원 수(한의원과 보건기관 포함 55,449개)와 비슷한 수치이다. 이 조사에서 천주교 성당은 1,511개, 불교 사찰은 21,985개로 파악되었다.

23. 로버트 퍼트넘, 『사회적 자본과 민주주의』(안청시 외 옮김, 박영사, 2000), 281쪽.

24. Robert Wuthnow, *Christianity and Civil Society: The Contemporary Debate* (Pennsylvania : Trinity Press International, 1996), 46쪽.

25. 박영신, 「공동체주의 사회과학의 새삼스런 목소리」, 『현상과인식』, 1998년 봄/여름호. 107쪽.

26. "목사들도 현실에서 살아남을 수 있는 '무기' 갖추자: 목회자 직업학교 준비 모임, 대상·업종에서 이중직 인식까지 다양한 논의", 〈뉴스앤조이〉, 2015년 10월 6일자.

27. 곽현근, 「현대 지역공동체의 의의와 형성전략」, 이종수 엮음, 『한국사회와 공동체』, 다산, 2008, 128쪽.

28. 신명호 외, 「도시 공동체운동의 현황과 전망」, 『도시연구』, 6호(2000년 12월), 53쪽.

29. 이명규, 「일본에서의 마을만들기 운동과 대표사례」, 이종수 엮음, 앞의 책, 268~273쪽.

30. 스탠 롤랜드, 『21세기 세계선교의 새로운 패러다임』, 정용길 옮김, 이레, 2003, 1장.

31. 나가사와 세이지, 『주민자치와 평생학습의 마을만들기 2: 삶과 지역을 만드는 일본 공민관의 실천과 과제』, 김창남 옮김, 제이앤씨. 2009년.

32. 오혁진. 「지역공동체 평생교육의 개념과 성격에 관한 고찰」, 『평생교육학연구』, 12권 1호(2006년), 54~55쪽.

33. 앞의 책, 61~62쪽.

34. 양병찬, 「지자체 마을만들기사업에서 '마을학교'의 평생교육적 의미: 서울시 마을공동체만들기 사업을 중심으로」, 『한국평생교육』제2권 1호(2014년), 16쪽.

35. 이원규. 「공동체성의 위기와 한국교회의 상생적 책임」, 대한기독교서회, 『기독교사상』, 35권 1호(1992년 1월), 대한기독교서회.

36. 김도일. 『교육인가 신앙공동체인가?』, 한국장로교출판사. 1998.

37. 김대희, 「지역사회생태와 환경」, 정지웅 외, 『지역사회 종합연구』(교육과학사, 2005), 107-108쪽.

38. 이에 대하여는 Robert D. Putnam, *Bowling Alone: The Collapse and Revival of American Community*(New York: Simon & Schuster: 2000), 4장을 볼 것.

2부

지역교회의
지역공동체 세우기

지역공동체에 참여하는 방법은 다양할 수밖에 없다. 지역공동체 세우기는 어떤 정해진 절차와 방법을 따르기만 하면 원하는 목적을 달성할 수 있는 그런 것이 아니다. 그런 점에서 무엇보다도 중요한 것은 지역공동체에 참여하는 나름의 목적이 분명해야 한다는 것이다.

그러나 또한 중요한 것은, 지역공동체 세우기에 참여하는 자세가 매우 신중하고 겸손해야 한다는 점이다. 일본의 한 지역활동가는 어떤 지역에 대해서 알고자 할 때면 마을 주민들을 불편하게 하지 않고 무례하게 보이지 않도록 마을 어귀에 차를 세워 놓고 걸어 들어간다고 했다. 그는 처음에는 주민들에게 말도 걸지 않고 그냥 마을을 한 바퀴 천천히 둘러보고 나오기만 한다. 그리고 다음번에 방문할 때 말을 한 번 걸고, 그리고 그 다음번에 방문해서야 자기가 마을에 온 목적을 이야기하고 도움을 요청한다고 한다. 교회가 지역사회에 참여하고자 할 때 참고해야 할 대목이다. 많은 교회들이 그동안 지역사회에 깊이 관심 갖지도 않고 참여하려는 노력도 별로 하지 않았다. 그런데 갑자기 마을에 관심이 생겼다고 해서 교회 중심으로 일을 벌인다거나 교회가 마을 일을 주도하려고 한다면, 오히려 마을 주민들과 갈등을 빚을 수 있다.

또 한 가지 고려해야 할 것은, 마을 주민들조차도 실제로는 마을 일에 큰 관심이 없는 경우가 많고, 오히려 마을 문제의 해결을 위해 노력하기를 꺼리는 사람들도 많다는 것이다. 그래서 어떤 활동가는 마을에 살고 있다고 해서 모두 주민이 아니라 마을 일에 관심을 갖고 참여하는 사람이 진짜 주민이 아니겠느냐며, 그런 주민이 정말 보물 같은 존재라고 말한다. 이처럼 실제로 지역공동체 세우기에 참여하자면 고려해야 할 중요한 현실들이 대단히 많으므로, 먼저 지역공동체 세우기의 기본 원리를 잘 이해하고 접근할 필요가 있다.

바로 앞에서 말한 바와 같이 이러한 원리는 언제 어디서나 적용하기만 하면 곧바로 통용되는 원리라기보다, 각 지역사회의 특성과 구성원(주민)들의 성격에 따라서 적절하게 수정하거나 변환하여 적용할 수 있어야 하는 것들이다. 이러한 점에서 지역공동체에 참여하기 위해서는 지역사회와 주민들에 대한 이해가 선행되어야 한다. 이를 위해서 2부에서는 지역공동체 세우기에 참여하기 위한 기본 원리에 더하여, 지역사회와 주민들을 이해하기 위한 지역사회 조사 방법, 도시와 농촌 지역에서 공동체 운동을 할 때 고려해야 하는 점들, 그리고 최근 주목받고 있는 공동체 자본주의와 관련된 내용들을 살펴볼 것이다.

1. 교회가 참여하는 지역공동체 모델과 전략

지역공동체 운동 모델

지역공동체를 세우기 위해서는 이를 주도해 나갈 주민주도형의 협력 체계, 곧 거버넌스governance를 구축할 필요가 있다. 거버넌스란 국가가 정치·행정을 중심으로 홀로 통치행위를 하는 것에 반대되는 현대사회의 협치 체제를 강조하는 용어다. 곧 기업, 학계, 시민사회 등이 정부나 지자체와 함께 국가와 지역을 운영하는 것을 말하는 것이다. 특히, 지역의 발전을 위해 여러 단위의 지역 결사체들이 모인 것을 '지역 거버넌스local governance'라고 한다.

이러한 점에서 지역 거버넌스는 지역 내에서 발전에 필요한 주요 자원을 자발적으로 동원하는 '자발적 자원 동원 체계'다. 이러한 자원 동원 체계로서 거버넌스의 원활한 작동은 참여 주체들 사이에 존재하는 사회자본의 크기에 달려 있다. 앞에서도 설명했듯이, 사회자본은 조직 구성원들 상호간의 이익을 증진시키기 위한 조정과 합의를 이끌어 내는 기본 동력인 신뢰, 규범, 가치 등을 의미한다. 이 사회자본이 공동체 회복을 위한 원동력이 되는 것이다.[1] 따라서 이 사회자본을 형성하기 위한 구체적인 전략을 개발하는 것이 요구된다.

지역공동체를 세우기 위해서는 생활공동체의 문제를 스스로 규정하고 타개하는 참여민주주의 훈련과 주민자치능력이 뒷받침되지 않으면 안 된다. 이것들을 배양하기 위한 가장 바람직한 방법은 지역 실정에 맞는 적절한 마을 만들기 사업을 발굴하고 공동으로 추진하는 것이다. 이러한 공동 작업을 가능하게 해 주는 힘이 바로 신뢰와 협동, 자치와 참여라는 사회자본이다.[2]

여기서 교회가 하나의 사회자본으로서의 역할을 한다는 사실이 중요하다. 교회는 현대사회에서 고립되기 쉬운 개인들이 공동의 가치관과 관심사를 가지고 모여 있는 곳이다. 이러한 교회의 구성원들이 공공의 문제를 토론하는 사회관계를 발전시키게 된다면, 시민사회를 지탱할 수 있는 하나의 사회자본으로 형성될 수 있는 가능성이 있다는 것이다. 이러한 관점에서 교회가 참여하는 지역공동체 모델을 도식화하면 아래 그림과 같이 표현할 수 있다.

〈그림〉교회가 참여하는 지역공동체모델

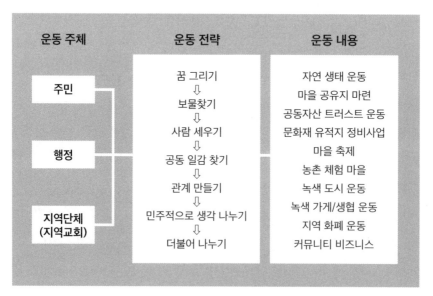

운동 주체	운동 전략	운동 내용
주민 행정 지역단체 (지역교회)	꿈 그리기 ⇩ 보물찾기 ⇩ 사람 세우기 ⇩ 공동 일감 찾기 ⇩ 관계 만들기 ⇩ 민주적으로 생각 나누기 ⇩ 더불어 나누기	자연 생태 운동 마을 공유지 마련 공동자산 트러스트 운동 문화재 유적지 정비사업 마을 축제 농촌 체험 마을 녹색 도시 운동 녹색 가게/생협 운동 지역 화폐 운동 커뮤니티 비즈니스

먼저 운동의 제1주체는 시민, 곧 지역 주민이다. 그러나 행정기관과 지역 단체와의 협력은 필요하다. 지역공동체 운동은 주민, 행정기구, 지역 단체가 협력하는 파트너십이 중요하다. 행정기관의 역할은 공동체 역량 구축을 위한 조력자이자 지원자로서의 역할이다. 행정기관은 지역 내 공동체의 실체와 그 역할을 파악하고, 지역의 각 공동체들의 역량을 연결해 주는 '네트워크 연결자'가 되어야 한다. 공동체의 역량은 내부 역량들을 상호 연계하고 결집했을 때의 결과로 나타나기 때문이다.[3]

여기서 지역 단체는 공동체 운동 주체들의 파트너십 속에서 이 운동의 지속성을 견인하는 성실한 중개자이자 매개자의 역할을 해야 한다. 이런 역할을 수행하기 위해서 지역 단체 활동가들은 종전의 감시하고 비판하며 쟁점을 제기하는 행동양식보다는, 관련 분야를 폭넓게 학습하여 참여하고 창조적이며 대중적으로 행동하는 적극성을 보일 필요가 있다. 이 지역 단체에는 지역교회가 포함된다. 지역교회 역시 지역 단체의 하나로서 교회가 가진 다양한 인적, 물적 자원을 동원하여 지역공동체 운동을 견인하는 역할을 감당할 수 있다.

교회의 지역공동체 형성 전략

지역공동체 형성을 위한 교회의 노력이 이제까지 전혀 없었던 것은 아니다. 한국교회는 다양한 방법으로 지역사회에 관심을 가져 왔고 또한 사역을 실천해 왔다. 이러한 활동들은 크게 사회사업, 사회봉사, 사회복지라는 개념으로 구분될 수 있다. 이러한 활동들이 매우 의미 있고 우리 삶의 조건을 개선하는 데 일정한 기여를 해 왔다는 것은 사실이다. 그러나 앞서 지적했듯이 이러한 활동들이 많은 경우에 복음 전도의 수단으로 여겨져 온 것 또한 사실이다. 복음 전도의 접촉점을 마련하고자 하는 목적에서 이러한 방법을 활용한 것이다. 또한 이것이 도덕적 우월감에서 시혜를 베푸는 식으로 이루어져서, 인격적인 관계를 형성하기보다는 시혜자와 수혜자라는 비대칭적 관계에서 수혜자를 대상화해 온 것도 앞서 지적했다.

그러나 공동체라는 관점에서는 특정인이 우월한 위치를 점할 수 없고, 주종의 관계를 이루지도 않는다. 모든 공동체 구성원들이 동등한 자격으로 함께 참여하는 것이다. 교회 역시도 다양한 지역사회 구성원 중 하나라는 생각으로 다른 구성원들을 존중하며 인격적인 관계를 형성하는 것이 무엇보다도 중요하다. 이러한 인식에서만이 다원화된 현대 사회에서 복음을 설득력 있게 제시할 수 있을 것이다. 다음에서는 이러한 내용을 바탕으로 하여 교회가 지역공동체에 참여하기 위해 갖추어야 할 구체적인 사항들을 살펴보도록 하겠다.

1) 교회의 내적 역량의 강화

이러한 지역공동체 운동에 교회가 참여하기 위해서는 사전 작업이 필요한데, 그것은 교회의 내적 역량을 강화하는 것이다. 교회 안에 지역공동체 운동을 위한 충분한 여건이 마련되지 않은 상태에서 무리하게 뛰어들게 되면, 교회로부터 충분한 지지나 후원을 받을 수 없기 때문에 운동을 지속하기 어렵게 된다. 따라서 지역공동체 운동에 참여하기 이전에 교회의 운동 역량을 키워야 한다.

① 교회 내 공감대 형성

첫째로는 교회 구성원들 사이에서 공감대를 형성하는 것이 중요하다. 이를 위해 설교나 강의를 통해 지역공동체 운동의 필요성에 대한 이해를 높이고 교인들에게 동기를 부여해야 한다. 이로써 교회가 지역공동체 운동에 참여해야 하는 당위성을 정리할 필요가 있다. 이 과정에서 공통의 관심사를 확인할 수 있는데, 이를 위한 질문들은 다음과 같은 것들이다.

ㄱ. 교회가 지역사회로 나아가고자 하는 궁극적인 목적은 무엇인가?
ㄴ. 교회는 지역사회에 무슨 기여를 할 수 있는가?
ㄷ. 교회는 지역사회에 어떠한 방법으로 기여하겠는가?

② 인적 자원 동원

다음으로는 교회 안의 인적 자원을 동원하는 것인데, 교회 안에 활성화되어 있는 다양한 소모임들을 TFTask Force: 전담반로 활용하는 것이 좋은 방법이다. 교회 전체가 지역공동체 운동을 하기는 쉽지 않다. 대신 교회 내의 각종 소모임들이 지역공동체 운동에 참여하게 되면 보다 더 자발성이 있고 적극적인 참여가 가능하게 되어 훨씬 더 많은 효과를 낼 수 있다. 그러므로 교회 구성원들의 지역공동체 운동에 대한 인식과 참여 의향을 조사하여 지역공동체 운동을 전담할 수 있는 소모임을 구성한다.

전담반 구성은 다섯 내지 여섯 명 정도로 하되, 주민의 참여를 위해 기획 단계에서부터 외부구성원도 포함하는 것이 중요하다. 구성원은 일 대일 접촉을 통해 참여 의사를 확인하여 구성하고, 목회자, 실무자, 주민 대표, 시설 및 단체 대표 등을 포함하여 가능한 다채롭게 구성하는 것이 운동의 전개를 위해 도움이 될 것이다.

이 소모임 TF를 중심으로 지역사회를 조사하고 직접 실천 주제를 작성하도록 하는 것이 좋다.

③ 물적 자원 동원

물적 자원으로는 먼저 재정을 생각해 볼 수 있는데, 교회 예산의 일정 부분을 지역공동체 운동 예산으로 할애할 필요가 있다. 이를 위해서 교회 구성원들의 합의를 거쳐 교회 재정의 일정 부분(대략 10퍼센트 정도)을 지역공동체 활동비로 정하고, 소모임을 지원대상자와 연결시켜 이들의 필요를 도울 수 있는 책임봉사제를 실시하는 것도 중요한 원칙이 될 것이다.

또한 교회 공간을 지역공동체 운동을 위해 활용할 필요가 있다. 기획이나 중간 점검을 위해서는 회의 공간이 필요하며, 운동 내용에 따라서는 교회 공간의 일부를 활용해야 할 경우가 있다. 이를 위해 교회 공간을 활용할 수 있도록 하고, 가능하다면 교회를 건축할 단계에서부터 교회 공간을 예배나 교회 집회뿐 아니라 지역 활동을 위한 공간으로 활용할 수 있도록 계획할 필요가 있다. 그러나 모든 지역공동체 운동을 교회 공간에서 할 필요는 없으며 이것이 오히려 주민들을 불편하게 할 수도 있으므로 지역의 다양한 공간을 활용하는 것이 좋다.

④ 교회 역량 점검

사전 작업의 마지막 단계는 지역공동체 운동에 실제로 참여하기 위해 교회의 역량을 점검하는 것이다. 이를 위한 점검 질문은 다음과 같은 것들이다.

ㄱ. 과거에 교회가 지역사회에 기여한 경험이 있는가?

ㄴ. 교회가 지역사회의 다른 사회자원과 함께 연대한 경험이 있는가?

ㄷ. 목회자에게 지역공동체 운동의 의지가 있는가?

ㄹ. 교회 내에 지역공동체 운동을 수행할 수 있는 전담 부서가 있는가?

ㅁ. 교회 내에 지역공동체 운동을 수행할 수 있는 실무 전문가가 있는가?

ㅂ. 교회 내에 지역공동체 운동을 수행할 경우 기꺼이 참여할 수 있는 교인들이 있는가?

ㅅ. 교회는 지역공동체 운동을 수행하는 데 필요한 재정을 조달할 수 있는가?

ㅇ. 교회의 공간을 지역공동체 운동을 위해 활용할 수 있는가?

2) 지역공동체 운동 내용 설정

지역공동체 운동에 참여할 준비가 되었다면 구체적으로 교회가 참여할 지역공동체 운동의 내용을 설정해야 한다. 일반적으로 전개되고 있는 다양한 지역공동체 운동은 앞의 그림(88쪽)에서 제시한 것과 같이, 자연 생태 운동, 마을 축제, 농촌 체험 마을, 녹색 도시 운동, 녹색 가게·생협 운동, 지역화폐 운동, 커뮤니티 비즈니스, 마을 공유지 마련, 공동자산 트러스트 운동, 문화재 유적지 정비사업 등 다양하다. 이러한 내용 중에서 지역의 필요와 실제 접근 가능성을 따져서 지역공동체 운동의 내용을 설정한다.

그러나 이러한 지역공동체 운동에 직접 참여할 만한 여건을 마련하지 못했다면, 기존에 있는 지역 활동에 참여하여 경험을 쌓는 것도 좋은 방법이다. 그중에 하나는 지역마다 구성되어 있는 주민자치센터 또는 주민자치위원회 활동에 교회가 참여함으로써 지역공동체 운동을 하는 것이다.[4] 주민자치센터는 주민 복리의 증진을 도모하고 주민 자치 기능을 강화하여 지역공동체 형성에 기여하기 위하여 주민이 이용하는 기관이며, 주민자치위원회는 주민자치센터의 운영에 관한 사항을 심의하거나 결정하는 일을 하는 곳이다. 그러므로 이러한 활동에 목회자나 교인이 참여하는 것도 좋은 방법이 된다.

또 한 가지 방법은, 교동협의회에 적극 참여하는 것이다. 지역에 따라서 지역 행정 기관인 주민센터(옛 동사무소)와 지역교회들이 협력하여 지역 활동을 하는 교동협의회가 활성화되어 있다. 지역공동체 운동을 하기 위한 발판으로 기존에 구성된 교동협의회에 적극 참여하거나 새로 교동협의회를 구성한다면, 차후에 지역공동체 운동을 하는 데 좋은 경험이 될 것이다.

3) 주민 연계

지역공동체 세우기는 교회가 아니라 주민이 주체가 되고 주민이 주도해야 하므로 지역주민과의 연계는 반드시 필요한 작업이다. 이를 위해 주민들을 접촉해야 하는데, 먼저 지역사회 내의 모든 거주민을 지역사회의 '주체'라고 볼 수는 없다는 점을 고려해야 한다. 실제로 지역 문제에 관심을 가지고 있으며, 공공의 토론에 참여하며, 실제로 시간을 내서 운동에 참여할 수 있는 사람들을 접촉해야 한다. 특히 지역공동체 운동을 위해 설정한 쟁점의 당사자가 되는 사람이나 직간접적인 이해관계에 있는 사람들을 일대일로 만나서 의사를 타진하여 지역공동체 운동에 참여시킬 필요가 있다.

그리고 주민 대표를 구성하여 이들을 대상으로 필요한 교육과 훈련을 실시하고, 수차례 회합 후에 보다 적극적으로 지역공동체 운동에 참여할 임원진을 구성한다. 그리고 이들을 중심으로 하여 주민주체의 역량을 증대시키고 지도력 훈련도 병행한다.

4) 관공서 연계

다음으로 관공서와의 연계를 시도한다. 앞서 언급한 대로 공동체 역량 구축을 위해 행정기관은 조력자이자 지원자로서의 역할을 해 줄 수 있다. 구체적으로는 행정기관이 '네트워크 연결자'로서 지역 내 공동체들의 역량을 결집하여, 지역공동체 운동을 위해 필요한 역량을 확보하는 역할을 해야 한다.

그러나 행정기관에 지나치게 의존하거나 행정기관이 공동체 활동을 주도하는 경우 부작용이 일어날 수 있음을 주의해야 한다. 행정기관의 속성상 성과를 중시하는 경향이 있기 때문에, 필요에 따라서 연계하고 협력하되 활동의 주체는 반드시 주민이 되어야 한다는 점을 염두에 두어야 한다.

5) 지역공동체 세우기의 실천

지역공동체 운동을 효과적으로 하기 위해서는 지역을 깊이 이해할 필요가 있다. 이를 위해 지역 전반에 대한 실태 조사나 지역 욕구조사를 하는 것이 도움이 된다. 또한 지역 욕구조사를 통해 지역의 쟁점들을 발견하고 활동 목표로 설정할 수 있다. 이때 주민들의 실질적 이득과 관련이 있고, 주민들에게 절실하게 와 닿으며, 공감대가 넓은 쟁점을 '좋은 쟁점'이라고 한다. 또한 이해하기 쉽고, 표적이 명백하며, 자금 확보가 비교적 용이한 쟁점을 설정하는 것이 좋다. 쟁점을 설정하기 위해 필요한 내용을 아래에 간략히 제시했다.

1. 지역 조사
  (1) 고려해야 할 사항
    ① 지역사회의 기본 특성은 무엇인가?

② 지역 주민들의 생활수준이나 계층적 특성은 무엇인가?

③ 지역 주민들의 생활양식이나 문화적 특성은 무엇인가?

④ 지역 주민들의 태도나 규범 및 가치관의 특성은 무엇인가?

⑤ 지역 주민들의 공통의 관심사나 지역의 현안은 무엇인가?

⑥ 지역 주민들은 지역의 문제나 현안을 해결하기 위한 활동에 참여할 의사가 있는가?

⑦ 주민들의 교회에 대한 인식, 기대, 바람 등은 무엇인가?

(2) 조사 내용

① 자연환경 조사: 지역사회의 지리적 위치와 지형, 지역적 특성을 조사한다.

② 인구·거주지·사회구조 조사: 지역사회의 성별, 연령별, 출신지별, 계층별 인구 구성, 인구이동과 인구 밀도에 관한 사항을 조사한다. 거주민들의 거주 이유, 지역사회의 구조적 특성과 인접 지역과의 관계 등도 조사한다.

③ 향토 문화와 전통에 대한 조사: 지역사회 주민들의 독특한 전통과 관습, 문화를 이해하기 위한 조사로, 향토 행사, 지역 특유의 의·식·주 등의 생활양식, 종교와 미신, 전설 등의 실태를 조사한다.

④ 산업과 경제생활 조사: 지역 산업 구조의 특성과 경제생활 수준과 방식을 조사한다.

⑤ 주민들의 생활 및 의식 조사: 이웃관계, 가치관과 도덕규범, 전형적인 태도와 행동양식을 조사한다.

⑥ 사회단체, 공공시설과 행정기구 조사: 지역사회에 어떠한 행

정기구, 공공시설 및 기타 사회단체, 복지시설이 있으며 이들
이 어느 정도의 기능을 수행하고 있는지를 조사한다.

(3) 조사 단계

① 지역사회 범주 정하기: 현실적으로 관심을 집중할 수 있는 지
역사회의 범주를 정하고 지역사회의 환경이 되는 더 큰 단위의
사회 간의 역학관계를 파악한다.

② 지역사회 지도 그리기: 지역사회의 구조와 역학관계를 구체적
으로 파악하기 위해 지역사회 지도로 가시적으로 표현한다. 사
회 계층과 인구 분포(장애인, 소년가장, 독거노인, 외국인근로
자 등), 지역의 형태적 구분(상업지역, 주거지역 등), 공공시설
(공원, 학교, 관공서 등)을 표시한다.

③ 지역사회의 특성 파악하기: 지역의 역사, 지리적 특성, 도시화
정도, 인구 분포의 특성, 전통 문화와 역사 유적지 등을 파악한
다. 특별한 역사 경험이나 지역 공동의 기억도 중요한 요소다.

④ 지역사회 주민 이해하기: 지역 주민들의 연령, 성별 구성비,
교육 수준, 직업 분포, 삶의 주기, 거주 기간, 사회 관계 등을 파
악한다.

⑤ 표면 밑으로 들어가기: 지역 주민의 문화활동, 사회활동, 여가
활동, 주민들의 소속감, 애향심 등의 삶의 경험을 파악한다.

⑥ 지역사회를 총체적으로 정의하기: 위의 과정을 거쳐 지역사회
를 총체적으로 이해하고 정의한다.

2. 지역 욕구조사

(1) 욕구조사의 고려사항

① 성별, 연령, 혼인상태, 가족, 교육, 직업, 종교, 주택 상태 등의 기본사항.

② 개인 및 가족의 생활상의 문제는 무엇인가? 그리고 그 문제를 해결하기 위해서 어떤 노력을 하고 있는가?

③ 지역사회의 심각한 문제는 무엇인가? 주민들은 그 문제를 해결하기 위해서 어떤 노력을 한 경험이 있는가?

④ 지역공동체 운동에 대한 지역사회 주민의 인지도, 인식(긍정적/부정적), 기대 등은 어떠한가?

⑤ 지역공동체 운동을 위해 중요한 이슈나 공동의 일감은 무엇인가?

⑥ 지역주민들은 지역공동체 운동에 참여할 의지가 있는가?

(2) 욕구조사의 종류

① 수혜자 중심의 욕구조사: 욕구조사 결과를 통해 프로그램이나 사업의 혜택을 받을 사람들을 대상으로 조사한다. 아동, 청소년, 노인, 장애인, 여성 등의 문제 수준과 정도를 파악하기 위한 조사다.

② 서비스 중심의 욕구조사: 의료서비스, 재활서비스, 고용서비스 등과 같이 서비스를 제공하는 기관이 서비스의 품질이나 개선 사항에 대한 정보를 파악하기 위해 실시하는 조사다.

③ 지역사회 중심의 욕구조사: 수혜자 중심의 욕구조사와 서비스 중심의 욕구조사를 결합시킨 방법으로 지역사회에 거주하는

모든 주민을 대상으로 욕구를 파악한다. 지역사회 주민은 개별적 수혜자이면서도 특정 서비스를 받는 사람이기 때문에 두 가지를 포함하는 것이다. 기초적이고 일반적인 조사로 먼저 실시하고 다음에 수혜자 집단별로, 서비스 기능별로 세부적인 욕구조사가 이루어져야 한다.

(3) 욕구조사의 자료수집 방법

① 일반 조사: 지역사회 전체를 대표할 수 있는 표본을 추출하여 질문지 또는 면접을 통해 욕구조사를 하는 방법이다.

② 표적집단 조사: 문제에 직접 관심 있는 표적집단을 대상으로 설문조사를 실시해 욕구를 파악하는 방법이다. 표적집단은 일반 주민들 중에서 서비스의 자격 요건 곧 소득, 연령, 건강, 성별 등의 변수나 서비스의 이용 수준 또는 지리적 변수 등으로 층화해 나눈 집단이다. 경우에 따라서는 일반 조사와 표적집단 조사 방법을 한 설문지에 구성해 동시에 파악하는 경우도 많다.

③ 주요 정보 제공자 조사: 서비스 제공자, 관련 전문가 등 지역사회 전반의 문제를 알고 있는 사람들을 대상으로 욕구를 조사하는 방법이다. 복지관 자문위원회, 주민 참여 운영위원회를 활용한다.

④ 사회지표 조사: 기존에 사회에서 인정하는 측정 지표로 경향이나 그 추이를 분석하여 욕구를 파악하는 방법이다. 소득수준, 빈곤인구율, 실업율, 인구 센서스 등을 활용한다.

⑤ 2차 자료 분석: 지역 주민과 관련된 자료를 검토하는 것으로

면접기록표, 업무일지, 서비스 대기자 명단, 상담 기록지 등을
활용하는 방법이다.

⑥ 지역사회 공개토론회: 지역사회 주민이 참여해 공개적인 논의
를 하는 방법이다.

지역 조사를 실시한 결과는 보고서를 작성하여 보관하고, 필요에 따라서
는 자원목록집을 작성하여 공유하도록 하는 것이 좋다. 자원목록에는 자원
명, 주소, 연락처, 홈페이지, 활용도, 활용만족도, 이용자명 등을 기입한다.

구체적 전략

구체적으로 지역공동체를 세우기 위해서 가장 먼저 고려해야 할 것은
'가치 창조'다. 사람들이 가치 있게 여기는 것은 시대에 따라 변하기 마련이
다. 산업화 시기에 우리 사회는 성장과 개발을 가장 중요한 가치로 여겨 우
리 사회가 생존 경쟁의 각축장이 되어 왔다. 그러나 탈산업화 시기에는 환경
보존과 지속 가능한 성장이 중시되고, 경쟁과 배제보다는 배려와 포섭이 중
요한 가치로 여겨진다. 이러한 탈산업화 시기의 가치는 기독교의 가치와도
일맥상통하는 것이므로, 이러한 가치를 창조하여 활성화할 수 있는 공동체
를 세우는 데 노력할 필요가 있다.

이러한 관점에서 볼 때 지역공동체 세우기 전략은 지역 주민들이 나름대
로의 특색을 유지하면서, 공동의 의식을 형성하고, 주체적인 참여가 이루어
질 수 있는 방향으로 이루어져야 한다. 일반적인 과정과 전략들은 '꿈 그리
기, 보물찾기, 사람 세우기, 공통의 의제와 일감 발굴하기, 관계 만들기, 민주

적으로 협의하기, 더불어 나누기' 등으로 나누어진다.[5] 이에 대하여 자세하게 살펴보도록 하겠다.

① 꿈 그리기

지역공동체 세우기는 먼저 '꿈을 그리는 것'에서 시작한다. 일본에서 일평생 마을 만들기에 헌신한 한 전문가는 마을 만들기에서 가장 중요한 요소로 '꿈을 그리는 것'을 꼽았다. 꿈은 공동체의 회복, 아름다운 동네, 편리한 시설, 생태적 삶 등을 소재로 그려진다. 이러한 꿈을 그리고 전파하는 단계가 마을 만들기의 시작이자 매우 중요한 요소인데, 기독교 정신과 원리를 바탕으로 하여 이러한 꿈을 그리는 것이 무엇보다도 중요한 부분이다. 그러나 이러한 꿈은 기독교인들만이 사용하는 언어가 아니라 보편적으로 사용되는 언어로 표현되어야 한다.

② 보물찾기

다음으로 '보물찾기'는 특정 지역이 가지고 있는 '보물'(흔히 쓰는 표현으로 자원)을 찾는 것인데, 이러한 보물을 찾는 경우 매우 큰 추진력과 탄력을 받게 된다. 보물을 소재로 하여 마을의 성장 가능성을 발견하고 운동의 지향을 설정하기도 한다. 마을이 전통적으로 구심점으로 삼아 온 역사나 자랑거리가 마을의 보물이 될 수 있는데, 기후나 자연 경관과 같은 풍토적 가치와 역사 사건이나 문화유산과 같은 역사적 가치, 그리고 사람들의 생활이나 행사, 축제와 같은 행위적 가치로 구분된다.[6] 특히 비도시 지역의 경우 지역 특산물이, 도시 지역의 경우 잊힌 역사나 문화 유적 등이 좋은 보물이 될 수 있다.

이와 관련하여 최근에는 '에코뮤지엄ecomuseum'이라는 개념이 활용되고 있다. 에코뮤지엄이란 프랑스에서 1960년대 후반에 생긴 개념으로, 불어의 에코뮈제écomusée를 영어로 번역한 것이다. 에코뮤지엄이라는 개념은 스웨덴의 스칸센Skansen 야외박물관으로 시작된 생활사 복원운동의 전시기법에서 처음 생겼고, 생활 전체를 포괄적으로 표현하는 '집의 박물관'이라는 아이디어에서 기인했다.[7] 우리말로 번역하면 '생태박물관'이라고 할 수 있지만, 에코뮤지엄은 단순히 생태학에 관한 박물관이 아니라 박물관 그 자체가 지역에서 환경생활 친화적 존재라는 것을 의미한다. 그런 점에서 '환경보전형 마을 만들기' 활동을 가리키는 개념으로 이해하는 것이 적절하다.[8]

이렇게 보면 마을에는 공동체 운동의 자원이 되는 다양한 보물이 있음을 알 수 있다. 일본의 유후인由布院 마을은 한국 언론에도 많이 소개된 사례다. 녹음이 우거진 분지형태의 온천지대에 위치하여 습온성 식물의 보고였던 이 지역에 골프장 건설 붐이 불게 되었을 때, 주민들은 '유후인의 자연을 보호하는 모임'을 결성하여 자연 보호를 주장하며 반대 운동을 폭넓게 전개했다. 특히 대규모 외부 자본을 끌어들이지 않고 료칸(여관) 경영자들을 중심으로 하는 주민들의 힘으로 친환경적인 생활형 관광지를 만들어, 마을 자체를 실제 주민들이 살고 있는 박물관이자 관광지로 만들었다. 이는 환경보전형 마을 만들기의 매우 좋은 사례가 되고 있다.

③ 사람 세우기

'사람 세우기'는 현장 일꾼의 역할을 하는 지도자를 세우는 것과 주체적인 참여가 이루어지도록 참여자를 교육하는 것을 포함한다.

성실하고 진실한 일꾼도 중요하지만, 모든 공동체들의 주체적인 참여가 없이는 공동체 세우기가 불가능하다. 주민 대표가 주도하는 운동이 아니라 모든 주민들의 참여를 바탕으로 하는 진정한 의미의 주민 운동이 되기 위해서는 참여자들 모두가 주인 의식을 갖도록 동기를 부여하는 것이 중요하다.

④ 공통의 의제와 일감 발굴하기

또한 구성원의 합의와 관심의 최대 공약수로서 공통의 의제와 일감을 발굴하는 것이 필요하다. 공통의 의제와 일감으로는 가능하면 많은 수의 구성원이 지지하는 것이 설정되어야 바람직하다. 이렇게 함으로써 폭넓은 지지와 참여를 유도할 수 있기 때문이다. 여기서 중요한 것은 의제와 일감을 설정할 때는 이익이 아니라 공공의 가치를 중심으로 설정해야 한다는 것이다. 지나치게 이익을 중시할 경우 주민 운동이 자칫 지역 이기주의로 흐를 수 있기 때문이다. 긍정적인 사례로는 동네 하천 살리기, 생태 농업과 같은 자연 생태 운동이나, 마을 공유지나 공동 자산 마련하기, 트러스트 운동과 같은 공동체 회복 운동을 참고할 만하다.

⑤ 관계 만들기

'관계 만들기'는 이웃 사이의 관계, 사회 구성원 간의 관계를 만듦으로써 공동체 회복을 강하게 지향하는 것이다. 중요한 것은 과거의 전통적인 공동체로 단순하게 회귀하는 것이 아니라, 새로운 민주적인 공동체를 지향해야 한다는 것이다. 특히 기독교인과 비기독교인들이 함께 꿈을 나누며 스스럼없이 어울릴 수 있도록 인격적인 관계를 만드는 것이 중요하다. 교회에서 바자회 같은 활동을 할 때도 교인들끼리 하기보다는 지역 주민들과 함께하는 것이 좋은 방법이다. 그리고 주민들을 단순히 손님으로 부르기보다는 준비 단계에서부터 함께 기획하여 진행할 수 있도록 함으로써 활동의 공동 참여자가 되도록 하는 것이 공동체를 지향하는 바람직한 태도다.

⑥ 민주적으로 협의하기

'민주적으로 협의하기'는 주민자치센터나 반상회 같은 정부 주도의 행정기구가 아니라, 풀뿌리, 즉 주민들이 자발적으로 참여하여 협의하는 것을 의미한다. 이를 위해 의사결정 기구로서의 민주적인 협의체를 구성하는 것도 좋은 방법이다.

⑦ 더불어 나누기

마지막으로 '더불어 나누기'는 마을 만들기의 지속 가능성을 위해 중요한 요소다. 지금까지 다양하게 시도되었던 정부 중심의 지원정책이 신뢰를 상실한 가장 큰 이유는 공평한 나눔이 이루어지지 않았기 때문이다. 공동체 운동의 성과가 가시적이든 비가시적이든, 물질적인 것이든 정신적인 것이든 참여자들 사이에서 공평한 나눔이 이루어져야 한다. 필요한 재정 역시 투명하게 운용되어야 한다.

여기서 유의할 점은 지역 쟁점 해소를 위한 지역 활동을 다채롭게 실시하되, 성과에 치중하기보다 과정을 중시하여 공동체성 발현을 도모해야 한다는 것이다. 지역공동체 운동을 하나의 사업이나 프로그램으로 이해한다면 단시일 내에 성과가 드러나지 않는 것에 실망하기 쉽다. 그러나 앞에서도 말한 바와 같이 '마을 만들기'는 곧 '사람

만들기'라는 생각으로 주민들의 의식을 고쳐서 공동체성을 지향하도록 한다면, 지역공동체 운동을 보다 지속적으로 전개해 나갈 수 있을 것이다.

한 지역공동체 운동 전문가는 "지역공동체 운동은 하나의 종합예술이다."라는 표현을 했다. 지역공동체 운동은 참여하는 한 사람, 한 사람이 분명한 목적의식을 가지고 주체적으로 운동을 전개해야만 작은 결실이라도 이룰 수 있기 때문이다. 특정한 절차에 따라 운동을 전개한다고 다 성과가 드러나는 것이 아니고, 때에 따라서는 시행착오를 거치게 되는 경우도 많다. 그러므로 앞서 살펴본 다양한 방법과 절차를 통해 교회가 지역공동체 운동에 참여하는 것이 필요하다. 그렇게 할 때 교회는 지역사회의 책임 있는 구성원으로서의 역할을 다하게 될 것이다.

지역공동체 운동의 정착과 확산

지역공동체 운동은 단기간에 성과를 낼 수 있는 일이 아니다. 특히 교회들은 이 일에 참여하는 경험이 많지 않기 때문에 많은 시행착오를 거칠 수도 있다. 그러나 지역공동체 운동은 기존의 사회봉사, 사회복지의 차원을 넘어 교회가 실제로 지역사회에 뿌리를 내리고 지역을 공동체로 만들기 위해 참여하는 활동이므로, 향후 십여 년간 가장 관심을 가지고 총력을 기울여야 할 과제다. 아직은 소수의 교회 지도자들이 관심을 두고 사역을 계획하는 중에 있는 수준이므로, 이 운동에 대한 관심을 북돋고 보다 많은 교회가 참여할 수 있도록 독려할 필요가 있다.

또한 참여하는 교회가 개별 활동을 하기보다는 가능한 대로 많은 교회가 협력할 수 있는 방안을 마련할 필요가 있다. 특정 교회가 지역공동체 운동에 홀로 참여하기보다는 지역에서 이 일에 관심을 가지고 참여할 만한 다른 교회를 물색하여 협력 사업을 벌이는 것이 보다 효과 있는 방법이다. 교회가 지니고 있는 물질과 제도적 자원을 지역사회를 위해 효과 있게 활용할 뿐만 아니라, 다른 교회들과 함께 연합 활동을 하는 모델을 개발할 필요가 있다.

마지막으로, 이 운동에 관심이 있는 목회자와 평신도 지도자들이 지속적으로 도움을 받을 수 있는 연합 기구를 설립할 필요가 있다. 이 운동에 동기를 부여하고 독려함과 동시에, 필요한 정보와 자료를 제공하고 필요에 따라 자문 역할을 담당할 수 있는 기관이 필요한 것이다. 또한 자원을 공유할 수 있는 시민 단체와도 협력하여 지역사회 협의체를 구성함으로써, 필요에 따라 유기적으로 의사소통을 하고 지원할 수 있는 중간 지원 조직을 마련하는 것도 고려해 볼 만한 일이다.

교회가 하는 대부분의 사회봉사 활동은 체계적이지 않고 지속적이지 않아서, 대개 같은 활동을 비정기적으로 반복할 뿐 더 발전된 단계로 나아가지 못하는 경향이 있다. 연합기구나 중간 지원 조직을 통해서 지속적인 논의를 함으로써 보다 건설적인 지역공동체 운동을 전개해 나갈 수 있다. 뿐만 아니라 이러한 운동에 관심을 갖는 이들에게 다양한 지원을 해 줄 수 있다는 점에서도 연합기구와 중간 지원 조직의 구성은 장기적으로 검토할 필요가 있는 사안이다.

2. 도시 교회의 지역공동체 운동

영국 시인 윌리엄 쿠퍼William Cowper는 "신은 자연을 만들고, 인간은 도시를 만들었다"라고 말했다. 그만큼 도시는 인위성이 축약된 공간이고, 동시에 매우 사회적인 공간이다. 이것은 단순히 인간이 도시에서 삶을 영위하기 때문만이 아니라, 인간이 적극적으로 도시라는 공간을 사회적인 공간으로 만들어 가기 때문이다. 1950년에는 전 세계 인구의 30퍼센트만 도시에 거주했으나 2000년에는 47퍼센트에 이르렀고, 2030년에는 60퍼센트에 이를 것으로 전망되고 있다. 도시가 중요한 것은 이렇게 세계 인구의 절반이 살고 있을 만큼 많은 사람이 살고 있으며, 뿐만 아니라 교통 통신의 요충지이기 때문에 다른 지역에 대한 영향력이 비도시 지역에 비해 더 크기 때문이다.

도시는 다른 지역과 구별되는 자신들만의 정체성을 형성하고 있는 공간이 되고 있다. 전통 사회에서는 사람들이 특정 지역에 모여들면서 자연스럽게 도시를 형성했다. 근대 이전의 도시 공간은 전통적인 의식과 생활양식을 반영하는 건축물과 도로, 그리고 광장 등이 주요 경관을 이루고 있었다. 그리고 근대기의 도시들은 특정한 계층성이 있는 사람들로 특징지어진다. 특히 근대 이후의 도시 공간은 자본주의 사회의 발전과 함께 자본의 지배를 받기 시작했다. 도시 공간이 이제 더 이상 전통의 가치에 지배받지 않고 화폐 가치의 지배를 받게 되었다. 아파트 주거 공간은 단순한 생활공간이 아니라 재산 증식 수단이 되었고, 자연과의 유기적인 관계나 인간다운 삶을 위해 필요했던 여가 생활은 인공으로 조성된 극장이나 영화관, 커피숍, 체육관 등에서 자본으로 말미암아 상품화된 소비생활의 연장으로 이루어지게 되었다.

이와 같이 도시들은 시대에 따라 다른 특징들을 드러내며 발전해 왔는데, 현대의 도시들은 근대기의 도시들과 또다시 구별된다. 그것은 현대 도시가 단일한 계층으로만 이루어지지 않고 다양한 계층으로 구성되어, 일정 정도 다양성을 표출하며 세분화되는 특성을 보이기 때문이다.[9] 이러한 점에서 현대 도시에서 보이는 가장 큰 문제는, 그 다양성 때문에 동질감이 약화되고 사회관계가 형식화되어 매우 심각한 문제들이 발생한다는 것이다. 다양한 배경과 관념, 관습을 가지고 있는 사람들의 혼합은 심한 이질감을 느끼는 반면에 공동체 의식은 갖지 못하게 되는 결과를 가져온다.[10]

이러한 점에서 공동체 이론가들은 공동체야말로 현대 사회의 여러 문제들을 치유할 수 있는 유일한 대안이라고 주장한다. 이들은 공동체를 물리적 공간의 조건과 관계없이 사회 공간에서 이루어지는 인간관계의 망으로 이해한다. 공동체가 대안으로 거론되는 것은 바로 이런 맥락에서다. 사실 현대 사회에 대해 다양한 진단이 내려졌지만, 가장 근본적인 문제는 개인이 주장하는 자신의 이익과 보편적 권리가 전체 사회의 공공성과 조화를 이루지 못하는 것이라고 볼 수 있다. 공동체가 바로 이 불화를 해소하는 중요한 조건이라는 것이다.

이러한 문제는 서구 사회만의 문제가 아니다. 우리 사회의 도시화율은 90퍼센트를 넘었으며 서구 사회가 경험한 문제들을 그대로 겪고 있다. 우리 사회에 공동체 문화가 많이 남아 있다고는 하지만, 가족주의 등과 같이 폐쇄적이고 전근대적인 공동체가 지배적이라는 것이 학자들의 공통된 지적이다.[11] 따라서 우리 사회 역시 현대 사회에 적합한 새로운 형태의 공동체 모델이 필요한 상황이다.

공동체 운동과 관련하여 먼저 도시 지역에 주목하는 이유는, 산업화의 진전이 상대적으로 더딘 농촌 지역의 경우 불완전하게나마 촌락 공동체의 특성들을 보존하고 있는 경우가 있기 때문이다. 도시 지역의 경우에는 전통 사회에 있던 공동체의 특성이 거의 사라져 버렸다. 특히 서울과 같은 거대 도시의 경우 단순히 규모가 커졌을 뿐만 아니라 구성원들이 기능적으로 매우 복잡하게 얽혀 있고, 매우 개인주의화 또는 다원화 되어 있으며, 또한 극히 유동적이고 가변적이다. 따라서 대도시에서는 상대적으로 동질적이고 안정된 구성원들 간의 관계를 전제로 하는 공동체 의식을 형성하는 것이 매우 어려운 실정이다.

이에 이 장에서는 현대 도시 지역을 배경으로 바람직한 공동체 형성이 과연 실현 가능한 대안인지를 탐색해 보되, 특히 이것을 한국 시민사회의 중요한 조직적·문화적 자원이라고 할 수 있는 교회를 중심으로 살펴보려고 한다.[12] 아직 우리 사회에서 교회 조직이 참여하여 도시 지역공동체를 세우려는 시도는 그렇게 많지 않다. 혹 있다 할지라도 일시적인 이벤트나 개별적인 행사에 머무르는 경우가 대부분이며, 지역공동체 차원의 모델로 발전시킨 예들은 별로 없는 실정이다. 하지만 최근에는 여러 가지 실험적 시도들이 많이 나타나고 있으며, 또 성공적인 사례들도 찾아볼 수 있다.

현대 도시와 지역공동체 운동

1) 현대 도시의 특징

현대 도시가 급격하게 발달하던 시기인 20세기 초에 사회학자인 퇴니스Ferdinand Tönnies는 이를 '게마인샤프트Gemeinschaft'와 '게젤샤프트Gesellschaft'로 표현했다. 게마인샤프트는 작은 시골 마을에서 찾아볼 수 있는 공동체와 같은 특성이 있다. 여기에서 사람들은 가족과 이웃과 관련된 공동의 선, 공동의 이익, 공동의 목적을 위해 일했다. 이러한 공동생활은 '우리 의식we-feeling'을 강화한다. 반면에 게젤샤프트는 도시 사회를 가리키는 것으로, 도시 생활은 개인주의와 이기심을 특징으로 하며, 공동선에 대한 신념도 없고, 가족과 이웃 간의 유대도 별 의미가 없다. 도시에서는 성스러운 것이 세속화되고, 일관되고 안정된 삶이 혼란과 무규범의 삶으로 바뀐다. 그리하여 따스한 개인 관계들이 합리적이고 비인격적인 익명성으로 바뀌게 된다.

이러한 현대 도시의 삶에 대해서 사회학자인 게오르그 짐멜Georg Simmel은, 현대 도시의 삶의 가장 큰 특징을 '개별성'이라고 보았다. 현대 도시는 이전에 경험하지 못하던 자극의 거대한 경연장이 되었다. 따라서 대도시에 사는 개인들은 그 자극이 야기할지도 모르는 자아의 분열에 대항하여 스스로를 보호하는 일종의 보호 장치를 만들어 내게 된다.[13] 보기를 들면, 대도시에서 살아가는 사람은 외부에 대하여 어느 정도 '무감각한 태도'를 유지하는 경향을 띠게 된다. 밀도 높은 도시 군중 속에서 발생할지 모르는 충돌을 방지하고 물리적으로 확보하기 어려운 공간의 여유를 심리적으로라도 만들어 내려고 하는 '거리 두기'나 '속내 감추기'의 태도도 이와 같은 것이다.

한국의 현대 도시는 19세기말의 개항 이후에 형성되기 시작했다고 볼 수 있으나, 오늘날과 같은 도시의 형태는 한국 전쟁 이후에 형성되었다. 특히 60년대 이후 박정희 정권 아래서 경제개발 계획이 시행되면서, 서울 중심의 개발 정책을 따라 수도권 인구 집중이 본격적으로 시작되었다. 경제 개발의 효율성을 위해서 당시에 수도권 집중 전략을 택했기 때문이었는데, 그 여파는 오늘에까지 이어져 오고 있다. 현재 다각도의 지방 분권 정책을 실시하고 있는데도, "말은 제주도로 보내고 사람은 서울로 보내야 한다"라는 말에서 보이는 우리 민족 특유의 중앙지향성까지 더해져 중앙 집중 경향은 좀처럼 꺾이지 않고 있는 실정이다.

1970년대 이후에는 서울의 강남 개발이 본격화되면서부터 강남과 강북의 격차가 서서히 벌어지기 시작했다. 반포와 영동, 그리고 잠실이 하나의 신시가지로 개발되기 시작했고, 대치동을 중심으로 이른바 '8학군'이 형성되면서 강남은 자녀 교육을 위해서라도 꼭 입성해야 하는 지역으로 자리매김했다. 급기야는 '강남공화국'이라는 표현이 생기기에 이르렀다. 90년대 이후에는 서울의 인구 집중을 완화하기 위하여 수도권 신도시 개발을 추진했고, 이에 따라 비교적 젊은 층을 중심으로 신도시 이주가 진행되었다.

그러나 신도시 역시 수도권의 일부이므로 수도권 인구 집중 추세는 수그러들지 않았다. 게다가 수도권 거주자들이 대부분 주거지에서는 잠만 자고 대부분의 일과를 서울에서 보내면서 수도권 신도시는 일명 '베드타운bed town'으로 전락하는 상황에 이르렀다. 신도시 주민들은 주말이나 공휴일에조차 서울이나 주변의 보다 큰 도심으로 나가서 여가를 즐기기 때문에, 이럴 때면 일부 수도권 신도시는 유령 도시를 방불케 할 정도이다.

최근에는 서울의 집값을 감당하기 어려운 젊은 세대들을 중심으로 '탈 서울' 현상이 가속화되어 서울 인구는 감소하고 인근 경기도 인구가 증가하는 추세다. 이러한 현상은 미국 사회에서 문제가 되어 온 '서버비아suburbia:

교외 생활양식'와도 유사한데, 미국에서는 이것이 미국의 도덕적, 정신적 삶을 괴롭히는 주된 물리적 기반이라고 비판하는 신도시주의New Urbanism 운동이 1980년대 초반부터 전개되어 왔다. 이 운동은 건축가와 디자이너, 정치가, 그리고 소수의 종교인들이 참여하는 사회운동으로서, 미국식 도시 생활에 대한 생각을 전향하도록 주장하는 운동이다. 따라서 신도시주의는 20세기 후반의 미국식 도시 개발에 저항하여 대안을 찾으려는 운동이라고 볼 수 있다.

이들은 미국 사회가 안고 있는 극심한 개인주의와 소외감, 도덕적 권위의 부재, 청소년의 탈선 등을 떠받치고 있는 도시 생활의 물리적, 지역적 특성을 간파했다. 그동안 미국에서는 전통적인 기성 도시들에 유색인종이 대거 유입되고 영세민들의 수가 증가함으로써, 주로 백인 중산층을 중심으로 교외로 탈출하는 현상이 줄곧 진행되었다. 그래서 안전하고 쾌적하며 여유 있는 도시 근교의 주거 공간을 갖는 것이 미국에서는 누구에게나 당연한 인생 목표로 받아들여졌다.

그러나 신도시주의자들은 이러한 도시 근교 문화가 위에 열거한 미국 사회의 각종 고질병들을 양산하는 데 상당 부분 책임이 있다고 보았다. 그래서 이들은 안전하고 쾌적한 전원 공간이 아닌, 사람과 사람 사이에서 공동체적 관계를 활성화시키는 공간의 미학을 추구하게 되었다.[14] 한국의 도시 문제가 미국의 상황과 동일하지는 않다. 그러나 한국의 도시화가 근대화와 더불어 급격히 진행되면서 지역공동체의 문화를 해체하고 위협하는 양상을 보여 왔다는 점에서, 미국의 서버비아와 한국의 도시 개발에 있는 본질적으로 공통된 요소들에 주목하는 것이 의미가 있다.[15]

최근 우리 사회에서는 도시로의 인구 집중이 더욱 심화되고 있다. 통계로 보면 1960년에 전체 인구에서 29.5퍼센트에 불과했던 도시인구의 비율은 2000년에는 87.7퍼센트에 달했고, 현재는 90퍼센트 가량의 인구가 도시에 살고 있다. 2010년 인구주택총조사에서 수도권 인구는 2,384만 명으로 전체인구의 49.1퍼센트를 차지했으며, 2000년 46.3퍼센트, 2005년 48.2퍼센트에 이어 꾸준히 증가하고 있어 인구의 수도권 편중이 심화됨을 보여 주고 있다. 특히 동洞 지역이 4.8퍼센트, 읍 지역이 5퍼센트 증가한 반면에 면 지역은 14.3퍼센트가 줄어들어, 여전히 도시 지역으로 인구가 집중되고 있는 것으로 드러났다.

이러한 우리나라의 수도권 집중은 단지 인구학 측면에서뿐만 아니라 정치와 경제, 그리고 문화의 측면에서도 문제가 심각하다. 각종 음악회나 전시회 등 특히 서구에서 도입된 고급문화 활동들은 대부분 서울을 중심으로 한 수도권에 집중되어 고소득층의 전유물로 간주되고 있다. 이러한 문화 활동의 사회공간적 집중은 다시 인구의 집중을 가속화시키면서 문화의 양극화를 심화시키고 있다. 이것은 결과적으로 지방 문화를 위축시켜 "지방자치는 있지만 문화자치는 없다"라는 비판의 소리가 나오고 있는 실정이다.[16]

이러한 수도권 인구 집중에 따른 주택 부족과 열악한 주거 환경 문제는 대대적인 주택 공급정책을 수립하게 했고, 이것이 오늘날과 같은 아파트 과잉 공급을 야기하게 되었다. 다른 선진국들에서도 도시화 과정에서 집단주택이 건설되었지만 대부분 도시 하류층 사람들을 위한 것이었던 반면에, 우리나라에서는 아파트가 주요 주택 공급 수단으로 선호되며 상대적으로 고급스러운 주거 유형으로 인식되고 있다는 점이 다르다. 아파트는 우리나라 도시민들이 가장 선호하는 주거 형태로 자리 잡았을 뿐만 아니라, 시세 차익을 노리는 재테크, 또는 투기의 대상이 되어 왔다.

이러한 아파트 건설은 대도시뿐만 아니라 지방의 중소도시로까지 확대되었다. 그러나 대개 그 지역의 자연적·인문적 특성은 고려하지 않은 채 획일적이고 단조로운 콘크리트 상자 형태의 고층 건물로 건설되었고, 내부 공간도 구조가 거의 유사하기 때문에 거주자들은 주거환경에서 아무런 미적 감각을 느끼지 못하고 무미건조한 주거생활을 영위하게 되었다. 이러한 상황에서 주택 가격의 급격한 변동으로 빈번한 주거 이동을 하게 된 사람들은 아파트가 자신의 삶의 터전이나 안식처라고 느끼는 장소감은 전혀 가질 수 없는 형편이다. 또한 아파트에서 살아가는 사람들의 생활양식도 매우 배타적이고 비인격적이다. 이와 같이 '사람 사는 맛'을 잃어 가고 있는 것이 오늘날 한국 도시의 상황이다.

2) 도시와 공동체

도시 지역은 많은 인구가 모여 살고 있는 고밀도 거주 지역이다. 특히 수백, 수천 가구로 이루어진 아파트 주민들은 폐쇄된 주거공간 속에서 핵가족화된 식구들만의 관계로 자신의 영역을 고립시키고, 의식적으로 또는 습관적으로 타인들과의 관계를 기피하거나 무시하고 있다. 이러한 사회공간적 삶의 양식을 통해 도시 사람들은 물리적 편리함과 개인적 안온함을 향유할 수 있겠지만, 사회적으로는 보다 넓은 공동체적 개방공간을 상실하고 더욱 고립되고 만다.

사실 근대화 과정 자체가 인간의 필요 충족과 자아실현을 위해 필요한 공동체적 개방공간을 점점 축소시켜 온 과정이라고 할 수 있다.[17] 따라서 근대화 과정을 성찰하면 이렇게 장소적 정체성을 더 이상 확보할 수 없이 폐쇄되고 소외된 공간에서 벗어나서, 공동체적 삶의 의미를 복원할 수 있는 개방공간을 희구하게 된다.

이러한 도시 지역의 다양한 문제를 해결하기 위해서는 지역공동체 운동이 매우 시급히 필요하다. 더욱 치열해지는 경쟁 속에서 뒤처지거나 소외될 우려가 큰 인구집단을 어떻게 돌볼 것인가도 도시 지역의 중요한 문제가 되고 있으며, 가족의 해체와 신체적 정서적 변화로 고통 받는 고령자, 생활의 기본 욕구조차 충족시키지 못하는 빈곤층의 문제는 더 심각해질 가능성이 있다. 특히 서울과 같은 거대도시에는 취업, 이민, 유학 등의 이유로 다양한 문화와 국적을 가진 사람들이 모여들고 있다. 이로써 점점 더 다양한 문화와 가치, 종교, 생활양식 등이 혼재되고 있고, 이로 말미암은 사회 갈등도 심화될 우려가 높아지고 있다.

따라서 거대 도시의 장점이 될 수 있는 첨단 기술과 거대한 규모, 높은 경제 수준 속에서 인간다운 삶을 살 수 있는 여건을 마련하는 것이 큰 과제 중의 하나이다. 정주 의식_{일정한 곳에 자리를 잡고 사는 주민들이 정주 공간에 대하여 인식하는 작용}이 약한 도시민들에게 지역으로부터 안정감을 얻고 지역에 관심을 갖게 하는 것이다. 이러한 상황을 우리보다 앞서 경험한 일본에서는, 버블경제가 붕괴된 이후 대도시 지역을 중심으로 황폐화된 지역이 증가하는 등의 도시 공동화 문제가 발생했다. 이러한 지역을 활성화시키기 위한 방안을 찾기 위하여 도시 내부 문제를 연구하는 데 몰두하여 고안된 것이, 마을 만들기를 포함한 다양한 지역공동체 운동이었다. 최근 우리 사회에서도 활발하게 전개되고 있는 '도시 재생 사업'이 대표적인 예다.[18]

도시 공동체를 해체하고 이것이 복원되는 것을 가로막는 여러 문제점들은 역설적으로 공동체의 가치를 부각시키는 중요한 근거가 되기도 한다. 도시에서 발생하는 다양한 문제들뿐만 아니라 도시인들이 느끼는 소외감은 공동체의 구축과 공동체적 정체성의 회복을 당위적인 것으로 여겨지게 한다. 도시 사회를 구성하는 조밀한 인구밀도는 경쟁과 이기주의를 심화시키기도 하지만, 다른 한편으로는 상호 조밀한 주거와 대면 접촉의 빈도 증대를 가져온다. 이러한 조밀성과 접촉 빈도의 증대는 역설적으로 공동체 구성에 필요한 조건이라고 할 수 있다.[19] 또한 시민들의 대의기관으로 구성된 국가가 현재 발생하고 있는 도시의 문제들을 해결할 수 있는 능력을 발휘하기 어렵게 됨에 따라, 공동체 조직들이 자발적으로 이러한 문제들을 해결하기 위해 노력할 필요성이 대두되었다. 이것이 바로 도시가 '새로운' 지역공동체를 필요로 하는 이유다.

도시는 기본적으로 경쟁과 배제의 공간이다. 도시의 규모가 커지고 그 구조가 복잡해지면서 도시인들 사이에서는 도시가 만들어 낸 익명성, 비인격성, 탈주체성이 증대되었다. 그러나 최근 이를 극복하고 함께 살아가려는 의식들이 생겨나면서, 도시생활에서 무시되거나 상실되었던 것들의 가치를 재조명하는 일이 이루어지고 있다. '공동체', '마을' 등의 용어가 이미 도시에서 일상적으로 사용되고 있는 현상은 그동안 도시에서 무엇이 결여되어 왔는지를 보여 준다.

또한 지역을 공유하는 개념의 주거생활은 단순히 지리적 공간의 의미를 넘어 삶을 나누고 공유하는 의미로 제시된다는 점에서, 도시 안에서 공동체의 의미는 '도시 공동체'라는 개념으로 논의될 수 있다. 그러나 이와 같은 공동체 개념은 1부에서 검토한 바와 같이 자연적인 공동체가 아니라 의도적으로 구성되는 개념일 수밖에 없다. 따라서 도시 지역공동체는 일정한 지리적 영역 안에 거주하는 도시 지역의 구성원들이 목적과 가치를 공유할 수 있는 여건을 만들고, 그러한 목적을 달성할 수 있는 사회적 역량을 구축해 나가는 일련의 조직화된 활동을 전제로 한다.

3) 한국의 도시공동체 운동

다양한 도시 주민들의 다양한 생활은 지역사회에서 분출하는 각종 수요를 그 양과 종류의 면에서 전에 없이 다양화되고 대규모화되게 한다. 그래서 이에 대응할 수 있는 공공부문의 공급 역량은 갈수록 부족해지거나 부적절해질 수밖에 없다. 앞서 우리는 공공부문이 감당할 수 없는 지역사회 발전의 미세한 영역과 틈새는 결국 해당 지역사회의 주민들이 나서서 자구적인 노력을 통해 메워야 한다는 점을 이야기했다. 그리고 주민들의 이러한 의식적 노력을 담아내기 위해서는 그에 걸맞은 조직적인 형태나 틀이 있어야 함도 살펴보았고, 이를 위하여 지역공동체 운동이 필요하다고 이야기했다. 그러므로 도시의 상황에서 요구되는 이러한 노력을 우리는 '도시 공동체 운동'으로 총칭하여 표현할 수 있다. 도시에서 출현하는 각종 각양의 공동체 운동은 크게 보면 시민사회 영역에 속하는 시민운동의 한 양태이지만, 그 이해관계나 참여자의 구성, 운동의 영역과 쟁점은 대개 지역사회를 배경으로 하고 있다는 데서 지역공동체 운동으로서의 성격이 뚜렷하다.[20]

이러한 맥락에서 오늘날 거대 도시에서 이루어지고 있는 다양한 공동체 운동을 이해할 수 있다. 우리나라에서 나타나고 있는 도시 공동체 운동들은 대체로 '좁은 의미의 공동체 운동'과 '포괄적인 의미의 도시 사회운동'으로 구분될 수 있다. 좁은 의미의 공동체 운동은 주로 협동조합 운동, 생태공동체 운동, 그리고 주거 공동체 운동 등으로 구분될 수 있다. 그리고 보다 포괄적인 운동은 이들을 각각 포함하고 있는 노동 운동, 환경 운동, 도시 사회운동으로 확대될 수 있다. 전자가 방어적 성격을 가지고 있다면, 후자는 보다 적극적이고 변혁적인 성향을 내포하고 있다고 할 수 있다.

우리나라에서는 도심의 재개발 사업으로 쫓겨나 빈민촌을 형성한 사람들의 어려운 생활을 함께 해결하려는 움직임이 공동체 운동으로 나타나기 시작했다. 자구적 운동의 성격을 띤 공동체 운동은 1980년대 이후 도시 빈민촌의 강제 철거와 강제 이주에 대항하는 생존권 투쟁으로 이어졌다. 정치적 격변기와 노동운동의 확대에 맞물려 도시 빈민운동은 민주화 운동의 한

축으로 자리 잡았다. 1990년대 이후에는 민주화 이후에 생활 속의 필요를 사람들과 함께 해결하자는 생활공동체 운동과 같은 풀뿌리 운동이 등장했다. 이것은 친환경농산물과 생활용품을 생산자와 직접 나누는 생활협동조합(생협)을 중심으로 이루어졌고, 점차 생활자치 운동으로 확대되었다.[21]

　이러한 도시 공동체 운동의 성격을 시기별 특성으로 분류해보면, 1960, 70년대는 도시 저소득층이 주체가 되어 도시생활에 적응하기 위한 자구 노력을 했다는 점에서 '적응형' 운동이라고 볼 수 있다. 1980년대에도 역시 도시 저소득층을 중심으로 하여 재개발과 강제철거에 대한 주거 생존권 운동이 펼쳐져, 이를 '저항형' 운동이라고 할 수 있다. 이러한 도시 운동은 1990년대에 와서 도시 중산층을 포함하는 운동으로 확대되어 생활세계를 지키고 가꾸는 생활밀착형 운동으로 전개되는데, 이는 '방어형' 운동이라고 할 수 있다. 1990년대 후반에는 행정기관과 민간단체, 전문가들이 참여하여 경제 위기와 생활문제의 대안을 모색하는 일종의 '창조형' 운동이 전개되었고, 2000년대에 들어서는 여기에 지역주민이 합세하는 새로운 '협력형' 도시 공동체 운동이 시도되고 있다.[22]

　최근에 도시에서 일어나고 있는 공동체 운동은 한국의 대표적 주거형태가 아파트라는 인식 때문에 아파트라는 주거 중심으로 이루어져 왔다. 국민들의 상당수, 그중에서도 도시민들의 절대 다수가 아파트에서 살고 있는 아파트 천만 호 시대에, 당장 귀농이나 귀촌을 결정할 수 없는 사람들이 아파트를 마을화하고자 시도한 것이다.[23] 삭막한 콘크리트 숲을 보다 공동체적인 환경으로 만들고자 하는 노력 자체는 매우 의미 있다고 여겨진다. 그러나 지나치게 조밀한 아파트라는 주거 환경은 사생활 노출의 위험성이 높아 오히려 사람들 사이에서 의도적인 거리 두기를 강화하는 경향이 있어서, 공동체 운동을 확장하는 데 한계가 있다.

그래서 최근에는 이를 벗어나 마을을 중심으로 하는 생활 차원의 공동체 운동이 다양하게 나타나고 있으며, 마을과 결합한 경제, 생산 활동이 사회적 기업, 협동조합, 마을기업 등의 형태로 시도되고 있다. 아울러 도시의 주거 문제를 함께 해결하기 위해 공동주거, 곧 코하우징cohousing을 시도하는 사례들도 증가하고 있다. 특히 마을 공동체 운동은 단순히 마을을 아름답게 가꾸고 만든다는 개념보다는, 마을이라는 공간에 주민들이 주도적으로 참여함으로써 주민자치를 실현하고, 마을 주민들 간의 공동체적 관계망을 형성하여 호혜적 인간관계를 형성하는 것을 의미한다고 볼 수 있다. 이렇듯 도시 공동체 운동이 목적을 달성하기 위해서는 내부 구성원들만의 협력이나 조화만을 추구할 것이 아니라, 공동체적 삶을 저해하는 외적 조건들에 대해서도 보다 적극적으로 대응하여 이를 변화시켜 나갈 수 있어야 한다.

이러한 도시 공동체 운동은 이념적인 차원에서 공동체의 필요성이나 당위성을 주장하는 것과 달리, 실제 삶 속에서 공동체 환경을 조성한다는 점에서 매우 큰 의미가 있다. 또한 우리 생활세계와 밀접해 있는 문제들부터 해결해 나갈 수 있는 구체성을 제공한다는 점에서도 의미가 크다. 한국에서 대표적인 공동체 마을로 꼽히는 성미산 마을은 사회적 위험에 대응하는 하나의 방식으로 이해된다. 성미산 마을 공동체는 1994년 공동육아 협동조합으로 시작하여 생활협동조합, 성미산 학교, 마포 FM, 마을극장과 의료생활 협동조합을 조직하면서 공동체 환경을 만들어 오고 있다.[24]

이러한 마을 단위의 공동체를 조직한 주체들은 다양한 문제의식과 배경을 갖고 있겠지만, 대체로 이들은 도시화로 인한 경쟁심화, 갈등과 대립, 그리고 소외 극복 방안을 공동체 회복에서 찾으려고 한다. 그러나 우리나라 공동체 운동의 주체들은 대부분 중산층 이상의 고학력을 가진 전문직 종사자들이 많다. 이들에게 공동체는 중산층으로서의 사회 경제적, 문화적 위치를 확보하고 유지하려는 암묵적인 전략으로 이해될 수 있다. 이와 달리 하류층의 경우에는 생계 문제 해결이 시급하기 때문에 교육이나 육아가 당장의 관심이 아니다. 이들은 공동체를 조직할 만한 여유나 능력이 부족하지만, 이들이 공동체를 조직한다고 하더라도 그 효과는 생계나 생존의 문제와 직결되어야 한다. 이런 점에서 당장의 생계 문제로 여유 시간이 없는 사람들을 어떻게 이러한 운동에 참여할 수 있게 하느냐가 중요한 과제가 되고 있다.

교회와 도시 지역공동체 운동

기독교는 본래 도시 친화적인 종교로 알려져 있다. 일찍이 막스 베버Max Weber는 도시의 상업 계층은 합리주의 성향이 강하고 윤리적인 종교의 경향이 강하다고 보았다. 미국의 경우 유럽의 이민자들이 도시로 몰려들었고, 도시에서 교회의 성장률은 농촌 지역을 압도했다. 그러나 산업화 이후 도시 노동자들이 증가하고 기독교가 설득력을 잃어 가기 시작하자 기독교에서 반도시주의 경향이 나타나기도 했다. 이후 기독교는 대개 농촌 지역을 중심으로 성장하게 되었다.[25]

한국교회 역시 도시 지역을 중심으로 성장했다. 60, 70년대의 도시화를 빼놓고 한국교회의 성장사를 설명할 수 없으며, 70년대 강남 개발이 유명 대형 교회들을 낳았다는 것은 널리 알려진 사실이다. 그리고 90년대 이후에는 신도시 개발과 함께 교회도 신도시로 퍼져나갔다. 2008년 12월에 〈국민일보〉가 조사한 바에 따르면, 16개 광역시도 가운데 경기도가 1만 2,527개로 교회 수 1위를 기록했으며, 수도권에 전체 교회의 46.6퍼센트가 집중되어 있었다. 2000년부터 2007년까지 통계청이 작성한 전국 시·군·구별 교회수

증감을 분석한 결과, 대규모 신도시가 들어선 곳에서는 교회도 200개 이상씩 급증했음을 알 수 있었다. 앞에서 살펴본 바와 같이 정치, 경제, 문화 자원뿐만 아니라 종교 단체인 교회도 수도권에 집중되는 현상을 나타내는 것이다.

특히 신도시는 좁은 공간에 인구가 밀집되어 있어서 교회 성장의 측면에서 기회의 땅이라고 여겨졌고, 실제로 최근 이삼십 년 사이에 급성장한 교회들은 대부분 신도시의 교회들이다. 그래서 교회를 개척하려는 목회자들은 제일 먼저 신도시 개발 정보를 수집할 정도다. 그러나 그렇게 교회들이 집중된 결과 벌어지는 일에 대해서는 앞에서 이미 살펴본 바 있다.

최근에는 이와 같이 도시를 전도의 대상으로 여기며 성장주의를 추구하던 방식과 다르게, 도시 문제 해결을 위한 노력에 교회가 참여하는 활동이 다양하게 전개되고 있다. 물론 이것은 70, 80년대 산업화 과정에서 전개되었던 '도시산업 선교'와도 어느 정도 연관성이 있다. 그러나 당시의 도시산업 선교 활동이 도시에서의 민주화나 빈곤, 노동 문제 등을 주제로 삼는 정치사회적 운동의 차원이었다면, 최근에 벌어지고 있는 교회 활동은 주로 '새로운 사회운동'의 차원에서 일어나고 있는 것으로 이해된다.[26] 우리 사회의 민주화 이후에 공공영역의 문화화와 사회문화적 다원화 추세에 따라 문화적 방식의 선교와 소통에 노력을 기울이는 경우가 많아지고 있다.

도시에서 발생하는 인간의 문제들은 교회의 선교적 과제일 수밖에 없다. 현대 도시인은 반복되는 기계화된 생활, 관료적인 거대한 조직의 도구화, 소속의식을 갖지 못하는 소외감으로 정체성의 위기를 맞고 있다. 따라서 교회는 도시민에게 삶의 참된 의미와 존재의 가치를 일깨워 줄 뿐만 아니라, 상실한 공동체성을 회복할 수 있도록 사회적인 여건을 조성해야 한다. 이러한 측면에서 최근 활발하게 논의가 이루어지고 있는 공공신학적 관점에서, 공공영역에서 신앙을 실천하고 교회의 사회적 책임을 다하기 위해 시민사회의 공동의 유익을 증진하는 일에 기여하고자 하는 노력들이 이루어지고 있다.[27] 그리고 이러한 노력은 우리 사회에서 일어나고 있는 도시 공동체 운동과 맞닿아 있다.[28]

기독교 문화가 뿌리를 내린 서구에서는 이미 도시를 새로운 사역지로 보고 교회의 사역을 확장해 나가기 위한 다양한 노력들이 전개되어 왔다.[29] 웨스트민스터신학교 선교학 교수였고 도시 선교를 대변하는 잡지 『도시 선교 Urban Mission』의 편집인이었던 하비 칸Harvie M. Conn은 21세기를 준비하며 미국 도시에서 교회 개척과 성장을 위한 모델들을 제시한 바 있다.[30] 피츠버그신학교의 도시 목회 교수인 로널드 피터스Ronald E. Peters는 일반적인 목회 방식으로는 도시 목회가 성공할 수 없다고 강조한다. 그는 도시 목회의 핵심 가치로 유신론, 사랑, 정의, 공동체, 창의성, 화해를 제시하며, 이러한 가치가 도시 환경에서 어떻게 적용될 수 있는지를 설명하고 있다.[31]

또한 시카고에서 도시 지역의 종교 단체들이 거대도시화 과정에서 어떻게 영향을 받고 변하는지를 연구한 폴 넘리치Paul D. Numrich와 엘프리드 웨덤Elfriede Wedam은 종교 단체들이 수동적인 영향을 받는 것을 넘어서 보다 창의적으로 대응할 것을 제안하고 있다.[32] 그리고 15년 동안 미국 캘리포니아 지역에서 도시 목회를 한 무디신학교의 도시 연구 담당 교수 존 퍼더 John Fuder는 도시와 교외지역에서 교회와 선교 단체들이 공동체를 회복하기 위해 관심 가져야 할 쟁점들을 정리하고, 이에 대한 다양한 사례들을 제시했다.[33]

우리나라에서도 최근에는 도시 지역교회들이 지역공동체 운동의 일환으로 커피숍이나 극장과 같은 친교 공간을 개방하기도 하고 문화센터나 문화교실을 운영하기도 한다. 신앙의 원리와 삶의 원리를 이분법적으로 나누지 않고, 교회 안에서도 다양한 문화강좌를 통해 일상적인 교양을 습득하고 문화 활동을 할 수 있도록 도우면서 지역의 필요를 채우는 역할을 하는 것이다. 또한 지역주민들과 공간을 공유함으로써 관계를 형성할 수 있는 기회로 삼을 뿐만 아니라, 다양한 공동 활동들을 통해 지역 문제를 해결하려는 노력에도 참여하고 있다.

도시 지역공동체 운동의 내용을 설정하는 데도 지역에 대한 조사를 통해서 도시 지역의 필요를 파악하거나 지역사회의 요청에 귀를 기울이는 것이 중요하다. 예를 들어, 안산에서 지역 사역에 참여하고 있는 어느 교회는 지역 특성상 젊은 부부들이 많은 것에 착안하여 교회 옆에서 키즈카페를 운영하고 있다. 이 교회의 담임목사는 교회가 놀이터였고 삶이었던 요즘과 달리 교회와 삶이 분리된 것이 아쉬워서, 교회에 놀이공간을 만들고 어린아이나 젊은 부부가 편하게 쉴 수 있는 공간을 마련하고자 했다고 한다. 교회에서 키즈 카페를 운영하는 것이 너무 힘들어서 탈진할 정도지만, 주민들의 요청으로 계속 운영하고 있다고 했다.

서울 남가좌동에서 주거공동체 건물을 건축하여 공동체 생활을 하고 있는 한 교회는 신앙공동체인 교회의 교인들이 너무 멀리 떨어져 사는 것이 공동체 형성에 큰 장애가 된다는 문제의식을 가지고 있었다. 그래서 교인들이 가능한 대로 가까이 모여 살자고 제안을 하여 예배당 가까이로 이사 오기 시작했는데, 도시 지역의 높은 주택 가격이 문제였다. 그러자 주택 장만이 어려운 사람들끼리 공동 주택을 마련하자는 의견이 나와서, 터를 마련하여 공동 주택을 건축하게 되었다. 공동 주택에 거주하는 교인들은 자주 공동 시간을 가지며 공동 식사를 하고 있다. 그리고 이 일을 계기로 지역 주민들과도 소통하며 지역공동체 운동을 전개하고 있다.

이러한 도시 지역 특유의 높은 주택 시세로 주택 마련이 어려운 청년들을 위해 주거공동체 운동을 하는 운동가들도 있다. 학자금, 생활비, 방세 부담에 빚을 갚느라 꿈꿀 수 없는 젊은이들을 위한 공동 주거 공간을 제공하는 것이다. 이 운동을 하고 있는 한 전도사는 말하기를, 젊은이들이 함께 어우러지면서 꿈을 키워 가고, 꿈이 없다면 서로간의 대화를 통해 찾아가고 만들어 갈 수 있는 공간을 제공하기 위해 이 운동을 시작했다고 했다. 이러한 주거공동체는 앞에서 살펴본 도시 생활의 '거리 두기'나 '속내 감추기'에 역행하는 삶의 방식이라고 할 수 있다. 이러한 공동 주거는 '소셜 다이닝social dinning'을 통해 '혼밥' 행태를 극복하려는 시도이기도 하다. 앞선 사례와 함께 이 운동은 도시 지역의 주택 문제와 단절된 삶의 방식이라는 문제에 천착하여 이를 극복하는 사례라 할 수 있다.

이전에도 혼자 밥 먹는 일이 없던 것은 아니지만, 앞서 보았듯이 1인 가구가 우리나라의 대표 가구로 등극하면서 구조적으로 혼자 밥을 먹을 수밖에 없는 상황에 처한 사람들이 많아지게 되었다. 그리고 이것은 더 이상 밥상 공동체를 경험할 수 없게 되었다는 점에서 큰 문제로 여겨진다. 사회학에서 볼 때, 모든 사회에서 음주와 식사는 사회적 상호작용과 의례 실행의 계기를 제공한다는 차원에서 매우 중요한 의미가 있다. 또한 기독교의 차원에서 공동 식사는 성경에 나오는 사도들의 전통을 이어 오는 일이다. 사도들이 식사를 인도할 때마다 예수님과 함께 있던 공간, 분위기, 느낌, 대화를 함께 기억하고 재현했다는 것이다. 과거에 일어난 사건들을 인식하면서 기억하고 재현하는 일은 인간의 정체감을 유지하는 데 매우 중요하다.[34] 곧 성도들의 공동 식사는 기독교인의 정체감을 형성하는 데 중요한 역할을 한다.

공동 주거가 현대의 맥락에서 함의하는 또 다른 가치가 있다. 현대인들이 사생활을 드러내는 것을 두려워하고 꺼리는 것은, 개인의 독립성을 상실할지도 모른다는 우려와 깊이 연관되어 있다. 그러나 함께 식사하고 함께 놀이를 즐김으로써 서로의 사사로운 모습을 개방하고, 서로 수용하고, 서로의 삶을 공유하게 되는 것이다. 이렇게 형성되는 친밀감은 다른 사람들에 대한 관심과 신뢰로 이어지기 때문에 공동체 운동의 매우 중요한 요소로 여겨지고 있다.

앞서 현대 사회는 점점 더 불확실한 상황으로 변해가고 있고, 이런 상황에서는 지역에 있는 평범한 사람들의 삶에서 일어나는 실제 변화에 주목하면서 나름대로의 대안을 마련해 가는 '아래로부터bottom up'의 운동이 적실하다고 이야기했다. IMF 외환위기가 왔을 때 교회 내에서 실직자들이 크게 증가했던 상황도 도시 지역교회들이 맞닥뜨린 변화였다. 이때 한 교회는 교인들의 실직 문제를 해결하려고 노력하는 가운데, 교회가 인건비를 지원함으로써 기업이 부담을 덜고 교인을 고용할 수 있게끔 노력하기도 했다. 그러면서 그 교회는 교회 밖의 실직자에 대해서도 관심을 갖게 되어 교회 밖에 실직자 쉼터를 세우게 되었다.

교회 밖의 어려운 사람들에 대한 이 교회의 관심은 더 넓어져서, 이 교회는 거처를 잃을 위기에 있는 쪽방 주민들, 가정 폭력을 당해서 나온 사람들 등 긴급한 상황에 처한 지역 주민들을 위해 상담소를 만들었다. 노숙자 쉼터를 열었더니 부부 노숙자가 네 자녀를 데리고 왔는데, 여자와 아이가 거주할 곳이 없었다. 그래서 여자 노숙자 쉼터, 탁아방, 그리고 공부방을 만들었더니 이것이 지역 아동센터로 발전되었다. 이 교회의 담임목사는 "우리는 법으로 만든 게 아니라 필요해 의해, 가정 폭력을 당한 사람들에 의해서 가정 폭력 상담소가 만들어졌고, 가정 폭력을 당한 사람들을 위해 피난처도 만들어졌다."라고 설명한다. '아래로부터' 다양한 사역들이 만들어진 좋은 사례다.

도시 지역공동체 운동에 참여하는 목회자들 역시, 풀뿌리에서 관심을 가지고 움직이지 않으면 아무리 관에서 주도를 하려고 해도 효과를 보기 어렵다고 이야기한다. 교회 중심의 사역이 아니라 지역사회로 들어가서 그곳의 필요에 따라 적절한 사역을 개발하는 것이 중요하다. 교회에서 일방적으로 사역을 결정해서 실제로는 지역사회에서 그다지 필요로 하지 않는 일을 하여 구체적인 필요를 채워 주지 못하게 되거나, 전시성 구색 맞추기로 생색내기 사역이 되기도 한다. 도시 지역 수요자의 필요를 정확하게 파악하고, 그것을 구체적으로 충족시켜 주기 위해서 노력하는 것이 중요하다.

교회에 대한 우리 사회의 신뢰도가 떨어지면서 사람들과 접점을 만들기가 쉽지 않고, 특히 환경이 대단히 복잡하고 수많은 교회들이 난립한 도시 지역의 작은 교회 목회자들은 교회를 알리기도 쉽지 않다. 그런 현실에서 이런 운동들을 통해서 바삐 살아가는 도시 주민들과도 쉽게 만나고 소통할 수 있다는 것은 교회에게도 큰 이득이 된다. 도시 지역의 많은 교회들이 개척 자금을 가지고 상가 지하에 예배처소를 마련하여 주로 목회자 가정을 중심으로 예배를 드리는 것으로 시작한다. 그리고 2, 3년이 지나도록 성도가 늘지 않고 더 이상 목회를 지속할 수 없어서 교회를 폐쇄하는 경우가 적지 않다. 그러나 지역공동체 운동을 하면 비교적 손쉽게 이웃 주민들을 만날 수 있고, 이들과 격의 없이 어울리면서 다양한 활동을 할 수 있다는 점에서 대안적인 도시 교회 개척 모델로서도 중요하다.

또한 지역공동체 운동에 참여하는 교회들은 그 성과의 하나로, 교인들이 지역사회에 대한 관심을 갖게 되었고 공동체에 대한 생각의 폭이 훨씬 더 넓어졌다는 것을 꼽는다. 처음에는 이러한 활동이 과연 교회가 해야 할 일인가 의문을 갖는 교인들도 있기 마련이다. 그런데 성공적으로 운동을 전개하고 있는 교회의 목회자들은 대부분, 교인들과 이 일을 함께하기 위해서 목회자가 주도해서 끌어가기보다 교인들이 공감할 수 있도록 속도 조절에 신경을 쓰고 있었다. 한 목회자는 "세상을 보는 성도들의 눈이 달라졌다. 게토같이 우리끼리만 모이는 성도들의 모임이었는데, 이제는 교회에 들어온 불신자를 품고자 하는 마음을 갖게 되었다."라고 말한다.

과거의 교회 운동은 주로 목회자가 주도하고 교인들은 수동적으로 참여하는 경우가 많았다. 심지어는 목회자가 교회 걱정을 하지 않고 '외부 활동'을 잘하도록 교인들이 교회를 잘 지킨다고 말하는 경우도 있었다. 그러나 지역공동체 운동은 말 그대로 공동체를 이루기 위한 운동이다. 목회자와 교인, 그리고 지역주민들이 함께 보조를 맞추어 나가는 것이 중요하므로 풀뿌리 운동에 적합한 모습을 갖추려고 노력해야 한다.

교회에서 하는 것은 아무리 좋은 것이라고 해도 전도하려고 하는 것이라고 생각하여 꺼리는 사람들이 많다. 이 운동을 하는 목회자들은 운동을 시작하면 지역 주민들이 수개월 동안 교회와 목회자를 눈여겨본다고 말한다. 전도를 위해 하는 것인지 지역사회를 위해서 하는 것인지 지켜본다는 것이다. 진정성을 가지고 지속해야 차차 주민들이 관심을 가지고 참여하기 시작한다고 한다. 그리고 운동의 주제 자체를 공익성이 있는 것으로 설정해야 지속 가능성이 있다고 말한다. 단기간의 이익보다는 장기간의 노력이 필요한 주제를 선정해야 지속적인 참여가 가능하다는 것이다.

이러한 운동이 마냥 순탄하게 전개되는 것은 아니라는 점을 고려해야 한다. 진행 과정에서 많은 시행착오도 경험하게 되고, 참여자들 사이에서 다양한 갈등도 일어나게 된다. 이해관계가 엇갈리기도 하고 때로는 주도권을 놓고 경쟁하기도 한다. 이 경우에 교회나 목회자가 당파적으로 편향되지 않고 중심을 잡는 것이 중요하다. 그렇게 하면 이러한 위기 상황에 더 신뢰를 얻고 운동이 더욱 탄력을 받게 된다는 것이다.

지금까지 살펴본 바와 같이 도시에서 지역공동체 운동에 참여하는 교회들은 공동체가 무너진 도시민들의 삶 속에서 공동체 의식을 형성하는 데 많은 기여를 하고 있다. 여기서 또한 중요한 것이 운동의 지속가능성이다. 교회를 개척해서 2, 3년을 유지하기 어려운 것만큼이나 지역공동체 운동을 지속하는 것도 쉽지 않다. 이러한 운동을 전도에 유용한 방법으로 여기는 경우가 많다. 그러나 이 운동이 교회 성장을 보장하지는 않는다. 앞에서 살펴본 바와 같이 이 운동을 통해 교회가 인정을 받으면서 급성장을 한 사례도 있고, 청소년 자원봉사 활동을 통해서 교회학교가 활성화된 사례도 있다. 그러나 이것은 인과관계처럼 보장된 것이 아니다. 따라서 지역공동체 운동을 전도의 수단으로 삼기보다는 이웃 사랑의 실천으로 여기고, 이 운동에 참여하는 것 자체에 의미를 두는 것이 타당하다.

3. 농촌 교회의 지역공동체 운동

농촌의 가치

우리나라에서 농업은 얼마 전까지만 해도 주목받지 못하는 산업이었다. '얼마나 빨리 많은 이윤을 낼 수 있는가?'라는 잣대로 농업의 가치를 재단할 때, 공업 위주의 산업화가 진행된 우리나라에서 농업은 부차적인 산업일 수밖에 없었기 때문이다. 그러나 농업은 경제라는 잣대만으로 평가되어서는 안 된다. 산업 사회가 가져다 준 문명의 편리함은 특정 상황에서는 포기하고 불편을 감수할 수 있지만, 식량은 포기할 수 없는 영역이다. 식량은 인간이 생존하기 위한 최소한의 조건이기 때문이다.

그래서 세계는 지금 농업에 주목하고 있다. 지구 온난화 시대의 식량 위기와 에너지 문제를 극복하기 위해서 인류는 지금까지 해 왔던 어떤 노력보다도 더욱 절실하고 치열한 기술 개발을 진행하고 있다. 그리고 농업이 그 중심에 서 있다.

한편으로 농촌에는 인간의 원초적인 그리움을 간직한 많은 생활양식과 편안하고 아름다운 자연 경관이 어우러져 있다. 이것은 인공이 결코 흉내 낼 수 없는 농촌만이 가질 수 있는 자연스러움이다. 이러한 농촌의 가치를 어메니티amenity라고 부른다. 농촌 어메니티란 사람들에게 휴양적, 심미적 가치를 제공해 주는 농촌에 존재하는 특징적인 모습들을 총칭하는 용어로, 생물종의 다양성, 생태계, 지역 고유의 정주 양식, 경작지, 고건축물, 농촌공동체의 독특한 문화나 전통 등을 포함하는 개념이다.

이러한 농촌 어메니티를 적극적으로 활용하면 이 각박한 산업 사회를 살아가는 모든 구성원들에게 기댈 수 있고 재충전할 수 있는 무언가를 제공해 줄 수 있다. 그러므로 우리는 반드시 그 터전인 농촌을 보존하고 지켜야 한다. 이러한 생각은 도시와 농촌이 함께 상생하는 관계라는 근본적인 깨달음에서 출발한다. 그리고 이것이 농촌 지역에 공동체 운동이 필요한 이유이다. 산업 측면, 특히 경제 측면에서만 보아서는 농업과 농촌을 제대로 이해할 수 없으며 그 가치를 무시하게 된다. 따라서 이제는 농촌을 통합적인 관점에서 보고 이해할 필요가 있다.

농촌과 농촌 교회의 현실

현재 우리나라의 농촌은 분명히 척박한 환경이다. 1960년대 이후 연평균 55만 명이 넘는 사람들이 농촌을 버리고 도회지로 떠났다. 따라서 농촌에서는 목회도 어렵기는 마찬가지이다. 한국 개신교의 급성장은 빠른 도시화 과정에서 농촌 인구가 도시로 유입되는 가운데 주로 도시, 특히 수도권 지역을 중심으로 이루어져 왔다. 그러나 이러한 과정에서 농촌 지역은 인구가 급감하여 정치, 경제, 사회, 문화 등 모든 분야에서 소외되어 왔다. 그래서 빠른 도시화 과정에서 한국의 도시 지역들에서는 수많은 신자들의 유입으로 종교적 열정이 활발하게 확산되었으나, 농촌 지역은 오히려 신자들이 유출되면서 종교적 열정이 약화되어 왔다.

전통적으로 우리나라의 농촌은 그 나름의 기능과 역할을 통하여 개성과 다양성을 유지하며 발전해 왔다. 그러나 1960년대 이후 양적 성장 위주의 수출 주도형 경제정책을 추진함에 따라 급속한 이차 산업 중심의 산업화와 도시화 과정을 겪었다. 그 과정에서 일차 산업에 기반을 둔 농촌은 자연스럽게 등한시되었으며, 점차 도시와의 발전 격차가 심화되었다. 그리고 계속되는 인구 감소, 소득 기회의 감소, 교육·의료·문화 등 정주 환경의 열악함 등의 내부 요인과, 다자간 통상협정인 WTO 협정, 한미간 자유무역협정FTA, 우루과이라운드UR 등의 외부 요인으로 심각한 위기 상황이 끊이지 않고 있다.

농촌은 이미 (초)고령화 사회 단계에 진입해 있으며, 그에 따른 노동력의 급격한 감소와 후계 인력의 부족, 품질 개선의 부진 등이 생산량과 소득을 감소시키는 직접적인 원인이 되면서 농촌의 빈곤을 더욱 심화시키고 있다. 앞 장에서 살펴본 대로, 2015년도에 실시한 인구주택총조사 결과는 인구의 수도권 편중이 지속적으로 심화되고 있음을 보여 주었다. 특이하게도 읍 지역의 인구가 증가했는데, 이는 65세 이상의 노인 인구이고 청장년층은 오히려 감소하고 있다. 이를 감안할 때 농촌 인구의 고령화는 더욱 심해질 것이고, 이것은 갈수록 농촌 지역이 더 큰 어려움에 직면할 것이라는 점을 시사한다.

농촌 교회들 역시 대부분 미자립 상태에서 벗어나기 어려운 실정이다. 한국교회 교인 수의 급성장과 최근의 정체 현상마저도 철저히 도시 교회를 중심으로 한 것이다. 한국교회가 급성장을 구가하던 당시에도 이미 농촌 교회는 위기 상황에 빠져 있었고, 한국교회가 위기라고 하는 최근에도 농촌 교회들은 도시 교회들보다 더 심각한 위기 상황에 놓여 있는 것이다.[35] 도시 지역에 비해 고령화가 심화된 농어촌 지역의 목회자들은 이십여 년 후에 현재 고령의 어르신들이 돌아가시고 나면 지역 주민이 거의 없어지기 때문에, 지역 자체와 함께 교회들도 사라질 운명에 처해 있다고 한탄한다.

농촌 교회에 별로 희망이 없으니 기회만 있으면 떠나려고 생각하는 목회자들이 많다고 한다. 교인들조차 농촌에 부임하는 목회자는 언제고 떠날 사람으로 치부하는 경우가 많다. 그러나 이제는 농촌 목회에 대한 인식이 바뀌어야 한다. 농촌 교회에 와서도 농촌에 대한 깊은 이해가 없이 도시 목회식으로 목회를 하려고 한다면 제대로 되지 않을 것이 자명하다. 농촌은 사람과 함께 그 지역에 있는 모든 자연 환경이 함께 어우러진 공간이다. 그 자연 환경과 모든 생물들이 건강하게 삶을 유지하도록 관리하고 보호할 책임이 우리 모두에게 있다. 따라서 농촌은 교회와 지역사회, 그리고 자연 생태계를 망라하는 공동체가 되어야 한다.[36]

더욱이 농촌의 문제는 농촌에만 국한되는 것이 아니라 도시의 운명과도 궤를 같이한다. 농촌의 현실을 무시하게 되면 결국 도시에까지 그 영향이 미치게 되기 때문이다. 농촌에 흉년이 들면 도시 물가에 영향이 미치고, 최악의 경우에는 식량난이 발생할 수도 있다. 뿐만 아니라 농산물에 과도하게 농약을 치면 도시 사람들은 결국 농약에 찌든 음식을 먹을 수밖에 없게 된다. 이것은 도시인들이 외양이 좋은 농산물을 요구하고, 농민들도 품이 덜 들면서도 더 많은 수익을 올릴 수 있기 때문에 일어나는 일이다. 따라서 문제는 농촌 봉사 활동 수준에서 논의하는 것으로 해결될 수 있는 것이 아니다. 농촌과 도시가 함께하는 협력 관계를 통한 도농 공동체 운동이 꼭 일어나야만 한다.

농촌과 도시의 교류

농촌은 우리의 전통이 면면히 이어져 내려오는 공동체이며, 이는 농업과 농촌 사회가 가진 대단히 중요한 자산이자 잠재력이다. 우리 사회가 소득 수준이 높아지면 높아질수록 농촌의 다원적 가치는 도시인들에게 더욱 절실하게 필요하다. 농촌의 쾌적한 자연 경관과 문화 환경은 도시인들에게 없어서는 안 될 소중한 휴식처이기 때문이다. 이런 농촌의 가치 때문에 앞으로 도시와 농촌이 서로 상생할 수 있는 무한한 잠재력과 가능성이 열려 있다.

흔히 사람들이 말하기를, 하나님께서는 농촌을 만드셨고 사람은 도시를 만들었다고 한다. 그만큼 농촌은 자연 생태계가 잘 보존되어 있고, 도시는 그렇지 못하다는 뜻이다. 그래서 최근에는 도시 생활에 회의를 느끼는 사람들이 귀농이나 귀촌을 하는 경우가 많아지고 있다. 여기서 귀농은 말 그대로 농촌으로 돌아가 전업농이 되는 것을 의미한다. 이에 비해 귀촌, 즉 전원생활은 귀농을 포함하여, 주거지만 농촌으로 옮기고 도시로 출퇴근하는 삶의 형태부터 주말마다 농촌으로 내려와 텃밭을 가꾸는 삶의 형태까지, 공기 좋고 물 맑은 전원에서 웰빙well-being 라이프를 꿈꾸는 모든 형태의 삶의 방식을 의미한다.

일본은 우리보다 앞서 농촌의 저출산 고령화를 경험하고, 버블 경제의 붕괴 후 농촌의 가치를 발견하여 농촌 지역 활성화 운동을 활발하게 전개하고 있다. 그러한 일본의 사례는 우리에게 많은 도움이 된다. 일본 역시 농촌을 활성화하기 위해 도시민과의 제휴를 꾀하고 있는데, 일본 도시생활자 중에서 고향에서의 생활을 희망하는 사람은 40퍼센트를 차지하고, 전원생활을 희망하는 도시민은 63퍼센트에 이르는 것으로 나타났다. 따라서 농촌 생활을 희구하는 도시민들을 적극적으로 받아들이고 이들과 협력하는 것이 일본 농촌 지역 침체의 돌파구가 되었다.

그러나 전원생활에 대한 단순한 동경만으로는 이주한 도시민이나 그들을 받아들이는 현지인 모두 머지않아 괴리를 느끼게 되고, 이것이 신·구 주민의 대립으로까지 발전할 우려도 있다. 따라서 농촌 정주의 추진과 더불어 신·구 주민의 만남으로부터 궁극적으로 공동체가 형성되기까지 시간을 투자하여 상호 이해를 높이는 시나리오가 필요하다. 이 시나리오의 중요한 키워드가 되는 것이 '농업과 함께하는 생활'이다. 이것을 크게 3단계로 나누어 생각해 볼 수 있다.

제1단계는 '농사를 통한 교류'이다. 우선 '물건 교류'로부터 시작하여 교류거점으로 '생산자 직거래 장터'를 활성화시킬 필요가 있다. 이를 통해서 도시민들의 이용을 넓히고 이것을 '사람 교류'로 연결할 수 있다. 제2단계는 '농사를 즐기는 체재滯在'이다. 여름방학이나 휴가 등을 이용하여 도시·농촌 교류 이벤트를 개최하고, 고향 회원을 중심으로 가족과 함께하는 '체험민박'으로 초대하여 농촌과 전원생활을 만끽하게 하는 것이다. 제3단계는 '농사를 활용한 정주'다. 경관 좋은 야산이나 유휴농지를 활용하여 전원 주택지를 정비하거나, 빈집을 재정비하여 도시민에게 제공할 필요가 있다.[37] 현재 우리나라에서도 귀농인들에게 여러 가지 혜택을 주는 것으로 알려져 있는데, 이를 더욱 확대 시행하고 농촌에서도 더욱 많은 협력 방안을 모색할 필요가 있다.

최근 농촌진흥청이 노후 농촌 생활에 대한 가치 인식 수준을 조사한 결과에 따르면, 우리 국민의 67퍼센트는 은퇴 후 우선 거주 지역으로 농촌을 선택하고 있는 것으로 나타났다. 은퇴 후 농촌에 거주했을 때 개인적으로 얻게 될 가치에 대해서는 "자연과의 공존으로 몸이 좋아진다"가 5점 만점에 4.1점으로 가장 높은 점수를 얻었으며, "마음이 편해진다"가 4점, "환경 오염에서 벗어날 수 있다"와 "식품을 안심하고 먹을 수 있다", "간단한 일로 몸이 좋아진다"가 각각 3.9점을 얻어 농촌 거주로 육체적, 정신적 건강을 기대하는 것으로 나타났다.

뿐만 아니라 휴가철이나 주말을 이용해 여가 활동을 하고자 원하는 도시인들의 욕구와 갈증을 풀어 줄 수 있는 곳이 바로 농촌이다. 1984년부터 농외소득 증대와 농촌 지역 활성화를 위한 농촌 관광 개발이 정부 정책으로 진행되어 왔으나, 초기에는 주 5일제 정착이라는 여건이 충분히 무르익지 못했고 일정한 시설을 갖추는 데 드는 투자비용이 너무 많이 드는 등 여건이 마련되지 못했다.

그러나 이제 국민들의 소득 수준이 더욱 높아지고 주 5일제뿐 아니라 주 5일 수업제가 정착되었고, 휴가분산제가 시행되면서 야영을 즐기려는 사람들이 급속도로 늘고 있다. 실제로 강원도 평창군의 경우 2009년에 평창 농촌체험마을에 다녀간 도시민이 173만여 명에 달하고, 농외소득은 215억 원을 창출한 것으로 나타났다. 평창에 있는 아홉 곳의 관광농원, 일곱 곳의 녹색 농촌체험 마을, 그리고 각종 마을축제와 산골음악회, 전통 썰매대회에서 올린 소득이다. 이러한 점에 착안해 본다면 어렵지 않게 도시 교회와 농촌 교회가 협의할 일들을 찾을 수 있을 것이다.

농촌 교회가 참여하는 지역 활성화

농촌 교회가 많이 쇠약해지기는 했지만, 여전히 지역을 위해서 일할 능력은 가지고 있다. 시골에는 노인들이 많고 지방자치단체 자체가 공무원 수 감소, 관공서 기능 통폐합 등으로 시설 운영에 어려움을 겪고 있는 경우가 많다. 그런데 교회가 자원봉사로 그 일을 보완해 주게 되면 교회의 평판이 개선될 뿐만 아니라, 여느 도시 교회들보다도 지역에 미치는 실질적인 영향력이 커질 수 있게 된다. 실제로 농촌에서 푸드 뱅크, 이동 목욕 봉사, 청소년 합창단, 사랑의 김장 나누기, 사랑의 쌀 나누기 등과 같은 봉사를 거뜬히 해 내고 있는 교회들이 적지 않다.

이러한 역량을 활용하여 도시인들 또는 도시 교회들과 협력 활동을 벌일 수도 있을 것이다. 보기를 들면, 농촌 교회 현장에 도시 교인들이 머물다 갈 수 있는 시설을 짓는 것이다. 대개 농촌 교회에는 터가 많이 있기 때문에 황토집이나 펜션 주택과 같은 것을 자연 친화적인 형태로 사치스럽지 않게 세울 수 있다. 바닷가에 있는 교회에서도 충분히 할 수 있는 일이다. 뿐만 아니라 인근의 생태 자원과 역사 자원을 활용해 역사 탐방, 농사 체험, 도예, 목공예와 온천욕, 물놀이 등과 같은 프로그램을 만들면 더 재미있고 유익한 시간을 보낼 수 있을 것이다.

도시 교회와 농촌 교회가 결연을 하고 농촌 교회 교인들이 마을에서 생산하는 농산물이나 가공품을 도시 교회들이 매입하면 서로에게 큰 이득이 된다. 농촌 마을 주민들이 직접 생산한 농산물이나 농산물 가공품들을 농촌 교회가 도시 교회 교인들에게 유통 마진 없이 판매할 수 있다. 그러면 도시 교인들은 질 좋은 농산물을 저렴하게 구입할 수 있고, 농촌 주민들은 농촌 교회를 통해 판로를 개척할 수 있어서, 그야말로 함께 승리할 수 있는 방법이다. 요즘에는 지역 농산물을 재배할 수 있는 과실수를 도시인들에게 분양하는 경우도 많다. 이러한 과실수를 도시 교인들이 분양을 받거나 농촌 교인이 도시 교인 이름으로 과실수를 심어 관리하여 추수하면 과실을 도시 교인에게 보내주는 방식으로 교류를 할 수 있다.

또한 최근에는 오토캠핑을 즐기는 인구가 굉장한 속도로 늘고 있다. 오토캠핑을 즐기는 사람들 대다수가 어린 자녀를 둔 가족 단위로, 캠핑 동호회 활동으로 만난 다른 가족들과 같이 움직이는 경우도 많다. 가족 단위이다 보니 아이들을 위한 체험 프로그램에도 적극적으로 참여한다. 우리나라에는 오토캠핑 인구를 수용할 만한 캠핑장이 아직 많이 부족한 실정인데, 오토캠핑이 요구하는 기본 시설인 물, 화장실, 전기가 다 갖춰진 곳이 바로 농촌이다. 따로 자본이 많이 들어가는 시설 투자가 크게 필요하지 않다. 그래서 마을 단위의 농촌 관광 체험 프로그램과 오토캠핑 인구를 연계하여 적극적으로 수용할 필요가 있다.

특히 친환경 농산물을 생산하는 마을이나 과수 농가들이 모여 있는 마을은 그 자체가 자원이자 훌륭한 교육 프로그램이 될 수 있다. 농민들에게는 지속적인 농산물 직거래 판매 통로가 될 가능성도 크다. 사람들이 농촌에서 오토캠핑을 즐기며 지역에서 나는 농산물의 소비자로 조직될 수도 있기 때문이다.[38]

한편으로 이러한 '물건 교류' 뿐만 아니라 도시 교인들이 종종 농촌 교회를 방문해 주일예배를 함께 드리고 마을 주민들과 교제하며 '사람 교류'를 하는 것이 중요하다. 농촌 교인이나 마을 주민들을 초청하여 도시 관광을 돕는 것도 좋은 방법이 될 것이다. 그리고 시골 교회가 스스로 하기 어려운 전도나 봉사활동도 함께한다면 시골 교회로서는 매우 큰 격려가 되고 힘이 될 것이다. 이와 같이 물건 교류로 시작해서 사람 교류의 차원으로 발전하게 되면 보다 다양하고 깊이 있는 지역공동체 운동을 할 수 있는 가능성이 열리게 될 것이다.

농촌 지역공동체 세우기

　지역 활성화도 중요하지만, 궁극적으로 농촌 교회가 피폐해진 농촌의 환경을 회복하기 위해 관심을 가져야 할 것은 마을 만들기와 같은 지역공동체 운동이다. 정부 차원의 지역 경제 활성화 방안이나 지역 개발 사업도 필요하지만, 관 주도의 사업은 정권 교체나 정책 변화에 따라 불안정하게 바뀔 수 있고, 공무원들은 대개 성과 위주의 사업에 관심을 두는 경우가 많다. 때문에 이러한 위험을 줄일 수 있는 민간 주도의 공동체 운동을 활성화시킬 필요가 있다. 현재 우리나라에서도 시민 단체들을 중심으로 다양한 마을 만들기 활동이 펼쳐지고 있는데, 그중의 하나가 농촌 관광마을 만들기이다.

　우리나라에서는 2000년 이후 다양한 주체들이 '녹색 관광green tourism'에 기초한 농촌 관광마을 만들기 사업을 추진하고 있다. 녹색 관광은 지역 환경과의 공생과 조화를 강조하는 '착한 여행'(공정 여행)의 하나로 볼 수 있다. 앞에서 소개한 일본의 유후인 마을이 바로 대표적인 사례다. 우리나라도 관광객들의 관광경험이 풍부해지고 여가 사회노동보다 여가를 중시하는 사회가 정착되고 있다. 그러면서 일정에 따라 돌아다니는 과거의 주유周遊형 관광이, 특정한 장소에서 여유롭게 머물면서 그 지역의 자연과 문화를 이해하고 즐기는 관광으로 전환되고 있다. 또한 환경과 공생하고 조화를 이루려는 성향의 관광활동이 증가하면서, 지역의 자연·역사·문화의 이해와 접촉을 선호하고 요구하는 관광형태가 빠르게 확산되고 있다.

　특히 지방자치제가 실시되고 주민자치 역량이 점차 성숙되면서 지역 실정에 맞춰 마을 단위로 자율적으로 실행하는 상향식 사업들이 많이 도입되고 있다. 이러한 사업들은 도시와 대비되는 지방문화로서 농촌 문화에 관심을 갖게 하고, 체험하고 학습하고자 하는 지적 호기심을 유발하여 다양하고 개성 있는 여가 활동을 추구하도록 박차를 가하는 상승효과를 나타내고 있다.[39] 과소화·고령화되는 농촌 지역을 고려하면, 이러한 사업들을 통한 농촌 관광마을 만들기는 지역을 활성화하면서도 주민들의 자발적인 참여로 지역공동체 운동으로서의 성격도 갖게 될 것으로 보인다.

농촌 관광마을 만들기를 비롯한 농촌 지역공동체 운동에서도 가장 중요한 것은 목표설정이다. 목표는 반드시 분명해야 하고, 해당 마을 주민이 동의하는 것이어야 한다. 왜냐하면 이 운동은 농촌 마을 주민의 참여 없이는 지속될 수 없기 때문이다. 따라서 마을 주민이 직접 참여함으로써 마을의 현재와 미래를 구상하여 '마을 계획을 수립'하는 일과, 지역 주민 주도로 체계적이고 장기적으로 농촌을 계발하기 위한 '사람 만들기'가 농촌 마을 만들기에서 고려해야 할 중요한 요소이다. 지나치게 경제적 이익을 추구하기보다 장기적인 관점에서 농촌 마을 만들기를 통하여 마을의 활성화를 도모하도록 마을 주민의 인식 전환을 유도해야 한다. 또한 관련 기관의 협력도 필요에 따라 확보될 필요가 있다.

이러한 지역공동체 운동에 관심을 갖고 참여하고자 하는 농촌 목회자는 일반 도시 목회에서보다 훨씬 더 사명감을 가지고 헌신해야 한다. 농촌 목회를 하는 것은 목회자가 편안한 마음으로 전원생활을 하면서 농업에 종사하는 것이 아니라, 다른 목회자들이 하고 있는 똑같은 교회 사역을 이미 감당해 내면서 농촌 지역공동체 운동에 뛰어들어야 하는 것이기 때문이다. 따라서 이러한 농촌 지역공동체 운동에 들어가려면 목회자가 두 배, 세 배로 더 부지런하고 열심을 내야 한다. 농촌의 현실은 교회가 무엇이 본질적이고 비본질적인 사역인지 명확하게 구분해 내기 어려울 정도로 이미 교회의 현실 속 깊숙이 들어와 있다.

"하나님을 사랑하고 이웃을 사랑하라" 하신 말씀이 예수님께서 우리에게 주신 가장 큰 사명이라고 한다면, 지역에 있는 이웃을 위한 사역이 교회의 본질 사역이 아니라고 말할 수는 없을 것이다. 하나님에 대한 사랑이 자연스럽게 이웃에 대한 사랑으로 이어지고, 신앙공동체에 대한 관심이 자연스럽게 지역공동체에 대한 관심으로 이어지는 것이다. 앞에서 점검한 다양한 방법을 참고하여 농촌 교회가 지역공동체 운동에 참여한다면, 교회가 농촌 지역사회의 책임 있는 구성원으로서의 역할을 다하게 되면서 지역 사회에서 공신력도 회복하게 될 것이라 기대한다.

4. 교회의 커뮤니티 비즈니스

우리 사회에서 지역공동체 운동에 대한 관심이 증대되면서, 다양한 마을 만들기 운동 중에서도 커뮤니티 비즈니스community business에 대한 관심이 고조되고 있다. 커뮤니티 비즈니스는 마을 만들기의 일종으로, 자신이 살고 있는 지역을 건강하게 만드는 주민 주체의 지역사업이라고 할 수 있다. 우리나라에도 '희망제작소'와 같은 시민 단체들을 통해서 소개가 되어 '마을 기업'이나 '마을 회사'라는 말로 표현되기도 했다. 이것은 최근에 논의되고 있는 사회적 경제와도 관련이 깊다. 사회적 경제란 시장경제 또는 사적인 경제와 구별되어 공익을 추구하는 공적인 차원의 경제를 의미한다. 사회적 기업은 이러한 사회적 경제 활동을 하는 기업이고, 커뮤니티 비즈니스 역시 넓은 뜻에서 사회적 기업의 일종이라고 볼 수 있다.

흔히 알려져 있듯이, 사회적 기업은 두 마리의 토끼를 좇는다. 그것은 '영리적 이윤 창출'과 '사회적 사명의 수행'이다. 그래서 사회적 기업은 '재정적 수익'이라는 경제 가치와 함께 '사회적 목적 달성'이라는 사회 가치를 창출하는 것이다. 그러나 이 둘의 관계는 명확하다. 영리적인 수익 활동은 그 자체가 목적이 되는 것이 아니라, 사회적 목적을 위한 자원 창출의 수단일 뿐이다. 따라서 일반 기업은 영리 추구가 목적이지만, 사회적 기업은 사회적 공헌을 목적으로 하는 기업이라고 할 수 있다. 이러한 사회적 기업은 이타적 동기를 추진 동력으로 한다. 곧 사회적 취약계층에게 일자리나 사회적 서비스를 제공하는 목적을 추구하여 영업활동을 수행하는 것이다.

이러한 사회적 기업은 일회성의 자선이나 구호를 통해서는 가난한 사람들이 빈곤에서 벗어날 수 없기 때문에, 가난한 사람들에게 일자리를 주고 그들이 구입할 수 있는 저렴한 물건을 생산함으로써 구조적으로 가난을 탈출하도록 돕는다. 사회적 기업의 정체성은 "우리는 빵을 팔기 위해 고용하는 것이 아니라 고용하기 위해 빵을 판다"라고 하는 미국의 한 사회적 기업가의 말에서 엿볼 수 있다. 커뮤니티 비즈니스도 이러한 사회적 기업과 같이 사회적인 공익을 추구한다. 다만 그 차이는 일반적인 사회적 서비스보다는 지역의 문제를 해결함으로써 지역사회를 활성화하고자 하는 데 주로 관심을 두는 것이라고 할 수 있다.

이 장에서는 교회가 사회적 기업의 일종으로서 커뮤니티 비즈니스에 참여할 수 있는 방안을 모색하고자 한다. 한국교회는 다양한 방법으로 지역사회를 위한 사역을 실천해 왔다. 그러나 교회가 가지고 있는 자원을 도움을 필요로 하는 사람들에게 제공하는 식의 봉사나 복지 활동은, 그들을 스스로 자립하게 하여 자신들의 문제를 해결하고 필요를 채우게 하는 데까지 나아가지는 못했다.

커뮤니티 비즈니스를 통한 공동체 운동은 수요자가 단순히 도움을 받는 것이 아니다. 스스로 일을 함으로써 자활을 하게 한다는 점에서 기존의 방식과는 전혀 다른 차원의 접근 방식이라고 할 수 있다. 이러한 관점에서 교회가 지역공동체 운동으로서 커뮤니티 비즈니스에 참여할 수 있는 방안을 모색하고 유형별 모델을 제시하고자 한다.

커뮤니티 비즈니스의 의미와 활용

1) 커뮤니티 비즈니스의 의미

커뮤니티 비즈니스라는 용어는 1970, 80년대에 영국 스코틀랜드 지방에서 처음 만들어졌다. 하지만 커뮤니티 비즈니스라는 용어의 일반적인 정의는 존재하지 않고 시대에 따라, 사람들에 따라, 맥락에 따라, 일에 따라 다르게 정의된다. 이들의 정의를 요약하면, 커뮤니티 비즈니스란 지역공동체가 지역의 수요에 맞춰 제공하는 상품이나 서비스의 범위를 개선하거나 확대함으로써 지역공동체의 이익이 되도록 하는 활동이라고 할 수 있다. 이때의 활동은 지역공동체가 소유한 조직을 통해 거래하여 발생한 초과수익을 조직에 재투자함으로써 이루어진다. 주된 커뮤니티 비즈니스의 요소로는 비즈니스의 '소유권'과 '거래 방법'이 있다. 소유권은 장소와 이익 주체를 포함한 공동체를 의미하고, 거래 방법에는 경제활동을 통해 자활이 가능하거나 향후 발전의 가능성을 보여야 한다는 요건이 있다.

미국의 경우 커뮤니티 비즈니스보다는 '커뮤니티 기업'이나 '커뮤니티 기반의 기업'이라는 용어가 주로 사용되며, 커뮤니티 비즈니스라는 용어는 일본에서 주로 사용되어 왔다. 일본에서는 1994년부터 이 용어가 사용되었으며, 이때는 커뮤니티와 비즈니스의 결합을 의미했다. 일본에서 정의되는 커뮤니티 비즈니스란 지역공동체를 기점으로 주민이 친밀한 유대관계 속에서 주체적으로 사업을 운영하는 것을 말한다. 또한 지역공동체에서 잠자고 있던 노동력, 원자재, 노하우, 기술 등의 자원을 활용하여 자발적으로 지역문제의 해결에 착수하고, 직접 사업을 성립시켜 커뮤니티를 활성화하는 것을 목적으로 한다.[40]

앞서 언급한 바와 같이, 커뮤니티 비즈니스가 일반 기업과 크게 다른 점은 '지역을 위한' 또는 '사람을 위한' 일로서의 의미를 추구한다는 것이다. 일반 기업은 영리 추구를 제일의 목적으로 하는 데 반해, 커뮤니티 비즈니스는 지역사회에서 일정한 역할을 하는 것을 목적으로 한다. NPONon-Profit Organization: 비영리기구와의 차이점은, NPO는 일반적으로 사업을 하지 않고 공익 활동을 한다는 점이다. 그러므로 커뮤니티 비즈니스는 NPO보다는 사회적 기업과 공통된 점이 더 많다.[41]

그러나 커뮤니티 비즈니스에 대한 정의에 따르면, 커뮤니티 비즈니스와 사회적 기업은 정의 외에 주체, 목표, 자원 등 많은 부분에서 차이가 있다.[42] 사회적 기업이 저소득 계층의 빈곤 극복을 목적으로 한다면, 커뮤니티 비즈니스는 지역 사람들을 통해 지역 문제를 해결하는 것이 목적이라고 할 수 있다. 이러한 커뮤니티 비즈니스의 효과는 다양하게 기대할 수 있다. 그것은 참여자에게 일하는 보람을 주고, 자아실현을 통해 인간성을 회복하며, 다양한 지역사회 문제를 해결하고, 지역 문화를 계승하고 창조하며, 경제 기반을 확립하는 일 등이다.[43]

따라서 커뮤니티 비즈니스는 사회공헌성이 높은 사업이어야 함과 동시에 비즈니스로서의 지속성도 중시되어야 한다. 지속성을 전제로 하여 적자를 내지 않고 기업을 유지해 가는 것도 대단히 중요하다. 아무리 의도가 좋더라도 기업이 흑자를 내지 못하면 유지되기 어렵기 때문이다. 이런 점에서 커뮤니티 비즈니스란 '지역사회에서의 사회공헌을 위해 지역사회에 뿌리를 둔 사업성·수익성이 있는 활동'이라고 할 수 있다.

그러므로 이러한 커뮤니티 비즈니스가 성공하고 지속적으로 그 역할을 하기 위해서는 공동체 정신도 중요하지만, 시민들의 적극적인 관심 또한 매우 중요하다. 가격과 품질만이 아니라 기업의 사회공헌과 환경보호, 인권존중 등을 고려해 소비해 주는 이른바 '윤리적 소비자들'이 있어야 한다. 또한 다양한 조직, 다양한 형태의 사회적 기업이 두루 인정받고 이들이 서로 격려하고 연대하여 힘을 모아 일할 수 있어야 한다. 이러한 커뮤니티 비즈니스의 특징을 사회적 기업, NPO와 관련하여 그림으로 나타내면 아래와 같다.

〈그림1〉 민간기업, NPO, 커뮤니티 비즈니스의 관계[44]

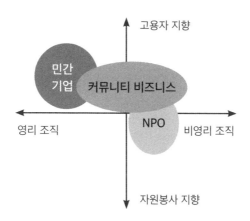

1부의 2장에서 살펴본 바와 같이 우리 사회 역시 고령화와 저출산이 세계 최고 수준으로 급격하게 심화되어, 일본 못지않게 심각한 사회 문제로 대두되고 있다. 또한 1인 가구가 전체 가구의 25퍼센트를 차지하고 있을 뿐만 아니라 이전과는 다른 비정형 가족들이 속속 등장하고 있어서, 이전과 같이 가족이 공동체가 되어 주는 것이 점점 더 어려워지고 있는 실정이다. 이러한 상황에서 노인이 홀로 죽음을 맞이하는 고독사가 늘고 있고, 자살률 또한 세계 최고 수준을 기록하고 있을 정도로 우리 사회에서 공동체는 거의 붕괴된 상태이다. 이러한 상황에서 지역공동체 운동은 매우 시급한 과제로 다가오고 있으며, 지역을 활성화하고 공동체성을 회복하기 위한 방법을 고안해 낼 필요성이 그 어느 때보다 높다고 하겠다.

이런 상황에서 '공동체 자본주의' 정신이 강조되고 있다. 공동체 자본주의는 우리 사회의 현실이 자본주의 체제인 것을 인정하면서도 자본주의가 갖는 한계를 극복하고자 하는 시도이다. 이러한 점에서 공동체 자본주의는 사회민주주의와 유사한 점이 있지만, 근본적인 차이점이 있다. 중도적 경제 체제인 사회민주주의는, 소유의 사회화를 통해 경제 질서를 사회주의적으로 재편하고 노동자 계급을 포함한 기층 민중 중심의 민주주의를 실현하는 급진적 이념으로 19세기에 등장했다. 그러나 20세기에 들어서는 러시아에서 실현된 공산주의와 대립되는 이념으로 축소되어, 자본주의 시장경제를 그대로 두고 복지와 분배의 강화로 평등한 세상을 만드는 개량주의로 방향을 전환했다.

사회민주주의의 커다란 특징 중 하나는 정부가 개인이나 기업의 소득 중 상당 부분을 세금으로 환수하여, 사회적 약자 계층들을 사회복지 차원에서 돕기 위해 대규모 복지성 재정지출을 집행한다는 것이다. 이에 비해 공동체 자본주의는 정부가 세금을 대규모로 걷는 대신, 개인들이 공동체의 건강한 발전을 위해 자발적으로 나눔과 기부를 하는 민간주도형 나눔 운동이다. 공동체 자본주의는 자본주의의 기본인 경쟁을 통한 이윤 창출은 유지하면서 나눔을 통해 건강한 발전을 이룬다는 점이 사회민주주의와 크게 다르다고 할 수 있다.

여기서 지역공동체 운동의 사례로서 굳이 비즈니스를 논하는 것은, 공동체 자본주의 정신으로 수립된 마을 기업이 지역공동체 운동의 전략적인 요충지가 되기 때문이다. 공동체 자본주의 정신은 마을 기업이 사회의 약자를 배려하고 그들을 우리 사회의 일원으로 포섭하는 데 기여하도록 하는 지침이 될 것이다. 그러나 또 한편으로 비즈니스를 추구할 때는 우리 사회에서 자본주의와 기업의 개념이 지나치게 오염되었음을 감안해야 한다. 지역공동체 운동의 구체적 전략을 소개하면서 우려한 바와 같이, 지역 사업이 사회 전체가 아닌 자신이 속한 지역의 이익만을 위해 전개된다면 자칫 지역 이기주의로 흐를 수 있기 때문이다.

최근에는 일부 교회에서 사회적 기업에 참여함으로써 비슷한 시도를 한 예가 나타나고 있다. 교회와 관련된 몇몇 사회단체가 일종의 사회적 기업을 만들어, 판매 수익금으로 장애인이나 독거노인, 외국인 근로자, 노숙인 등 불우이웃을 돕고 북한과 아프리카 주민들을 돕기도 한다. 그러나 이것은 엄밀한 의미에서의 기업이라고 보기는 어렵다. 이들 단체는 후원금이나 기부금을 통해 기업을 설립하고 여기서 발생하는 수익금을 사회에 환원하는 것이지, 스스로 이윤을 창출하는 사업체가 아니기 때문이다. 따라서 이러한 방식은 거대 자본이나 후원금을 모금할 수 있는 단체가 아니라면 시도하는 데 제한이 있을 수밖에 없다. 그리고 이러한 활동은 지역에 기반한 활동도 아니다.

지역 내 문제 해결을 위해 주체적으로 비즈니스의 시각을 도입할 수 있다. 즉 지역 주민이 기업적 경영 감각을 가지고 생활인 의식과 시민의식을 바탕으로 활동하는 주민 중심의 지역 사업을 펼치는 것이다. 이러한 커뮤니티 비즈니스를 통해 지역사회 안의 문제 해결과 생활의 질적 향상을 지향하는 지역공동체 세우기를 실현할 수 있다. 그러므로 이것은 지역사회에서 살고 있는 사람들이 인간적, 사회적, 경제적, 문화적 측면에서 활기차고 쾌적하게 살아가는 것을 목적으로 하는 새로운 유형의 공동체 운동이다. 자립적으로 살아가려는 주민들의 시민사회를 향한 '자아 만들기'이며, '지역 운동'인 것이다.

일본에서는 공동체가 붕괴되고 침체된 지역을 활성화시키기 위하여 도시 내부 문제 연구에 몰두하여 고안된 것이 커뮤니티 비즈니스였다. 주민 주체의 지역사업인 커뮤니티 비즈니스로 자신이 살고 있는 지역을 건강하게 만들 수 있다. 지금까지 정부나 기업이 제공해 온 상품이나 서비스의 한계를 넘어, 주민 스스로 비즈니스 활동을 전개하여 지역의 어려움을 해결하고 삶의 질을 높일 수 있는 것이다.[45]

커뮤니티 비즈니스의 활용

커뮤니티 비즈니스의 유형은 성격에 따라 로컬형 커뮤니티 비즈니스와 테마형 커뮤니티 비즈니스로 구분할 수 있다. 로컬형은 생활지역을 공유하는 사람들이 커뮤니티를 이루는 것이고, 테마형은 관심과 생각을 공유하는 사람들이 커뮤니티를 이루는 것이다. 대체로 로컬형은 농촌 지역에 적합한 형태이고, 테마형은 도시 지역에 적합한 형태라고 할 수 있다.[46]

도시 지역에서 커뮤니티 비즈니스는 도시 재생과 관련된다. 도시 재생이란 도시 지역이 지니고 있는 문제를 해결하고 여건 변화에 취약한 지역경제와 사회 환경 등의 조건을 장기적인 관점에서 개선하는 것을 목적으로 실시하는 종합적이고 통합적인 계획 또는 활동이라고 할 수 있다. 일본에서는 도시 지역에 현존하는 환경자산을 최대한 활용하고 지역사회의 사회적인 연결고리를 강화하여, 각종 기업 활동과 시민 활동을 활용하면서 지속 가능하고 풍요로운 생활을 실현하는 것을 도시재생으로 이해하고 있다.[47]

커뮤니티 비즈니스는 이러한 도시재생을 위한 강력한 수단임과 동시에, 공동체 회복이라는 동일한 목표를 지향하고 있다는 점에서 그 연결고리를 찾을 수 있다. 커뮤니티 비즈니스는 도시 재생 차원에서 일종의 '경제공동체'를 위한 지역주민운동이라고 할 수 있는 것이다. 경제공동체란 시장에서 이루어지는 경제방식을 공동체적 경제방식으로 대체해 도시의 삶을 보다 풍요롭게 꾸려 가는 운동을 말한다.[48] 따라서 지역사회에 기반을 둔 커뮤니티 비즈니스는 도시 재생을 위한 유효한 수단임을 확인할 수 있다.

커뮤니티 비즈니스는 지역의 고용 역량을 강화하고 기회를 제공하며 지역사회의 다양한 수요를 충족시킨다. 노인, 어린이 청소년 등 사회적 돌봄이 필요한 지역주민을 돌보는 데 사회적으로 유용한 생산, 건강 프로그램, 도시락, 놀이 공간 제공 등이 그 사례이다. 특히 신용협동조합이나 공동화폐 운동 등은 지역의 복지수준을 강화하거나 유지하는 데 큰 기여를 한다. 이러한 활동들은 공적 영역이나 민간 시장 부문에서 채울 수 없는 지역사회의 필요를 채울 수 있다는 장점이 있다. 농촌 지역에서도 대단히 유효한 수단이 될 수 있는데, 이에 관해서는 3장 '농촌 교회의 지역공동체 운동'에서 다룬 바 있다.

커뮤니티 비즈니스는 지역의 인적자원을 효과적으로 활용한다는 점에서 노인 고용의 새로운 대응책이 될 수 있다. 이미 일찍부터 고령화가 사회적 문제로 자리 잡은 일본에서는 노인 인적자원을 이용한 커뮤니티 비즈니스가 활발히 이루어져 왔는데, 주식회사 이로도리いろどり는 노인참여형 커뮤니티 비즈니스의 가장 대표적인 사례. 850여 가구가 모여 사는 일본의 산골 마을 가미카쓰에서 우리 돈 30억 원에 달하는 연 매출을 달성하는 기업이 탄생했는데, 더욱 놀라운 것은 이것이 평균 연령 78세 이상의 노인들이 일구어 낸 사업이라는 것이었다. 일본 매스컴을 떠들썩하게 장식한 주식회사 이로도리는 한 농협 직원의 아이디어에서 비롯되었다. 노인들이 부담 없이 참여할 수 있는 사업이 없을까 고민하던 농협 직원이 횟집마다 생선회에 곁들이는 장식용 나뭇잎에 관심을 기울이는 것을 목격하고, 이것을 사업화하는 데 성공한 것이다.

커뮤니티 비즈니스의 가장 큰 장점은 하나의 아이디어가 지역사회 전체를 바꾼다는 것에 있다. 나뭇잎을 줍는 단순한 일을 시작했을 뿐인데 마을 전체가 바뀌었다. 노인들은 일을 해서 수익을 얻기 시작했고, 깨끗한 나뭇잎을 얻기 위해 마을이 친환경 마을로 탈바꿈했으며, 노인들을 대상으로 한 컴퓨터 개발까지 이루어졌다. 게다가 일이 많아지면서 젊은이들이 마을로 돌아오는 현상까지 발생하고 있으니 그 파급력이 대단하다고 할 수 있다. 우리나라에서도 70세 이상의 노인들이 농장에 참여해 일과 건강을 챙기고 있는 소양 인덕 두레농장 등의 커뮤니티 비즈니스 사례들이 점차 늘고 있다. 이와 같이 노인들이 참여할 수 있는 다양한 사회 활동을 계발할 필요가 있다.

교회가 참여하는 커뮤니티 비즈니스 모델

최근 우리나라에서도 커뮤니티 비즈니스에 대한 관심이 높아지고 있다. 아직 커뮤니티 비즈니스에 대한 개념 정의나 구체적인 실체들이 활발하게 논의되거나 제시되지 않았음에도 상당히 주목을 받고 있다. 그 원인은 정부 주도의 일방적인 공공정책이 한계에 다다랐으며, 다양한 주체들이 참여하여 현실적인 대안을 만들어 낼 수 있다는 기대감이 계기가 되었기 때문이라고 볼 수 있다.

이러한 커뮤니티 비즈니스 활동의 전략은 기본적으로 마을 만들기 운동 전략과 크게 다르지 않다.[49] 마을 만들기와 마찬가지로 커뮤니티 비즈니스의 제1주체 역시 시민, 곧 지역 주민이다. 대부분의 지역 개발 계획이나 도시 재개발 사업이 국가가 주도하는 사업이라면, 마을 만들기는 관 주도의 지역 개발 운동에 오히려 저항하며 주민들의 주체적인 참여를 강조하는 것이 가장 큰 대조점이라고 할 수 있다. 커뮤니티 비즈니스에서 무엇보다 중요한 것은, 방점이 '비즈니스'가 아니라 '커뮤니티'에 있으므로 행정기관이 주도하는 형태보다는 주민 주도로 추진이 되어야 한다는 것이다. 지나치게 사업성을 추구하고 수익을 도모하기보다는 마을의 공동체성 회복에 주안점을 두어야 한다는 것 또한 중요하다.

제2주체로서 행정기관이 커뮤니티 비즈니스에서 하는 역할은 마을 만들기와 같은 공동체 운동과는 조금 차이가 있다. 마을 만들기에서는 행정기관의 역할이 역량 구축을 위한 조력자이자 지원자로서의 역할로 한정되나, 커뮤니티 비즈니스에서 행정기관의 역할은 단순한 지원자보다는 보다 적극적인 파트너가 되어야 한다. 아직 커뮤니티 비즈니스의 여건이 활성화되지 않은 현실에서 주민의 역량만으로 커뮤니티 비즈니스를 운영하기가 어렵기 때문이다. 우리나라와 같이 사회자본의 축적이 충분하지 못하고 지역 자원을 충분히 활용할 수 있는 기술과 네트워크를 보유하지 못한 나라에서는, 지역 시민들이 행정기관과 파트너십을 이루어 추진하는 형태가 적합한 것으로 알려져 있다. 이러한 상황에서 행정기관과 협력함으로써 정해진 활동 목적을 달성하고 사업 기반을 확고히 하며, 사회적 신뢰를 높이는 효과를 가져올 수 있다.[50]

커뮤니티 비즈니스에서도 역시 제3주체로서 지역 단체의 역할이 필요하다. 그러나 여기서 지역 단체는 커뮤니티 비즈니스를 지원하는 조직으로서 역할을 감당할 수 있는 단체를 뜻한다. 지역의 자원봉사자들을 취합하여 지역 내의 여러 NGONon-Governmental Organization: 비정부기구들과 네트워크를 형성하고, 그들을 돕는 역할을 해야 한다. 또한 일반 시민들의 참여와 관심을 이끌기 위해 'NGO체험연수' 같은 프로그램을 운영하여 커뮤니티 비즈니스를 위한 기반을 형성하는 노력도 필요하다.

특히 지역공동체가 활성화되지 못한 우리나라에서는 중간법인 형태의 지원 조직을 통해 지역공동체를 활성화시키고, 커뮤니티 비즈니스 시범 사업을 통해 이를 확산하는 전략적 접근이 필요할 것이다. 아직 지역 주민들은 물론이고 시민단체조차도 일부 단체 외에는 커뮤니티 비즈니스에 큰 관심을 가지고 있지 못한 현실에서, 지역사회 구성원 중의 하나인 지역교회가 커뮤니티 비즈니스에 관심을 가지고 지원 조직 역할을 감당하는 것도 좋은 방법이 될 것이다. 앞에서도 언급했듯이 교회에는 이 운동에 참여할 만한 인적, 물적 자원이 비교적 풍부하기 때문이다.

지역 커뮤니티가 활성화되어 있는 외국과 달리 공동체에 대한 관심이 여전히 부족한 한국사회의 현실에서, 지역교회가 내부 자원을 활용하여 지원 조직의 역할을 하거나 지원하는 것은 지역 활성화에 큰 도움이 될 것이다. 예를 들어, 노령화와 도시로의 인구 집중으로 침체된 농촌 지역에서는 교회가 앞장서서 지역 활성화와 함께 지역공동체를 구축하는 것이 큰 의미가 있다. 또한 지역교회가 커뮤니티 비즈니스를 시범적으로 운영하는 것도 좋은 방법이 될 것이다. 이미 한국 교계에는 이러한 의미 있는 실험을 하는 교회들이 적지만 존재하고 있다. 이러한 교회 및 교계 단체와 네트워크를 형성하여 정보를 공유하고 지원하는 것은 커뮤니티 비즈니스 활동을 위한 중요한 역할이 되리라 기대된다.

이러한 내용을 토대로 하여 교회가 커뮤니티 비즈니스에 참여할 수 있는 모델을 구성해 볼 수 있다. 먼저 참여 단위의 측면에서 개교회가 직접 참여하는 경우와 교단 또는 교회 연합 기관이 직접 참여하는 경우, 그리고 교단이나 교회 연합 기관이 중간지원조직을 설립하여 지원하는 경우를 고려할 수 있을 것이다. 이에 따라 모델을 세 가지로 구성할 수 있는데, 첫째 모델은 교회가 직접 주민들과 연계하여 운영위원회를 구성하여 소규모 커뮤니티 비즈니스를 운영하는 것이다. 보기를 들면, 재활용 가게나 공방 또는 사회적 돌봄이 필요한 주민들을 돌보는 프로그램을 운영하는 사업 등을 교회가 직접 운영하는 것이다. 이미 여러 지자체에서 커뮤니티 비즈니스를 세워서 마을기업으로 지정되면 운영 자금을 지원해 주고 있기 때문에, 교회는 주민들과 연계하여 커뮤니티 비즈니스를 직접 운영할 수 있다. 이를 그림으로 도식화하면 아래 〈그림2〉와 같다.

〈그림2〉 교회 운영형 커뮤니티 비즈니스(CB)

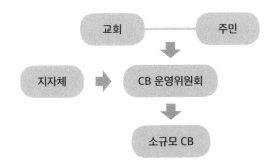

이에 해당하는 대표적인 사례로는 '임실 치즈마을'을 들 수 있다. 지금은 대규모 기업으로 성장했지만, 처음에는 벨기에 출신으로 임실성당에 부임한 지정환 신부(본명은 디디에 세스테벤스Didier t'Serstevens)의 손으로 1967년 처음 시작되었다. 지정환 신부는 당시 가난의 굴레를 벗어나지 못하는 주민들을 돕기 위해 본국에서 산양 두 마리를 들여와서 국내 최초의 치즈를 생산했고, 임실제일교회 심상봉 목사는 '예가원'이라는 마을공동체를 만들어 환경농업을 실천하며 함께 주민의 삶을 일으켜 나간 것이 오늘의 임실 치즈마을에 이르게 된 것이다.

경기도 부천에 있는 서로사랑교회 최재선 목사는 최근 지역 주민들과 함께 협동조합식의 커뮤니티 비즈니스인 '아하체험마을'을 창업했다. 그는 무한경쟁을 조장하는 자본주의의 폐해를 극복하기 위해 공공부조와 상호협력의 협동조합정신으로 사회적 일자리를 창출하고자 했다. 또한 주5일 수업의 확대로 맞벌이부부 가정 자녀들이 마땅히 여가를 활용할 방안들이 없는 상황에서, 부모들이 안심하고 맡길 수 있는 현장체험을 제공하고 안내하고자 했다. 이를 통해 지역공동체 의식의 붕괴현상을 극복하고자 하는 목적으로 시작한 것이 이 사업이었다.[51] 최근 저출산이 심각한 사회 문제로 대두되고 있는 만큼 공동육아시설을 교회가 커뮤니티 비즈니스 형태로 운영한다면, 출산과 양육에 대한 젊은 부부들의 부담을 훨씬 줄여 줄 수 있을 것이다.

두 번째 모델은 여러 개의 지역교회나 교계 단체가 주민들과 연계하여, 행정기관과 파트너십을 맺고 보다 규모가 큰 커뮤니티 비즈니스를 운영하는 것이다. 개교회가 운영하기 어려운 다양한 생활협동조합이나 신용협동조합 또는 지역 공동화폐 운동을 통해 지역을 활성화하는 커뮤니티 비즈니스를 교회 연합 단체나 교단 차원에서 운영할 수 있을 것이다. 협동조합에 대해서는 다음 장에서 살펴보겠지만, 공동체성의 계발을 위해서 커뮤니티 비즈니스는 개인 사업이나 주식회사 방식보다는 협동조합 방식으로 운영하는 것이 적합하다. 이를 그림으로 도식화한 것이 다음 〈그림3〉이다.

〈그림3〉 교단/교회연합기관 운영형 커뮤니티 비즈니스

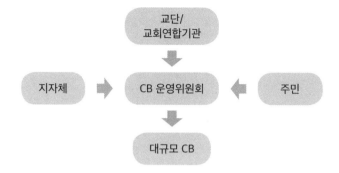

이런 유형의 사례로는 감리교의 농도생활협동조합과 예장 통합 교단의 예장생활협동조합을 들 수 있다. 감리교 농도생활협동조합은 농도공동체 선교회에서 1994년에 세웠다. 농도공동체 선교회는 감리교 농촌선교 목회 자회에서 무너져 가는 농촌을 살릴 뿐만 아니라 적극적으로 도시교회와 연대해 구체적인 생활공동체 운동을 펼쳐 나가기 위해 설립한 기관이다. 농도 생활협동조합은 농촌의 생산자교회들이 정성과 노력을 다해 생산한 유기농 산물을 도시의 회원교회에 판매하는 사업에 주력하고 있다. 또한 농도생활 협동조합의 유기농산물 직거래운동은 다른 교회 생활협동조합과 달리, 생 산자교회의 조합원들이 만들어 제공하는 것으로 신뢰와 정성으로 포장된 제품이라는 강한 믿음이 바탕에 깔려 있어 좋은 평가를 받고 있다.

예장생활협동조합은 우루과이라운드 협상 타결로 위기에 처한 전체 한 국 농업과 대부분이 영세 소농인 농촌 교인들에 대한 선교의 일환으로 1995 년에 설립되었다. 농촌의 생산자교회가 생산한 유기농산물을 도시의 소비 자교회 조합원들에게 공급하는 유기농산물 직거래 사업이 중심사업이다. 이 조합은 유기농산물 직거래 사업으로 기독교적인 신앙 안에서 믿음과 사 랑과 협동이 샘솟는 대안적 생활경제공동체를 꿈꾸며, 생명을 살리는 일들을 중심으로 유기농 재배와 직거래 사업에 나서고 있다.

이밖에도 성남 주민교회의 주민생협 등 개교회에서 운영하는 생활협동조합들도 있다. 일반적으로는 한 교회가 운영하기에는 어려움이 따르므로 교회연합 기관이 운영하는 것이 보다 수월할 것이다. 또한 대도시를 중심으로 교동협의회나 교구협의회와 같은 교회와 지자체의 협력기구가 운영되고 있는 곳도 적지 않다. 교동협의회는 동 단위의 지역 내 교회들이 동주민센터(예전에는 동사무소)를 중심으로 교파를 초월해 지역사회의 발전과 화합을 위해 결성한 협력기구이고, 교구협의회는 마찬가지로 지역교회들과 구청이 결성한 협력 기구이다. 이러한 조직을 잘 활용한다면 보다 수월하게 지자체의 협력을 유도할 수 있을 것이다.

세 번째 모델은 교회 연합 또는 교단 차원에서 중간 지원 조직을 세워서 커뮤니티 비즈니스를 지원하는 것이다. 앞에서 말한 바와 같이 우리 사회에서는 아직 커뮤니티 비즈니스가 생소하고 성공 사례가 많지 않기 때문에, 막상 시도하려고 해도 쉽지 않은 상황이다. 따라서 교회 연합 기관이나 교단 차원에서 전문가를 유치하여 중간 지원 조직을 세우는 것이 좋은 방법이다. 이것을 도식화한 것이 〈그림4〉이다.

〈그림4〉 중간지원조직 운영형 커뮤니티 비즈니스

중간지원조직은 고용개발 훈련, 창업 상담, 지역의 수요와 인적자원의 연결, 자금의 중개, 일자리 중개, 지자체와 기업 사이의 조정 등과 같이 지역 커뮤니티를 기반으로 한 대면의 관계 속에서 NGO로서의 역할을 담당한다.[52] 또한 다양한 커뮤니티 비즈니스 사례를 확보하고 여건에 따라 시도할 수 있는 유형들을 지침서 형태로 취합하여 커뮤니티 비즈니스를 운영하고자 하는 주민들을 지원한다. 커뮤니티 비즈니스의 확산을 위해 시민들을 대상으로 교육을 실시하고 인재를 육성하는 일도 중간지원조직이 담당할 수 있는 일이다. 따라서 행정기관의 지원만이 아니라 중간지원조직도 존재한다면 몇 배는 효과적으로 활동할 수 있다.[53]

최근 경제 상황이 악화되면서 자영업에 종사하는 사람들이 크게 늘고 있는데, 십여 년 전부터 등장하기 시작한 소호SOHO들과 연계하여 커뮤니티 비즈니스를 시도하는 것도 좋은 방법이다. 소호란 집에서 가까운 소규모 사무실이나 집Small Office Home Office에서 일하는 사람들을 가리키는 말인데, 일본에서는 소호를 커뮤니티 비즈니스와 연결시켜 지역 활성화에 성공한 사례가 늘고 있다.[54] 일본과 마찬가지로 고령화 사회에 진입한 우리 사회에도 여전히 생산 활동이 가능한 고령 인구가 많다. 또한 니트NEET족[55]이라고 불리는 일하지 않는 청년들을 포함한 청년 실업자들이 많은 상황에서 중간지원조직의 역할에 반드시 관심을 가져야 한다. 아직 교계에서 세운 중간지원조직은 없으나, 앞으로의 수요를 감안할 때 시급히 요청되는 상황이다.

이상에서 교회가 커뮤니티 비즈니스에 참여할 수 있는 세 가지 모델을 제시했다. 교회의 여건과 지역사회의 환경에 따라 적절한 모델을 선택하여 이 일에 참여할 수 있을 것이다. 그러나 여기서 제시한 것은 하나의 모델에 불과한 것이며, 현실에서는 다양하게 변형된 형태로 적용될 수 있다.

기독교적 커뮤니티 비즈니스를 꿈꾸며

최근 우리 사회에서 경제 민주화에 대한 관심이 고조되고 있다. 과거에는 진보 진영에서나 관심을 둘 법했던 경제 민주화라는 개념이 18대 대선에서 쟁점이 된 이후, 지금은 모든 국민들의 관심사가 되었을 정도다. 특히 무한경쟁, 승자독식으로 상징되는 신자유주의 체제에 대한 다양한 반성과 대안들이 모색되고 있는 시점에서 경제 민주화가 매우 뜨거운 주목을 받고 있고, 이와 상응하는 공동체 자본주의도 주요 쟁점으로 떠오르고 있다. 자본주의 체제 자체를 바꾸기는 쉽지 않으나, 보다 '인간적인 얼굴을 한 자본주의'에 대한 관심이 커지고 있는 것이다.

교회의 지역공동체 운동에 관한 다양한 논의가 있어 왔으나, 이제까지 공동체 자본주의를 교회의 지역공동체 운동에 도입하여 논의한 예는 없었다. 앞에서도 언급했듯이 이것은 기독교의 관점에서도 매우 중요한 주제이다. 자본주의의 발전이 청교도 윤리에서 비롯되었다는 막스 베버의 연구가 있었지만, 오늘날 자본주의의 모습은 근대 자본주의 정신의 근간을 이루었던 청교도 정신과는 아무런 상관이 없는 듯이 보인다. 최초의 자본주의 사상가로 알려진 아담 스미스Adam Smith조차도 이러한 자본주의를 긍정적으로 보지 않았다. 특히 현실 자본주의 사회에서 고통을 당하는 많은 서민들을 볼 때 시급한 변화가 요구되고 있다.

이에 대해서는 정부 차원에서 정책이나 제도적인 변화를 기획하는 것이 중요하지만, 오늘날의 사회에서 모든 일이 정부 주도 아래서 되는 것은 가능하지도 않거니와 바람직하지도 않다. 정부가 복지 제도를 강화하고 사회의 약자를 지원하는 일은 필요하지만, 결국 사회의 약자들이 스스로 역량을 강화하고 자신들의 문제를 해결할 수 있는 데까지 나아가야 하기 때문이다.

풀뿌리에서 주민들의 의식 변화를 바탕으로 하여 주민 주도로 사회 변화를 지향해야 시민사회를 든든하게 지탱할 수 있는 것이다.

최근에는 중앙정부나 지방자치단체에서 사회적 기업이나 커뮤니티 비즈니스에도 관심을 갖고 사업을 공모하고 관련 단체를 세워서 제도적인 뒷받침을 해 주는 사례도 늘고 있다. 이러한 사업들이 정부 주도로 신속하게 도입되는 것은 긍정적이나, 실제로 이 일에 참여해야 할 주민들의 역량이 부족한 상황에서 많은 부작용이 일어나고 있는 것이 현실이다. 이미 사업이 끝난 지역에 가 보면, 마을 기업임을 알리는 간판이 붙은 건물은 서 있지만 안은 텅 빈 채 운영되지 않고 있는 경우도 허다하다. 주민들이 충분히 동기부여가 되지 않은 상태에서 하나의 전시성 사업으로만 이 일이 진행되었기 때문이다.

따라서 이런 일에 목회자와 교회가 관심을 가지고 참여하며 중심을 잡아 줄 수 있다면 매우 큰 도움이 될 것이다. 인식의 변화가 이루어지지 않은 상황에서는 사회적 기업이나 커뮤니티 비즈니스를 단순히 일자리 창출이나 사업을 통한 수익을 기대하는 경제적인 관점에서만 보게 되고 진정한 의미를 알 수 없다. 이러한 상황에서 교회는 현실 너머의 가치를 바라보고, 보다 넓은 지평에서 지역공동체를 지향할 수 있는 문화 자원을 가지고 있으리라는 기대를 받고 있다. 이러한 지역 운동에 참여하는 것이 결국 기독교의 박애 정신과 통하는 것이고, 진정한 이웃사랑을 실천하는 방법 중의 하나가 될 것이다.

그러나 한편으로 이러한 공동체 운동을 교회가 일방적으로 주도하는 것은 바람직하지 않다. 교회를 포함한 지역사회 구성원 모두가 동등한 자격으로 참여하는 것이 진정한 지역공동체 운동의 요건이기 때문이다. 따라서 교회의 인적, 물적 자원을 활용해서 지역 주민들의 참여를 유도함으로써 지역을 활성화하고 공동체 의식을 일깨우는 전략을 세우는 것이 교회가 참여하는 커뮤니티 비즈니스의 관건이 될 것이다.

이러한 관점에서, 이 연구에서는 교회가 참여할 수 있는 커뮤니티 비즈니스 모델을 세 가지로 제시하여 보았다. 아직 구체적인 사례가 절대적으로 부족한 상황이기 때문에 보다 정교한 모델을 개발하는 데는 한계가 있을 수밖에 없으나, 앞으로 다양한 사례들이 등장한다면 보다 정교한 모델과 참여 전략들이 개발될 수 있을 것이다. 앞으로 다양한 형태로 커뮤니티 비즈니스에 참여하는 사례가 속속 등장하기를 기대하며, 특히 교단 차원에서 적극적인 관심을 가지고 개교회와 지역사회를 지원할 수 있는 제도적 방안을 모색한다면 보다 높은 성과를 기대할 수 있을 것이다.

5. 교회가 참여하는 협동조합

유엔UN이 2012년을 '세계 협동조합의 해'로 정하여 협동조합을 범세계 수준에서 확장시키고자 한 이후에 우리 사회에서도 협동조합에 대한 관심이 증폭되고 있다. 협동조합은 무한경쟁, 승자독식으로 상징되는 신자유주의 체제를 극복할 대안으로 떠오르고 있으며, 일자리 창출의 해법으로도 기대를 모으고 있기 때문이다. 2008년 이후 국제 금융위기와 유럽 재정위기 속에서도 유럽연합EU의 25만 개 협동조합은 540만 개 일자리를 만듦으로써 충분히 스스로의 생명력을 입증했다. 전 세계 상위 300대 협동조합은 1조 6,000억 달러의 매출을 올리고 있는데, 이것은 유럽 4대 경제대국 중 하나인 스페인의 국내총생산GDP을 앞지른 것이다. 스페인 축구클럽 FC바르셀로나도 대표적인 협동조합 중 하나다. 현재 전 세계적으로 협동조합원 수는 8억 명 이상이고, 시장자본주의 사회인 미국에서도 4만 7천 개의 협동조합이 1억 명의 조합원에게 서비스를 제공하는 것으로 알려져 있다.

우리나라에서도 2012년 말에 협동조합기본법이 수립되고 발효된 후 협동조합 설립 신청이 폭발적으로 증가했고, 현재 500개에 가까운 사회적 협동조합을 포함하여 9,600여 개의 협동조합이 설립되었다.[56] 협동조합에 관심이 몰리는 것은 최근에 자본주의 시장경제의 위기를 극복하기 위한 대안으로 '자본주의 4.0'과 관련된 논의들이 폭넓게 이루어지고 있는 것과 무관하지 않다. 이러한 대안적 경제 활동은 공정 무역, 사회적 기업, 윤리적 소비와 같은 활동을 예로 들 수 있는데, 곧 앞 장에서 언급한 '공동체 자본주의' 활동이다.

공동체 자본주의는 현재의 자본주의의 문제를 극복할 뿐만 아니라 세계적인 빈곤 문제를 구조적으로 해결할 수 있는 하나의 중요한 방법으로 이해되고 있다. 그중에서도 특히 협동조합은 공동체 자본주의의 핵심으로 평가받는다. 협동조합이 주목받는 이유는 조합원이 근로자이며 동시에 소유주이기 때문이다. 협동조합은 돈을 버는 게 주목적이 아니고, 경쟁보다는 협동, 돈보다는 사람을 중심으로 삼고 있어 공동체 정신에 적합하다. 그런 의미에서 협동조합은 앞에서 살펴본 커뮤니티 비즈니스에 가장 적합한 운영 방식이라고 할 수 있다.

이러한 협동조합의 발상은 기독교 정신과도 관련된 것이다. 19세기 협동조합의 발전에 기독교 사상이 영향을 미쳤으며,[57] 협동조합을 대표할 만한 사례로 여겨지는 스페인 몬드라곤Mondragon 협동조합은 가톨릭 신부인 호세 마리아 아리스멘디아리에타José María Arizmendiarrieta에게서 시작되었다. 또한 외국에는 수많은 기독교 협동조합의 사례가 있다.[58] 우리나라의 경우에도 1920년대에 이미 협동조합에 대한 논의들이 활발하게 전개되었는데, 그 중심에는 YMCA를 비롯한 기독교 단체 및 기독교 지도자들이 있었으므로 우리 사회에서 협동조합의 발달사는 기독교 사회운동과 맥을 같이 한다고 말할 정도이다. 그러나 기독교 내부에서 일어났던 협동조합 운동은 여러 가지 이유로 세력이 많이 약화되어 지금은 기독교인들에게조차 낯설게 된 실정이다.

이러한 현실에서 이 글에서는 오늘의 시점에서 교회와 협동조합의 관계를 논의하고, 교회가 협동조합에 참여하기 위한 바람직한 방안을 모색하고자 한다.[59] 이를 위해 먼저 한국교회 역사에서 일어난 협동조합 운동을 살펴보고, 협동조합의 선교적 가능성에 대하여 논의한 후에, 교회가 협동조합에 참여하는 올바른 방안을 제시할 것이다.[60]

한국개신교와 협동조합 운동

협동조합기본법은 협동조합을 '재화 또는 용역의 구매·생산·판매·제공 등을 협동으로 영위함으로써 조합원의 권익을 향상하고 지역사회에 공헌하고자 하는 사업조직'이라고 정의하고 있다. 역사적으로 협동조합 운동은 자본주의 사회의 산물인 정치적, 경제적 약자가 상호협동과 단결로 경제적 지위 향상과 정치적 자주성을 획득해 가는 운동이다. 우리나라 최초의 협동조합은 1907년에 설립된 '금융조합'이라고 할 수 있으나, 금융조합은 화폐정리 사업, 납세선전 등 일제 총독부의 사업을 대행한 측면이 많고, 일제 총독부의 철저한 지도 아래 운영되는 등 관제협동조합의 성격이 강했다. 이 금융조합은 1918년에는 연합회를 만들어 금융기능을 강화하고, 1933년에는 전국 단위 조선금융조합연합회를 설립하여 대규모 은행조직으로 바뀌면서 생산자 협동조합의 성격을 완전히 상실했다.[61]

그 후 본래의 협동조합 정신을 살려, 일제의 침략으로 피폐화된 농촌을 재건하고 경제적 자립을 자주적으로 달성하기 위한 가장 효율적이고 현실적인 운동으로서 농촌협동조합 운동이 제기되었다.[62] 1920, 30년대 식민지 조선의 각종 사회단체와 지식인들은 농촌사회와 농민들의 재건과 구제를 주장했다. 당시에 민족주의 진영의 한 축을 담당했던 종교 세력으로서, 개신교계 역시 농촌진흥과 농민자립을 위한 농촌운동을 펼쳐 나갔다. 이 과정에서 농민층이 일제와 지주의 착취로부터 벗어나 경제 자립을 확립하기 위한 가장 집단적이면서도 중심적인 대안운동으로 농촌협동조합 운동이 대두된 것이다. 이 운동은 1930년 후반까지 지속적으로 전개되었다.

당시의 개신교인들은 농촌사회가 안고 있는 문제들을 개인의 게으름이나 생활력 부족으로만 보지 않고 식민지배가 낳고 있는 구조적인 문제들로 인식했으며, 이에 대한 타개책을 모색하는 가운데 구체적인 대안으로 협동조합 운동을 제시했다. 이 당시의 농촌협동조합의 모델은 덴마크의 협동조합이었다. 개신교계에서는 덴마크 농촌에 관련된 서적이 집중적으로 출간되었는데, 덴마크는 한국의 상황과 대단히 유사한 점이 많았다. 단일문화를 가진 단일민족을 강조했었고, 총체적으로 국가가 파탄을 당했던 것도 유사했다. 특히 거의 대다수가 소작인이었던 농민들이 그 시점에서 90퍼센트 이상 자작농으로 전환되었다는 점에서도, 덴마크와 한국의 농촌 상황은 매우 유사했다.

그러나 무엇보다 한국교회가 덴마크의 협동조합을 주목한 것은, 덴마크가 개신교 계통의 루터교를 국교로 채택하고 국민의 90퍼센트가 루터교 신자였다는 점이었다. 이 점은 농촌 문제를 농촌사회 재건 운동과 동시에 기독교 선교 운동이라는 차원에서 해결하고자 했던 개신교계 지도자들에게 좋은 사례가 될 수 있었다. 한국의 개신교인들은 덴마크가 기독교적 협동 정신으로 공동조합을 농촌에 조직하여 성공을 거두었다고 인식한 것이다. 이에 따라 당시 개신교계의 농촌협동조합 운동을 주도했던 YMCA 계열과 장로교 계열은 모두 덴마크 협동조합 운동의 영향을 크게 받고 있었다.[63]

기독교 농촌협동조합 운동은 식민지 민족현실을 직시하며 복음주의 실천론으로서 '기독교사회주의', '사회복음주의'와 같은 진보적인 사회사상을 적극 수용한 것과도 깊은 관련이 있었다. 이러한 기독교 사회주의에서는 맑스주의의 유물사관과 계급투쟁, 폭력혁명론을 부정했다. 대신 산업사회의 역사적 지평에서 예수님의 하나님 나라 운동과 초대교회 공동체 전통을 재해석하여, 형제애와 협동원리에 기초한 사회적 약자를 위한 대안을 모색하려고 했다. 따라서 사회주의 자체보다는 기독교 본래의 윤리인 사회적 약자 변증에 방점을 두고 있었고, 자본주의에 대한 비판 또한 사회주의적 지향보다는 보편적인 인도주의와 맞닿아 있었다.[64] 오늘날의 논의를 따른다면, 기독교 사회주의는 공동체 자본주의 또는 사회적 경제와 유사한 입장이라고 볼 수 있을 것이다.[65]

1920년대 중반 무렵부터 기독교 언론매체를 통해 이러한 사상들이 활발하게 소개되었는데, 특히 일본의 기독교 사회주의를 대표하는 가가와 도요히코賀川豊彦는 당시 농촌운동을 전개하던 기독교인들의 정신적인 지주라고 할 만했다. 여기서 사회복음이란, 복음이 개인뿐만 아니라 사회도 구원하는 것이 되어야 함을 의미했다. 그런 의미에서 기독교의 농촌협동조합 운동은 피폐화된 농촌사회를 재건할 뿐만 아니라, 궁극적으로 기독교 복음의 확장, 곧 이 땅 위에 천국을 건설한다는 사상적 지향성이 있었다.[66]

오늘날까지 '일본 생협의 아버지'로 불리는 가가와 도요히코는 일본인으로서 일제의 한국 강점을 제일 먼저 공개 사과한 사람이며, 세계 최대의 서민 복지생협 '코프 고베Coop-Kobe'의 설립자이고, 기독교인으로서 '백만 인구령 운동'을 전개한 목사다. 한국교회에서는 다소 낯선 이름이지만 가가와 목사는 우찌무라 간조와 더불어 일본을 대표하는 기독교인이다. 빈민·노동·농민운동 등 일본 사회운동의 기초를 놓았고, 노벨 평화상 후보로 두 번이나 추천되기도 했다.

가가와 도요히코는 고베신학교에 재학 중이던 1909년 12월 고베 빈민굴에 들어가 빈민운동을 벌인 데서 시작하여, 미국 프린스턴신학교 유학을 마치고 귀국한 뒤 기독교 사회운동에 뚜렷한 자취를 남겼다. 당시 가가와가 주창한 것은 맑스주의 유물사관과 구별되는 '애愛의 사회주의'였다. 그는 생명가치, 노동가치, 인격가치를 강조하면서, 예수님의 가르침대로 이웃사랑의 큰 틀에서 생명과 노동과 인격적인 자유에 기초한 사회를 실현하는 '신국운동'과 '애의 사회주의'를 주창했다.[67]

이렇게 가가와의 사상을 통해 이론적 기반을 마련한 한국의 기독교 사회주의가 그에 걸맞은 실천을 모색하면서 찾아낸 것이 바로 협동조합이었던 것이다. 협동조합은 자본주의적인 영리 본위에서 벗어나 애의 사회원리를 실현하는 가장 기본적인 기구로 받아들여졌다. 당시 한국 개신교계를 대표하는 협동조합 이론가이자 실천가로는 유재기를 들 수 있는데, 그는 자본주의를 타락시켜 현실생활을 죄악으로 빠뜨린 개인주의적 이윤추구의 폐해를 지적했다. 그러면서 협동조합이야말로 그 대안으로서 경제생활에서 그리스도의 사랑을 철두철미하게 실천하는 길이자 신앙을 생활화하는 유기적 조직체라고 높이 평가했다.[68] 이런 차원에서 그는 초기에는 재정부족의 문제를 해결하기 위해 신용조합에 관심을 가졌고, 이후에 소비조합에도 관심을 갖기 시작했다. 이것은 장로교회의 농촌운동이 조선물산장려회에 연계되어 소비합리화운동을 전개하고 있던 것과 관련이 있었다.

1928년 이후에는 YMCA를 중심으로 한 기독교 농촌 협동조합 운동이 본격적으로 전개되었다. 1929년 장로교 총회 농촌부에서는 공동구매와 공동판매까지 포함된 중앙신용조합을 설립하고 그 활동이 각 노회와 각 교회에까지 미치도록 결의했다. 여기서 주목되는 점은, 신용조합임에도 불구하고 조합규칙을 보면 기독교화를 목적으로 하고, 조합원은 예수교 신자로 한

정했다는 것이다. 이외에도 감리교회는 1928년 10월에 농촌사업위원회를 구성하고 농촌사업부를 설치하여 농촌운동을 전개했고, YWCA도 농촌부를 설립했다.

그러나 이러한 협동조합 운동은 1930년대 중반 이후 개신교계가 대내외적으로 어려움에 처하게 되면서 심각하게 동요되었다. 안으로는 장로교회 내의 보수적 인사들의 비판에 부딪쳤는데, 그들은 농촌운동에 참여하는 것이 교회의 본분이 아니라고 주장하면서 농촌부 폐지를 촉구했다. 밖으로는 농촌협동조합 운동을 향한 일제의 대대적인 탄압이 시작되었다. 그것은 일제가 협동조합 운동을 반일운동으로 파악했기 때문이었다. 이후 농촌협동조합 운동을 전개하던 대부분의 인사들이 체포, 투옥되었기 때문에 농촌협동조합 운동은 더 이상 발전하지 못했다.

한국의 협동조합 운동은 8·15광복 이후에는 좌우 대립으로 인한 혼란과 6·25전쟁 등으로 싹이 트지 못하다가, 1958년 충남 홍성에 풀무농업고등기술학교를 설립한 이찬갑이 풀무소비자조합을 결성하면서 다시 시작되었다. 이찬갑은 남강 이승훈과 인척지간으로, 남강의 이상촌 건설의 뜻을 협동조합으로 실현하려고 했다. 이후 1960년 부산에서 수녀들이 성가신용협동조합을 결성했으며, 1969년도에는 영등포도시산업선교회에서 조지송 목사가 영등포산업개발신용협동조합을 결성했다. 1970년대에 들어와서는 전국 각지에서 신용협동조합이 결성되었다. 특히 고리채로 고통을 받고 있던 농촌에서 신협은 큰 역할을 했다. 예장(통합) 농어촌부의 곽재기 총무가 농촌교회를 통해 농촌신협을 조직하는 일에 크게 기여하기도 했다.[69]

이상에서 살펴본 것과 같이, 우리나라에서 일어났던 기독교 협동조합 운동은 일제 강점기에는 농경사회 속에서 교육과 경제협동을 통해 개인과 사회의 자강을 이루고, 나아가 민족 독립의 역량을 기르려는 목표가 있었다.

동시에 신앙적으로는 하나님 나라를 이 땅에서 이루려는 목적의식도 있었다. 또한 8·15 광복 이후 1980년대까지는 한국 전쟁의 충격과 농경사회에서 산업사회로 전환이 이루어지는 이행기의 혼란 속에서 양산된 사회적 약자들의 절박한 생존 문제를 해결하는 데 목적이 있었으며, 나아가 그것을 통해 전도와 선교의 영역을 확장하려고 했다.

1990년대 이후에는 공업 중심의 도시 문명이 자리 잡고 농촌이 붕괴된 상태 속에서 협동조합 운동이 '생명'의 문제에 조응했다. 농민들은 협동조합, 영농조합, 법인공동체 운동 등을 통해 경제적 삶의 문제와 생명의 문제를 결합했다. 도시 소비자들은 생협 운동을 통하여 건강의 문제와 함께 생명 파괴 문명을 극복하고자 했다.[70]

협동조합의 선교적 가능성

위에서 살펴본 바와 같이 우리 역사에서 협동조합 운동은 기독교 정신을 바탕으로 하여 전개되었으며, 협동조합을 포함한 공동체 자본주의는 자본주의 체제에 대한 성경적, 시대적 대안으로서 경제 정의를 지향해 왔다. 이러한 공동체 자본주의는 곧 청교도 정신과도 일맥상통하는 것이다. 근대자본주의가 프로테스탄티즘으로 태동되었고, 처음 태동될 때부터 이미 공동체 정신을 그 핵심요소의 하나로 가지고 있었기 때문이다.[71] 따라서 공동체 자본주의에 터한 협동조합 운동에 교회가 참여하는 것은 매우 의미 있는 작업이다. 본래 청교도 윤리에서 유래한 자본주의 정신을 되찾고 왜곡된 자본주의 때문에 피폐화된 현대인들에게 공동체를 제공해 주는 일은 기독교만이 할 수 있는 일이기 때문이다.

이것은 성경의 가르침과도 통하는데, 먼저 서로 협력하는 협동의 방식은 성경에서 자주 강조하는 것이다. 그리고 경제적인 약자들이 공동체적인 방식으로 경제 문제를 해결하려고 하는 것은 초대교회 신앙공동체의 공동생활을 현대 사회에 적용하려는 시도이다.[72] 협동조합은 또한 온전한 인간 회복을 이루어 가는 희년 사상과 맞닿아 있다. 구약성경 레위기 25장에 나오는 희년은 자유와 해방의 안식과 더불어 인간과 자연의 온전한 회복을 말한다. 뿐만 아니라 성경에서 '고아와 과부'로 표현되는 사회적 약자에 대한 보호와 배려는 성경을 관통하는 실천적인 정신이며, 협동조합 정신은 이러한 성경의 가르침과 일맥상통하는 것이다.

협동조합 정신은 민주적인 협동을 통하여 자본 중심이 아니라 사람 중심으로 사업을 운영하고자 하는 것이다. 이로써 협동조합 정신은 경쟁적인 인간관계를 극복하고 상호존중, 공존을 도모하는 공동체 정신을 함양하여 인간적인 사회를 건설하는 데 유용한 도구가 될 수 있다. 특히 농촌사회의 경우 전통적인 공동체가 붕괴되고 있는 최근의 상황을 고려할 때, 협동조합 운동을 통해 새로운 공동체적인 마을을 만들어 나가는 일이 매우 중요하다고 하겠다. 여기에서 교회의 역할이 중요하다. 교회는 사회의 다양한 인간과 영역을 소통케 하고 통합시켜 나갈 수 있는 능력이 있기 때문인데, 앞에서 언급했듯이 이미 우리 역사에서 이러한 가능성을 보여 주었다. 교회의 협동조합 운동을 통하여 주민들이 협동의 가치를 몸에 익히고 실천해 나간다면 새로운 사회를 열어 갈 수 있을 것이다.

협동조합은 조직이 자발성에 기초하고 있고, 운영이 민주적이며, 사업 활동이 자조自助적이고, 경영이 자율적이라는 점에서 공기업과 구별되는 특징이 있다. 또한 경제활동의 목적이 조합의 이윤 추구에 있지 않고 조합원에게 봉사하는 데 있다는 점에서 주식회사와도 구별된다.[73] 주식회사는 주주들의 1주당 1표다. 반면 협동조합은 출자자들 1인당 1표다. 다시 말해서 주식회사에서는 주식을 많이 가지고 있으면 대주주가 되고 의사결정권이 커지지만, 협동조합에서는 모두의 의사결정권이 동등하다는 것이다. 주식회사는 물건을 비싸게 팔아서 남긴 이윤을 주주들이 나눠 갖는 반면에, 협동조합은 물건을 싸게 팔아서 이용자들이 혜택을 누린다. 이런 점에서 협동조합은 에너지와 식량 문제, 저출산 고령화 문제, 그리고 세계 경제 불평등의 문제에 대해서도 대안이 될 수 있을 것으로 주목받고 있다.[74]

이에 따라 협동조합이 경제민주화에 이바지하는 새 물결이 될 것으로 여겨지고 있다. 단순히 경제 개발이나 성장이 아니라 경제민주화가 주요 화두가 되고 있으므로 다양한 대안 경제 운동에 관심을 가질 필요가 있다. 2012년 12월에 협동조합기본법이 발효되면서 우리나라 협동조합 운동은 전환기를 맞았다. 이 법에 따라 마음이 맞는 사람 다섯 명만 있으면 누구든 큰 자금이 없어도 협동조합을 만들 수 있다. 협동조합기본법이 발효되기 전에는 사회적 기업이나 커뮤니티 비즈니스가 개인 기업이나 주식회사 형태로 운영되어 목적과 수단이 엇박자가 나는 경우가 많았으나, 이제는 사회적 기업이나 마을 기업을 협동조합 형태로 조직하여 몸에 맞는 옷을 입게 되었다는 평가를 받고 있다.

이를 통하여 협동조합은 지역 활성화와 지역 주민들이 더불어 사는 마을 만들기에 기여할 수 있다. 협동조합은 일정한 지리적 영역 안에 거주하는 지역의 구성원들이 목적과 가치를 공유할 수 있는 여건을 만들고, 그러한 목적을 달성할 수 있는 사회적 역량을 구축해 나가는 일련의 조직화된 활동을 전제로 하는 지역공동체 운동과도 맞닿아 있다. ICAInternational Cooperative Alliance: 국제협동조합연맹의 협동조합 7대 원칙 중에는 지역사회 기여의 원칙이 있으며, 실제로 많은 협동조합이 지역공동체 운동에 관여하고 있다.[75]

바로 여기에 협동조합 운동의 선교적 가능성이 있다. 1부에서 이야기한 것처럼, 현대 선교는 좁은 의미의 복음 전도만이 아니라 고통 받는 인간들이 본래의 하나님의 형상을 회복하게 하는 차원을 포함하는 전인적인 선교를 지향한다는 점에서 그러하다. 특히 최근에는 비즈니스를 선교에 활용하는 이른바 BAMBusiness As Mission 사역이 주목을 받고 있는 등, 협동조합을 통한 선교의 가능성은 매우 넓다고 하겠다. 비즈니스 선교는 좁게는 비즈니스를 통하여 선교 활동을 지원하는 것을 의미하고, 넓게는 비즈니스 자체를 선교로 이해하고 비즈니스와 선교가 통합된 형태로 운영되는 것이다. 여기에다가 지역교회들이 교회가 터한 지역사회에서 선교적 사명을 감당하는 것을 중시하는 선교적 교회의 관점이 강조되면서, 협동조합을 통한 지역공동체 운동 역시 매우 중요한 선교적 차원의 운동으로 대두되고 있다.

바람직한 협동조합 참여 방안

최근 우리 사회에서 사회적 경제나 공동체 자본주의에 대한 관심이 고조되면서 협동조합에 대한 논의가 활발하게 전개되고 있다. 특히 중앙정부를 비롯해서 지방자치단체에서도 협동조합의 긍정적인 측면에 주목하여 협동조합 설립을 독려하고 있다. 그러나 이것이 지나치게 거시적인 차원이나 이론적인 논의에서 그칠 것이 아니라 실제 삶의 현장에서 실천될 수 있는 다양한 방안들이 모색되어야 한다. 또한 행정 지원 이전에 더욱 중요한 것은 사람들의 인식 변화와 공감대 형성을 통한 역량 강화이다. 주민들이 실제로 그러한 일에 참여하거나 감당할 만한 준비가 되어 있지 않은 상황에서 행정기관이 하달하는 식top down으로 전개되면 본래의 취지가 왜곡되기 쉽다.

사회적 기업이나 마을 기업 등에서 실제 일을 담당해야 할 주민들의 역량이 부족함으로 말미암아 많은 부작용이 일어나고 있는 것이 우리 사회의 현실이다. 지금 상황에서는 협동조합들도 초기에 많은 시행착오를 겪을 것으로 예상된다. 협동조합이 주목을 받으면서, 마치 협동조합이 만병통치약이라도 되는 양 일단 설립부터 하고 보자는 식으로 우후죽순처럼 협동조합이 생기고 있다. 심지어는 의료협동조합을 빙자한 사무장 병원이라든지, 불법, 편법 영업을 하는 협동조합 등 심각한 부작용도 적지 않게 나타나고 있다.

그러므로 막연한 장밋빛 전망과 기대는 금물이다. 협동조합을 하려면 자금이 있어야 하는데, 자금은 내부에서 마련하는 것이 바람직하지만 필요에 따라서는 외부에서도 조달할 수 있어야 한다. 또한 앞에서 살펴본 바와 같이 협동조합에서 수익성은 매우 중요한 요소다. 그런데 협동조합은 이익을 최우선으로 하지 않고 사람을 더 중시하므로, 직원들에게 적정 수준의 임금을 지불하고 적정한 근무 환경을 제공하려고 하게 된다. 이것은 곧 수익성의 약화를 가져오기 쉽다는 이야기이므로 이 둘 사이의 적절한 균형을 이루는 것이 관건이다. 외국에서는 이미 협동조합의 가치와 정체성, 그리고 경쟁력 사이의 딜레마에 빠져 실패하는 사례들이 많이 있다.[76] 또한 조합원들이 대부분 사업 경영 전문가가 아니라 사회운동가나 활동가로서의 성격이 강하기 때문에 사업에 대한 전문성이 부족한 경우가 많다.

그리고 일방적으로 밀어붙이지 않고 느리더라도 함께 가는 민주적 의사결정 절차 때문에 상대적으로 모든 과정을 더디게 거쳐야 한다는 점도 중요하다. 제도도 이제 막 마련되는 만큼, 그러므로 먼저 조합원들에게 충분한 동기를 부여하고 그들의 역량을 키우는 것이 필요하다. 그리고 몬드라곤 협동조합의 사례에서 보듯이 초기의 정신과 취지를 잘 유지하도록 노력하는 것도 반드시 염두에 두어야 할 부분이다.

이를 위한 방법이 바로 조합원들에 대한 교육이다. 정기적인 교육을 통해서 협동조합의 가치와 정신을 잊지 않도록 하는 것이 중요하다. 한 협동조합 전문가는 "협동을 할 것인가, 협동조합을 할 것인가 곰곰이 생각해 봐야 한다."라고 말한다. 협동조합을 설립하여 인가를 받는 것이 중요한 것이 아니라 협동의 정신을 살리는 것이 더 중요하다는 말이다. 이러한 협동의 정신을 통해 다양한 대안 경제 운동을 벌인다면, 현대 자본주의 사회의 문제와 위기를 극복하고, 지역사회를 활성화하고 공동체로 만드는 데 기여할 수 있을 것이다.

협동조합의 목적이 단순히 이윤 추구가 아니라 협동을 통해 다양한 사회 문제 해결에 참여하고 공동체 운동을 일으키는 것이라는 점에서, 교회가 협동조합에 참여하는 것은 매우 의미 있는 일이다. 특히 지역공동체가 활성화되어 있는 외국과 달리 공동체에 대한 관심이 여전히 부족한 한국사회의 현실에서, 선구적 공동체인 교회들의 협동조합 운동에 기대할 수 있는 것들이 더 많이 있다.

협동조합이 커뮤니티 비즈니스에 가장 적합한 형태로 여겨지는 만큼, 교회가 협동조합 운영에 참여하는 방법은 앞 장에서 설명한 바와 같다. 사업 역량의 측면에서 개교회가 협동조합을 운영하는 것은 여러 가지 위험 부담이 있는 것이다. 또 한편으로 교회가 협동조합이라고 하는 일종의 경제활동에 참여하는 것은 정치활동에 참여하는 것만큼이나 민감한 문제이다. 따라서 교단이나 노회 차원에서 먼저 실험적으로 시행을 한 후에 그 경험을 바탕으로 개교회가 참여할 수 있도록 지원하는 것이 바람직하다.

노회나 지방회는 지역 기반의 교회 조직이고 정기적인 모임을 갖기 때문에, 협동조합을 설립하여 운영할 수 있는 좋은 여건을 갖추고 있다. 예장 통합 교단의 충남노회가 운영하고 있는 협동조합이 좋은 예가 될 것이다. 지적했듯이 교계에는 아직 협동조합이나 공동체 자본주의 활동에 도움을 줄 만한 중간지원 조직이 거의 전무하므로, 이러한 기관을 초교파적으로 설립하여 개교회들을 지원하는 것도 좋은 방법이다.

교회가 협동조합을 주도하는 경우에 조합원인 교인들의 신앙을 지나치게 강조하게 되면, 오히려 협동조합에 대한 이해나 인식이 왜곡될 우려가 있어 주의해야 한다. 협동조합은 교회가 전통적으로 해 온 봉사나 구제와 같이 시혜적인 차원에서 할 일은 아니다. 앞에서부터 강조해 왔듯이 협동조합은 조합원 스스로의 권리와 이익을 위한 '당사자 운동'이기 때문이다. 협동조합의 기본 전제는 자발성이다. 협동조합은 자발성을 기반으로 한 협동이 그 정체성이다.[77] 그러나 대부분 교회가 참여하는 협동조합은 목회자가 주도하여 교인들의 소명을 강조함으로써 동기부여를 하는 방식이므로, 이 역시 일종의 위로부터의 방식이라는 한계가 있다. 이러한 방식은 조합원들의 자발성 부족 때문에 지속 가능성이 있기 어렵다.

그러므로 목회자는 협동조합을 주도하기보다, 교인들 스스로 협동조합의 의미와 정신을 이해하고 자발적으로 참여할 수 있도록 지속적으로 교육하는 매우 중요한 역할을 해야 한다. 이것은 협동조합을 운영해 온 거의 모든 사역자들이 공통으로 강조하는 부분이기도 하다. 교육은 조합원 구성 단계에서부터 지속적으로 이루어져야 한다. 단순히 선한 일에 동참하자는 식으로는 안 된다. 협동조합이 정확하게 무엇이고, 이를 통해서 어떤 활동을 하게 될 것이며, 그것을 통해서 얻는 유익이 무엇인지 정확하게 교육해야 한다. 그래야 조합원들인 교인들이 목표와 지향에 대해 구체적으로 사고할 수 있고, 의사결정 과정에도 보다 적극적으로 참여할 수 있게 될 것이다. 농촌 지역에는 기존의 농업협동조합이나 영농조합 등의 활동이 있기 때문에 협동조합 자체가 아주 낯설지는 않지만, 그렇지 않은 도시 지역에서는 이러한 교육이 제대로 이루어져야 의미 있는 활동을 기대할 수 있다.

이를 위해서 교회에서는 협동조합뿐만 아니라 교회의 사회적 책임, 교회와 사회봉사, 그리고 지역공동체 운동에 대한 다양한 교육과 활동을 함께 전개할 필요가 있다. 이것은 협동조합을 할 수 있는 여건을 조성하고 교회의 역량을 강화하기 위해 반드시 필요한 요소다. 오랫동안 지역에서 공동체 운동을 주도하고 함께 참여한 교회가 지역으로부터 신뢰를 얻고 호응과 지지를 받는 사례가 많다. 교회가 협동조합을 설립하고 운영하는 데 그러한 신뢰와 지지가 긍정적으로 작용하는 것은 물론이다.

6. 지역공동체를 지향하는 교회의 작은도서관

요즘 작은도서관을 운영하는 교회들이 늘고 있다. 교회가 지역사회의 필요를 채워 주기 위해서, 또는 지역 선교의 차원에서 주민들과의 접촉점을 마련하기 위한 하나의 방편으로 도서관을 세우고 운영하는 것이다. 어떤 이유로든 교회가 지역사회에 관심을 갖고 사역하는 것은 좋은 일이다. 그러나 도서관에 대한 기초 지식조차 없이 도서관 사업이 일종의 트렌드가 되어, 붐이 일어나니까 남들을 따라하듯이 해서는 소기의 목적을 달성하기 어렵다. 또한 지나치게 교인 확보의 차원에서 이루어져서 부작용을 낳거나, 실제로 운영이 되지 않고 방치되어 있는 경우도 많다.

이 장에서는 교회가 작은도서관을 운영하는 데 지침이 될 수 있는 기본 자료를 제공하고, 교회의 작은도서관이 하나의 지역공동체 운동으로 전개되어야 하는 이유를 생각해 보고자 한다. 이를 위하여 도서관의 공적인 기능에 대해 알아보고, 지역공동체와 관련지어 작은도서관의 개념과 역할을 살펴본 후에, 교회 작은도서관의 활용 방안에 대해서도 간략하게 논의하도록 하겠다.

도서관과 공공성

1) 도서관의 발전

인류 최초의 도서관은 황하 및 인더스강 유역과 더불어 메소포타미아와 이집트 문명의 발상지에서 생겨났을 것으로 추측되고 있다. 이미 기원전 고대 문화에 초기 형태의 도서관이 존재했다고 보는 것이다. 그리고 중세에는 거의 종교적인 도서관으로서 수도원과 대성당, 교회의 보호 아래 도서관이 확장되었고, 중세 후기에는 대학 도서관이 도서관 문화에서 중요한 역할을 담당하기 시작했다. 이후 절대주의 근대문화 속에서 몇몇의 학술도서관과 국립도서관이 등장했고, 대학도서관도 더욱 발전된 형태를 띠게 되었다.

근대 시기에 도서가 인쇄되면서 도서관 장서가 확충되고, 자료를 체계적으로 조직화하기 위한 사서들의 연구가 시작되었으며, 비로소 대중의 도서관 이용이라는 개념이 출현하게 된다. 그러면서 독서 단체와 그들의 독서 시설이 18세기의 대중 교육에서 큰 역할을 수행했으며, 계몽시대의 사상은 독서층을 부인과 시민에게까지 확대해 나갔다. 그와 함께 독서의 장을 찾는 요구가 높아졌기 때문에 도서관과 독서시설을 제공하려는 움직임도 다양한 형태를 취하게 되었다.

18세기와 19세기는 대중 도서관의 시대라 할 수 있다. 이 시대에는 일반 독서대중의 세속적인 지적 욕구를 바탕으로 회원제 도서관이 탄생했다. 이는 공공도서관의 발전으로 이어졌다. 지역의 모든 주민을 대상으로 공공비용을 지원하여 명확한 법적 근거를 가지고 무료로 운영되는 공공도서관이 각국에 출현한 것이다. 이에 따라 일반 대중을 위한 교육과 정보 전달, 문화생활, 여가 이용 등에 이바지할 수 있는 새로운 기원이 열렸다. 특히 영국과 미국은 이 시기에 그들의 앞선 문화를 바탕으로 세계의 도서관 문화 발전을

선도하는 역할을 하게 된다.[78]

특히 19세기에는 공교육 개념이 도입됨으로써 공립학교가 발달했으며, 성인교육에 대한 사회의 관심이 증가하여 국가가 도서관 봉사를 공공의 재원으로 지원할 필요성에 대한 폭넓은 공감대가 형성되었다. 이러한 공감대는 근대 국가의 건설에 요구되는 지식과 도덕성을 갖춘 국민을 양성해야 하는 사회의 필요에 기초한 것으로서 공공도서관 설립의 토대가 되었다. 이러한 배경에서 근대 공공도서관은 19세기 중반 미국과 영국을 중심으로 크게 발전하기 시작했다.[79]

2) 도서관과 공공성

17세기 이전까지 서구의 도서관은 주로 왕실이나 귀족, 사제 계층의 학문과 종교 의례, 통치를 돕는 도구로 존재해 왔다. 그러다가 18세기 시민혁명과 산업혁명 이후 근대 시민사회의 출현과 함께 전통의 특권 계급을 대상으로 봉사하던 방식에서 벗어나, 민중 교육기관으로서 사회의 모든 구성원에게 봉사하는 방향으로 서비스가 변화되었다. 이 시대의 도서관들은 소수 특권 계층에게 독점되었던 지식 정보 접근권을 다수의 민중에게로 확대했으며, 모든 사람들에게 동등하게 지식 정보 접근이 보장되어야 한다는 인식을 널리 확산시킴으로써 공공도서관이 출현할 수 있는 여건을 조성했다.

이러한 서구 근대의 발전 과정에서 탄생한 공공도서관은 귀족과 왕실로부터 도서관이 분리되어 민중 영역에서 자율성을 띠고 발생했다는 점에서 의미가 있다. 이러한 공공도서관은 독서 공중을 형성하고 이들을 통하여 사회 여론을 형성하는 중요한 매개 공간을 제공했다.[80] 이런 점에서 근대 도서관은 '공공영역'으로서의 기능을 수행한 것으로 이해할 수 있다. 공공영역이란 국가영역에 속해 있지 않으면서 동시에 사생활의 영역으로부터도 일정한 거리를 유지하고 있는 공간으로서, 개인들 사이의 자유로운 의사소통과 서로에 대한 이해를 지향하는 공간이다. 이러한 공공영역은 한편으로는 비판 담론을 형성하고, 다른 한편으로는 불특정 다수로서의 민중들을 의식 있는 공중으로 성장시키기 위해 교육하는 기능을 수행한다.[81]

이런 점에서 도서관이 공공영역으로서 수행하는 기능은 양질의 도서를 제공함으로써 시민 교육의 기능을 담당하는 것이다. 이러한 도서관의 기능에는 그 도서를 이용자들이 읽고 스스로 학습하게 하는 방식과, 강좌나 강습회, 문화 활동 등을 통하여 이용자들에게 직접 교육 서비스를 제공하는 방식도 있다. 이러한 활동을 통해 사회에 대한 여론을 형성하고 민중을 공공의 토론에 참여하게 하여 주체적인 시민의식과 비판 담론을 형성하는 일 역시도 도서관이 수행하는 기능이 될 수 있다.[82]

이처럼 공공도서관은 대중의 지식 역량을 강화하고 도덕에 기초한 자기 통제능력을 배양하기 위한 시설로 운영되었다. 이것은 근대 이후 사사로운 관심의 영역에 머물러 있던 일반 대중이 점차 공공의 관심영역으로 등장하게 되었다는 것을 보여 준다. 곧 민중은 강제와 억압을 통해 사사로운 영역에 머물게 해야 할 대상이 아니라, 그 역량과 자율성을 보호하고 강화시킴으로써 공공의 영역으로 나아오게 해야 할 대상이라고 여겨지게 된 것이다. 공공도서관이라는 시설에 부여된 계몽과 계도라는 사명은, 따라서 민중이 공공의 영역에서 자신의 권리와 의무를 충실히 수행할 수 있도록 하기 위한 차원에서 이해할 수 있다.[83]

공공도서관의 변화

공공도서관은 자연적으로 지역사회의 중심지에 위치해 있는데, 이것은 공공도서관이 모든 이들에게 개방적이고 접근 가능할 수 있도록 기능하기 때문이다. 공공도서관은 모든 연령대와 다양한 사회경제적 배경을 가진 이들, 또는 신체장애를 가진 이들도 이용이 가능하도록 서비스를 제공한다. 뉴욕 맨해튼에 위치한 공공도서관에는 구텐베르크의 성서, 토머스 제퍼슨의 자필 「미국 독립 선언」 초고, 콜럼버스의 편지 등 역사적 가치가 있는 자료를 비롯해 방대한 양의 사진, 판화, 지도 등이 소장되어 있다. 곧 세계 최고 수준의 장서와 소장품을 자랑하는데, 동시에 낮은 문턱으로도 세계 최고로 알려져 있다. 시민의 대학으로서 전세계에서 가장 개방적이라는 이 도서관에는 이곳에서만 볼 수 있는 자료를 찾아 해외에서도 많은 사람들이 찾아온다. 이와 같이 공공도서관은 모든 사람들이 이용할 수 있도록 개방적이라는 것이 주요 특징이다.[84]

최근에는 공공도서관이 점차 변하고 있는데, 단순히 도서 관련 업무를 넘어 지역사회와 관련된 다양한 프로그램을 진행하는 것이다. 미국 내에서 가장 이상적인 도서관이라 평가받는 펜실베니아의 밀라노프-쇽Milanof-Schock 마을 도서관에서는 개에게 책 읽어 주기, 책으로 연극하기, 엄마와 함께 춤추기 등 다양하고 재미있는 프로그램들이 마련되어 있다. 이곳은 학교와 다른 방식으로 아이들과 지역사회에 무엇을 나누어 줄 것인지 늘 고민한다. 그것이 미국 내 최고의 도서관으로 뽑힌 비밀의 열쇠였다. 영국의 휴양 도시 브라이튼의 해변가에 위치한 쥬빌리Jubilee 도서관은 아빠와 함께 이용하는 도서관으로 명성이 나 있다. 휴일에 아빠들이 아이들의 손을 잡고 도서관으로 와서 아이들과 함께하는 것은 '베이비 부기Baby Boogie'다. 이는 도서

관에서 아빠와 함께 춤을 추는 프로젝트를 말한다.[85]

실제로 공공도서관은 지역 역사와 문화에 대한 정보와 이와 관련된 프로그램의 주요 공급원이 되고 있으며, 지역사회의 삶을 증진시키기 위해 다른 기관들과 협력하고 있다. 이런 점에서 공공도서관은 지역사회에서 매우 중요한 위치를 차지하고 있다고 볼 수 있다.[86] 지역사회는 사회적 상호작용과 토론, 협동을 위한 시민공간을 절실히 필요로 하며, 전문화와 민영화가 지배적인 사회에서도 일반적이고 공적인 장소는 필요하게 마련이다. 이런 점에서 도서관 이용자들은 단순히 고객이 아니라 도서관 이용과 개발 책임을 공유하는 지역사회의 파트너가 되고, 공공도서관은 지역사회 구성원들이 지역사회의 정체성을 이해할 수 있도록 역사, 자연환경, 경제, 정부, 문화와 예술 및 사회에 관한 자료와 서비스, 프로그램을 제공할 필요가 있다.

앞에서 소개한 뉴욕의 공공도서관은 연구 목적의 본관과 별개로, 산재한 85개의 지역 분관들이 지역에 뿌리내리고 활동하고 있다. 이 분관들에서는 서적부터 의료 건강 정보에 이르기까지 다양한 자료를 소장하고 있을 뿐만 아니라 관련 강좌를 개설하고 있고, 취직이나 전직, 기술 향상을 목적으로 하는 사람들도 다양하게 지원한다. 또한 학교 교육을 보완하는 교육 기관으로서 숙제 보조, 독서회, 교사의 수업 계획을 지원하고, 취학 전 아동에게는 독서의 즐거움을 주며, 부모에게는 독서에 관한 힌트를 가르쳐 주기도 한다. 또한 다문화 사회에서 이민자를 위한 다양한 서비스를 제공함으로써 귀중한 사회 인프라로서의 역할도 담당하고 있다.

공공도서관은 이러한 교육 기능과 함께 시민들의 공론이 이루어질 수 있도록 다양한 방안을 강구해야 한다. 시민 토론은 민주주의 사회와 공동체 운동에서 매우 중요하다. 공공도서관은 지역사회의 강의나 공적인 모임을 후원할 수 있고, 이 모임을 위해 장소를 제공할 수 있다. 또한 선거 시에 후보들의 공개 토론을 유치함으로써 시민들의 토론과 상호작용을 장려하고 촉진하는 식으로도 지역 사회와 공동체를 위해 기여할 수 있다. 이러한 공공의 기능 때문에 지역공동체 운동의 차원에서 도서관이 주목을 받는 것이다.

작은도서관과 지역공동체 운동

1) 작은도서관의 개념과 역사

작은도서관을 통한 주민과 교회의 지역공동체 운동을 살펴보는 것이 이 글의 목적이므로, 여기에서는 앞서 살펴본 관이 주도하는 공공도서관에 이어서 주민들이 활동하는 작은도서관에 대하여 자세히 살펴보려고 한다. 우리나라에 근대적 개념의 도서관이 처음 생긴 것은 19세기 말 개화기였다는 것이 가장 일반적인 견해이다. 이후 일제강점기를 겪으면서 도서관은 한국어 말살과 극심한 출판물 규제 등으로 좌절들을 겪으면서도 일제에 저항하려는 애국운동 차원에서 중요시되었다. 해방 이후에는 국민들을 민주 사회에 적응하게 하고 민주주의 시민 가치를 구현하고자 하는 노력에서 도서관이 중요한 역할을 담당했다. 이러한 노력들은 점차 공공도서관의 확산과 작은도서관의 모태라고 할 수 있는 공부방, 문고 등이 확산되는 결과를 낳았다.

1960년대의 문고 운동은 '농어촌마을문고보급회'를 만든 엄대섭 선생과 같이 주로 도서관에 관심을 가진 인물들이 국민 계몽 운동의 일환으로 한 것이다. 당시 마을문고 운동은 열악한 한국의 공공도서관 상황을 개선하기 위한 민간 주도의 풀뿌리 운동으로서, 지역사회의 최전방에서 전개된 민간 영역의 독서운동이었다. 이후 1970년대에는 새마을운동으로 문고 수가 확대되었고 전국적인 관심을 받기에 이른다. 마을문고는 전국으로 확산되어

1974년에는 이미 3만 5천 개가 넘는 문고가 설치되었고, 농어촌 중심의 문고는 점차 도시형 문고로 교체되었다. 그리고 아파트 단지나 교회에서도 문고 설치가 부분적으로 이루어지고 독서 캠페인이 벌어졌다.

1981년에는 군사정권이 문고를 새마을운동 체제에 흡수시켜 '새마을문고'가 되었다. 이 시기에는 산업화와 도시화로 도시 지역의 독서 운동이 강조되면서 문고가 대형화되는 현상을 보인다. 그러나 행정의 힘을 빌어 한꺼번에 우르르 생겨난 새마을문고는 대부분 문고의 형식만 갖추고 관리를 위한 봉사자가 있을 뿐이었다. 아예 방치되어 있거나 이용자가 찾아오면 그때서야 열쇠로 문을 열고 공간을 개방하는 곳도 많았으며, 그만큼 보유한 책의 질도 낮았다. 이러한 문고 운동은 1980년대 말 새마을 비리사건이 일어나면서 결국 대중들의 호응을 잃어 가게 되었다. 그리고 90년대 들어서면서 정보화 사회로의 진전은 문고 운동을 더욱 위축시켰다.

그 후 1994년에 작은도서관협의회가 결성되어 전국적으로 작은도서관 건립 운동이 일어났다. 그러나 이때는 공공도서관의 협조 미비로 운동이 크게 활성화되지는 못했다. 그러나 시민들의 자발적인 작은도서관 건립 움직임은 끊이지 않았고, 2000년대 들어서는 정부 차원에서도 작은도서관 확충에 관심을 가지면서 작은도서관이 전 국민적인 관심의 대상으로 부상하기에 이르렀다.[87] 2005년 청와대와 문화관광부, 국립중앙도서관에서 작은도서관 활성화를 위한 TF가 꾸려졌고, 2006년 국립중앙도서관에 작은도서관 진흥팀이 생겨 작은도서관 건립과 운영에 많은 관심을 쏟았다.

이상에서 간략하게 작은도서관의 역사를 살펴보았으나, 사실 '작은도서관'은 그 개념이 모호하다. 국립중앙도서관의 작은도서관 진흥팀조차 작은도서관의 일정한 기준을 제시하지 못하고 있을 만큼, 공식적으로 어느 정도 규모의 도서관이 작은도서관인지에 대하여 명확한 합의나 규정이 없다. 단지 작은도서관을 큰 도서관이나 공공도서관의 상대 개념으로 보고 있을 뿐이다. 또한 개정된 도서관법에서조차 작은도서관에 대한 명확한 정의가 없어서, 작은도서관 관련 사업을 진행할 때 여러 가지 문제가 야기되는 것이 현실이다. 국립중앙도서관에서 개최한 보고회에서는 어떤 지자체에서 작은도서관을 도서관으로 볼 수도 없고 문고로 볼 수도 없으므로 신고도 등록도 할 수 없다고 하여 논란이 있었다. 담당부서 간에 작은도서관과 관련된 업무 처리를 서로 미루기도 하는데, 이유는 도서관을 담당하는 부서와 문고를 담당하는 부서가 다르기 때문이라는 웃지 못할 내용도 있었다.

2007년에 개정된 도서관법 시행령에 따른 도서관의 법적 기준은 공립 공공도서관의 경우 건물 면적은 264평방미터 이상, 열람석 60석 이상, 기본 장서 3,000권 이상으로 명시되어 있다. 한편 문고는 건물 면적 33평방미터 이상, 열람석 6석 이상, 기본 장서 1,000권 이상으로 되어 있다. 따라서 일반적으로 작은도서관이라고 할 때는 도서관법상 문고에 준하는 도서관이라고 이해할 수 있다. 2012년에 제정된 작은도서관 진흥법에도 작은도서관을 "공공도서관의 시설 및 도서관자료기준에 미달하는 도서관"이라고 규정하고 있고, 문고를 작은도서관으로 바꾸어 지칭하고 있다.

이러한 문고 단위의 작은도서관은 2005년 말 기준으로 전국에 2,872개가 등록되어 있으며, 운영주체에 따라 공립문고가 27.1퍼센트, 사립문고가 72.9퍼센트를 차지한다. 특히 전체의 41.6퍼센트인 1,194개소가 경기도와 인천광역시에 분포하고 있어서, 인구밀집 지역인 수도권에 상대적으로 작은도서관이 집중되어 있음을 알 수 있다. 규모는 30평 이하가 전체의 77.4퍼센트, 31평 이상의 규모는 22.6퍼센트를 차지하고 있으며, 문고 하나당 장서를 평균 3,238권 소장하고 있다.[88]

행정적으로는 두 명칭이 혼용되고 있지만, 작은도서관과 문고는 구별할 필요가 있다. 그것은 작은도서관이 갖는 성격 때문이다. 작은도서관은 단순히 '규모가 작은' 도서관을 의미하지 않는다. 최근에 부상하는 도서관에 대한 새로운 관점에 따라 그 정체성을 '지역공동체를 형성하는 구심체'로서 규정해야 한다. 곧 다양한 이용자를 대상으로 서비스를 제공하여 지역사회의 공동체를 형성하는 구심점의 역할을 수행을 하는 공간으로 이해해야 하는 것이다.

특히 문고라는 명칭 대신 '작은도서관'이라는 명칭을 사용하게 된 맥락에는 특별한 의미가 있다. 80년대 말에 관 주도의 문고운동이 부진해지자 이에 대한 반성으로 시민단체 등 민간부문에서 자발적인 참여 운동으로 문고를 설립하면서 '작은도서관'이라고 불렀기 때문이다.[89] 곧 작은도서관은 도서관이나 문고와 같은 '시설' 개념이 아니라 '운동' 개념으로 보아야 한다는 것이다. 현실에서 대부분의 작은도서관들은 실제 규모 면에서도 소형이므로 규모나 시설, 운영 면에서 문고의 범주에 속한다고 볼 수 있지만, 지역공동체 운동이라는 측면에서는 문고와 구별되는 의미에서 작은도서관이라고 부르는 것이 적합하다.

그러므로 작은도서관이란 곧 '작은도서관 운동'을 말하는 것이다. 공사립문고, 주민자치센터, 복지시설, 어린이도서관, 심지어 소규모의 공공도서관이나 분관 등으로 구분되는 명칭과는 관계가 없다. 작은도서관 운동의 취지에 부합한다면 다양한 형태의 시설들을 작은도서관이라고 볼 수 있다.

2) 작은도서관의 역할

우리나라의 공공도서관은 사람들이 주로 각자의 책을 가지고 시험공부를 하는 거대한 독서실로 전락했다. 열람실을 이용하는 사람들이 오히려 이상하게 여겨질 정도다. 21세기의 지식기반 사회라는 오늘날에도 우리나라의 공공도서관은 지역사회의 정보, 문화, 교육센터로서 삶의 질을 향유하기 위해 소통하는 열린 공간이라고 평가하기는 어렵다.[90] 최근에는 우리나라의 공공도서관도 점차 변하고 있지만, 민간 차원에서 이러한 한계를 극복하고자 하는 지역공동체 운동의 일환으로 전개되고 있는 것이 작은도서관 운동이다.

앞에서 살펴본 바와 같이, 문고에서 출발한 작은도서관은 최근에는 과거와는 다르게 성격이 많이 변하고 있다. 기본적으로 소장 정보를 바탕으로 한 정보 서비스를 제공하는 것에는 차이가 없지만, 이제 이용자들은 더 이상 단순한 독서활동 증진을 위한 장으로 작은도서관을 이용하지 않는다. 최근에 작은도서관들은 자발적인 주민의 참여와 다양한 문화 프로그램을 실시하여 도서관을 넘어선 문화공간으로서 역할을 하고 있다. 소장 자료의 단순한 대출·반납만을 주 서비스로 하지 않고, 독서 및 문화 프로그램을 통해 지역 주민들과 연계하여 문화공동체로서의 역할을 수행하고 있다.

이러한 점에서 작은도서관은 '접근이 용이한 생활친화적인 소규모 문화공간으로서, 주로 독서 및 문화 프로그램을 통해 자연스럽게 지역공동체가 형성되는 곳'으로 이해된다. 여기서 접근성이란 주로 10분 이내의 단거리에 있음을 의미한다. 그러나 이것은 단순히 물리적 거리를 넘어, 도서관이 근거리에 없는 지역이나 저소득층 밀집지역 등 문화 복지의 혜택이 절실한 곳에서 접근이 가능한 곳이라는 의미가 있다.[91] "도서관은 빈민의 대학이다", "소외된 사람들의 지적 생명선이다"라는 말은 이러한 작은도서관 운동의 정신을 잘 드러내고 있다.[92]

작은도서관의 역할과 관련하여 미국의 사례를 보면, 미국은 매년 작은도서관을 대상으로 하여 베스트 작은도서관상을 수여하고 있다. 2006년에 이 상을 수상한 도서관이 앞에서 소개했던 밀라노프-쑥 도서관이다. 이 도서관은 지역사회를 대상으로 다양한 활동을 수행하고 있다. 먼저 우리나라의 이동도서관과 비슷하다고 할 수 있는 'Reads on Wheels'는 지역 주민들에게 승합차를 이용하여 도서 및 시청각 자료, 기자재를 대여해 주는 것이다. 서비스 대상이 문맹인 지역 노인이라는 점에서 기존의 이동도서관과는 차별성이 있다고 볼 수 있다. 또한 책 읽어 주기, 컴퓨터 교육 프로그램과 함께, 집에 거주하는 이용자 및 홈스쿨링 학생, 성인을 대상으로 하여 수십 개에 이르는 교육 프로그램을 시행하고 있다. 또한 일반적인 도서관 웹사이트 외에 노인 전용 도서관 홈페이지, 과학 사이트 등을 운영했다. 그 밖에 이주민을 위한 프로그램도 운영하고 있다.[93]

교회 작은도서관을 통한 지역공동체 운동

서론에서도 밝혔듯이 최근 교회들마다 작은도서관에 관심을 보이고 있다. 목회자들의 말에 따르면, 누군지도 모르는 사람들로부터 도서관에 관한 정보를 제공해 주겠다는 스팸 성격의 문자 메시지가 시도 때도 없이 들어온다고 한다. 그러나 작은도서관 운영 실태를 보면 비교적 근래에 건립된 수많은 작은도서관들 중 실제로 운영되고 있는 곳은 채 절반도 되지 않는다. 대부분 간판만 달아 놓고 실제로는 운영하지 않고 있는 것이다.

왜 이렇게 도서관에 관심이 많아졌고, 그럼에도 왜 제대로 운영되지 않고 있는 것일까? 그것은 작은도서관에 대한 이해가 부족하고 운영 목적이 불분명하기 때문이다. 정작 도서관 자체에는 관심이 없고, 도서관 운영 지원금을 받는 것이나 도서관을 통해 주민들과 접촉점을 마련하여 이들을 교회로 유입하는 데만 관심이 있기 때문이다. 그러나 안양에서 의미 있는 작은도서관 운동을 펼치고 있는 한 목회자는 교회 성장을 위해서라면 도서관 운영은 매우 비효율적인 방법이라고 단언한다. 현실적으로 도서관을 통해서 전도를 하기는 매우 어렵기 때문이다.[94]

그렇다면 왜 교회에서 도서관에 관심을 가져야 하는 것일까? 그것은 교회 역시 지역에 속한 공공 단체로서 지역 문제에 관심을 갖고 지역공동체 운동에 참여하기 위해서다. 이것이 복음 전도의 수단을 넘어 성경이 가르치는 이웃사랑의 실천으로서 의미가 있기 때문이다.[95] 이러한 점에서 교회가 관심을 가질 만한 도서관은 단순히 교회 안에 있는 문고나 신앙 서적을 비치한 서가가 아니다. 그보다는 앞에서 살펴본 작은도서관 운동의 관점에서 전개되는 지역공동체 운동이어야 한다. 곧 교회가 책을 통해 마을 만들기에 동참하는 것이다.[96]

작은도서관은 혼자서 자신의 필요를 채우기 위해 책을 읽는 곳이 아니고, 그렇다고 내 아이의 지식 습득만을 위해 이용하는 공간도 아니다. 책을 매개로 이웃과 만나고 소통하며 건강한 문화 교육을 위해 토론하고 대안을 찾아가는 공간이다. 이를 통해 공동체를 형성하게 되는데, 이 역시 자신들만의 닫힌 공동체가 아니라 더 많은 이웃과 지역사회를 향해 나아가는 공동체여야 한다. 거기에서 형편이 어려운 이웃들과도 관계를 맺고, 외국인 노동자나 다문화 가정을 만나서 이웃이 되기도 한다. 동네의 가까운 도서관 안에서 만난 사람들이 지역사회로, 그리고 더 넓은 세상으로 공동체를 확대해 나가는 것이다.

이를 위해서 교회의 작은도서관은 단순히 도서 대출 업무나 열람실 운영의 수준을 넘어 이용자들이 서로 대화하고 소통할 수 있는 기회를 제공할 수 있어야 한다. 아이들을 위해 독서 지도를 해 주거나 읽은 책의 내용에 대해서 독서토론을 한다든지, 좋은 시나 문학 작품을 낭독하는 시간을 갖는 것이 쉽게 시도할 만한 방법이 될 것이다. 여기에 노인들의 참여를 유도하는 것도 좋은 방법이다. 일반적으로 노인은 서비스 제공자보다는 서비스를 받거나 도움을 받는 사람으로 인식되고 있다. 그러나 실제로 복지서비스의 대상인 요보호 노인은 전체 노인 중 소수에 지나지 않는다. 대부분의 노인들은 생각보다 건강하고 활발하게 활동할 수 있으며, 평생을 통해 축적한 많은 지식과 기술을 가지고 있어서 서비스를 제공할 수 있는 조건을 갖추고 있다.

실제로 많은 노인들이 사회 활동을 원하고 있으나 기회가 주어지지 않아 참여하지 못하고 있는 실정이다. 이러한 노인들에게 사회 활동의 기회를 제공한다면, 은퇴로 상실되었던 사회적 지위와 역할을 보충해 주고, 자존감을 향상시켜 주며, 노년기에도 자아성장과 실현을 할 수 있는 기회가 될 수 있다. 핵가족화되어 할아버지 할머니로부터 떨어져 있는 아이들에게 할아버지 할머니가 이야기책을 읽어 준다면, 노인과 어린이 모두에게 의미 있는 일이 될 것이다.[97]

더 나아가 도서관에서 영화 상영회를 하거나, 작은 음악회를 개최하거나, 연극을 공연하는 등 문화 활동의 기회를 제공하여 공통의 관심사를 개발하는 것도 좋은 방법이다. 이를 위해서 도서관 한쪽에 작은 무대를 설치하고, 열람실도 고정식 칸막이나 책장보다는 개방식, 이동식 책장을 설치하는 것이 좋다. 그리고 필요에 따라 인문학 강좌를 개설하거나 문화 체험 교실을 운영하는 것도 공동체성을 살리는 데 좋은 방법이 될 것이다.

특히 주5일 수업이 전면 실시되고 있는 지금은 지역 내의 여러 교회 작은도서관들이 한두 가지씩 지역 문화 관련 프로그램을 개발하여 서로 연계하거나 교차 운영하는 것도 생각해 볼 만하다. 아이들이 지역에 대해 깊이 이해하게 하고 이웃에 대한 관심을 넓힐 수 있는 훌륭한 기회를 제공할 수 있을 것이다. 교회가 이러한 작은도서관 운동에 동참하는 것도 기독교가 가진 사랑과 공동체 정신이 교회의 울타리를 넘어 우리 사회 전반에 퍼지게 하는 일이 된다. 또한 기독교인이 비기독교인들과 격의 없이 어울리면서 지역공동체를 형성해 나가는 데도 기여하게 되리라 기대한다.

주

1. Rosemary Leonard·Jenny Onyx, *Social Capital and Community Building: Spinning Straw into Gold*(Janus Publishing Company, 2005).

2. 김영정, 「지역사회 공동체의 재발견: 공동체 복원 및 활성화 정책의 방향과 과제」, 『한국사회학회 심포지움 논문집』(2006. 5), 14쪽.

3. 김구, 「지역공동체 역량구축을 위한 정부의 역할」, 이종수 엮음, 앞의 책, 74~75쪽.

4. 주민자치센터 활동과 관련하여, 마포구에서 출판한 주민자치센터 프로그램 가이드 북인 『살고 싶은 우리 동네 만드는 32가지 방법』(마포구청, 2008)이 참고할 만하다.

5. 이 내용은 이종수, 「공동체와 마을 만들기」, 이종수 엮음, 앞의 책, 23~30쪽 내용을 재구성한 것이다.

6. 다무라 아키라, 『마을만들기의 발상』(강혜정 옮김, 소화, 2005), 70~74쪽.

7. 오하라 가즈오키, 『마을은 보물로 가득차 있다: 에코뮤지엄 기행』(김현정 옮김, 아르케, 2008), 19쪽.

8. 같은 책, 21~22쪽.

9. 최병두, 『도시 공간의 미로 속에서』(한울, 2009), 30~31쪽.

10. Elmer H. Johnson, *Social Problems of Urban Man*(Homewood, Ill.: The Dorsey Press, 1973), 69.

11. 한 보기로, 한국의 배타적 민족주의의 문제와 함께 다룬 박형신, 「한국의 배타적 민족주의, 시민사회론, 선교적 교회론」, 『신학과실천』, 48호(2016년 2월), 519~545쪽을 볼 것.

12. 정재영, 「지역공동체 세우기를 통한 교회의 시민사회 참여」, 『신학과실천』, 22호(2010년 2월), 118쪽.

13. Georg Simmel. "The Metropolis and Mental Life," *On Individuality and Social Forms*(Chicago & London: The U. of Chicago Press, 1971), 324-339.

14. Eric Jacobsen, "Receiving Community: The Church and the Future of the New Urbanist Movement," *Journal of Markets & Morality*, Vol. 6, No. 1(Spring 2003), 63.

15. 김선일, 「신도시주의 운동과 교회의 공동체성 회복에 대한 전망」, 『기독교사회윤

리』, 11권(2006년), 21쪽.

16. 최병두, 앞의 책, 191쪽.

17. 같은 책, 33쪽.

18. 김찬호, 「일본 도시화 과정에서 마을 만들기의 전개와 주민 참여」, 『도시행정학보』 13권 1호(2000년 6월), 104~105쪽.

19. 최병두, 「공동체 이론의 전개과정과 도시공동체 운동」, 한국도시연구소 엮음, 『도시 공동체론』, (한울, 2003), 76쪽.

20. 조명래, 「지역사회에의 도전: 도시공동체의 등장과 활성화」(한국도시연구소 엮음, 『도시공동체론』, 한울, 2003), 91쪽.

21. 우미숙, 『공동체도시』(한울, 2014), 21쪽.

22. 정규호, 「한국 도시공동체운동의 전개과정과 협력형 모델의 의미」, 『정신문화연구』 35권 2호(2012년 6월), 13~19쪽.

23. 아파트를 중심으로 한 마을공동체 운동에 대하여, 이야기두레, 『우리 아파트에는 이야기가 산다』(파주: 행복한아침독서, 2017)를 볼 것.

24. 성미산 마을에 대하여는, 윤태근, 『성미산 마을 사람들』(서울: 북노마드, 2011)을 볼 것.

25. 하비 칸·매누엘 오르티즈, 『도시목회와 선교: 교회개척을 위한 지침서』(한화룡 역, CLC, 2006), 81~82쪽.

26. 새로운 사회 운동은 기존의 사회 운동과의 차이를 강조하기 위한 개념이다. 그 자체가 새롭게 나타난 운동형태라는 것이 아니라 자본주의, 산업사회의 대표적인 사회운동이었던 정치, 경제 영역을 중심으로 한 노동운동과 비교해 볼 때, 이념, 목표, 조직, 전략 등이 새로운 형태를 취한다는 측면에서 새로운 사회운동이라는 것이다. 전통적인 유럽 좌파운동의 목표나 목적과 달리, 삶의 질을 높이기 위한 참여 민주주의와 평등한 사회 관계를 강조하며 인권과 탈정치를 강조한다. 러셀 J. 달턴, 『새로운 사회운동의 도전』(박형신·한상필 역, 한울아카데미, 1996), 2장.

27. 공공 신학의 관점에서 지역교회의 네트워크를 통해서 건강도시를 위한 교회의 사역을 분석한 글로, 조무성, 「JKSH 공적신학 모형을 통한 샬롬 시티와 건강도시 형성 : 성남시 다섯 교회 분석」, 『신학과실천』, 54호(2017년 5월), 567~620쪽을 볼 것.

28. 성석환, 「지역공동체 형성을 위한 도시교회의 문화선교」, 『한국기독교신학논총』68

권 1호(2010년 4월), 349쪽.

29. 국가교회 형태인 유럽과 달리 지역교회 형태인 북미 지역에서는 교회중심 사역에서 벗어나 지역사회에 대한 관심을 넓혀야 한다는 주장들이 오랫동안 제기되어 왔다. 보기로, Clemens Sedmak, *Doing Local Theology*(N.Y.: Orbis Books, 2002), Paul Sparks, Tim Soerens, Dwight J. Friesen, *The New Parish*(Illinois: IVP, 2014), C. Christopher Smith, John Pattison, *Slow Church*((Illinois: IVP, 2014), John Fuder, *Neighborhood Mapping*(Chicago: Moody Publishers, 2014)를 볼 것.

30. Harvie M. Conn, *Planting and Growing Urban Churches*(Grand Rapids: Baker Academic, 1997).

31. 이에 대하여는 Ronald E. Peters, *Urban Ministry: An Introduction*(Nashville: Abingdon Press, 2007), 8장을 볼 것.

32. Paul D. Numrich & Elfriede Wedam, *Religion & Community in the New Urban Amerca*(N.Y.: Oxford University Press, 2016).

33. John Fuder & Noel Castellanos, *A Heart for the Community: New Models for Urban and Suburban Ministry*(Chicago: Moody Publishers, 2013).

34. 개러스 아이스노글/김선일 역, 『왜 소그룹으로 모여야 하는가』(서울: 옥토, 1997), 325.

35. 김승호, 「최근의 사회적 변화가 농촌 목회에 미치는 영향」, 『목회와 신학』(2005년 9월), 70쪽.

36. 편집부, 「농촌 목회, 인식 전환이 우선입니다」, 『목회와 신학』(2005년 9월), 53쪽.

37. 야마모토 마사유키, 『도시와 농촌이 공생하는 마을만들기: 농업과 함께하는 지역재생』(한울, 2006), 106~107쪽.

38. 조은기, 『농촌불패: 농업이 미래다』(모던플러스, 2009), 78쪽.

39. 안종현, 『주민과 함께하는 농촌관광마을 만들기』(한국학술정보, 2009), 17쪽.

40. 호소우치 노부타카 엮음, 『우리 모두 주인공인 커뮤니티비즈니스』(장정일 옮김, 이매진, 2008), 15쪽.

41. 함유근·김영수. 『커뮤니티비즈니스』(삼성경제연구소, 2010), 50쪽.

42. 김영수·박종안, 「한국 커뮤니티 비즈니스의 성공요소에 관한 사례연구: 농촌체험

관광마을을 중심으로」, 『농촌사회』, 제19집 2호(2009년), 168~169쪽.

43. 호소우치 노부타카 엮음, 앞의 책, 27~28쪽.

44. 아사 아츄시, 「커뮤니티 비즈니스의 지원 구조와 정부의 역할」, 희망제작소 엮음, 『지역재생과 자립을 위한 대안찾기』(희망제작소, 2008), 85쪽.

45. 호소우치 노부타카 엮음, 『지역사회를 건강하게 만드는 커뮤니티비즈니스』(박혜연·이상현 옮김, 아르케, 2006), 20~21쪽.

46. 김재현, 「살고 싶은 도시 만들기 활성화 방안: 살고 싶은 도시 만들기와 커뮤니티 비즈니스」, 『국토』, 321호(국토연구원, 2008), 31쪽.

47. 김진범·정윤희·이승욱·진영환, 『도시재생을 위한 커뮤니티 비즈니스 지원방안 연구』(국토연구원, 2009), 19쪽.

48. 조명래, 「지역사회에의 도전: 도시공동체의 등장과 활성화」, 한국도시연구소 엮음, 『도시공동체론』(한울, 2003), 96쪽.

49. 마을 만들기 운동 전략에 대해서는 정재영·조성돈, 『더불어 사는 지역공동체 세우기』(예영, 2010), 35~42쪽을 볼 것.

50. 가네코 이쿠요 엮음, 『커뮤니티 비즈니스의 시대』(김정복 옮김, 이매진, 2010), 175~177쪽.

51. 이에 대하여는 최재선, 「역사-종말론적 일터공동체 모형과 사역방안: 협동조합식 마을형 사회적기업 창업준비팀 '아하체험마을'을 중심으로」(실천신학대학원대학교 석사학위논문, 2012)를 볼 것.

52. 호소우치 노부타카 엮음, 앞의 책, 114쪽.

53. 나카모리 마도카, 「커뮤니티 비즈니스와 중간지원조직의 역할」, 희망제작소 엮음, 앞의 책, 155~156쪽.

54. 이에 대하여는 시바타 이쿠오, 『소호와 함께 마을만들기』(서현진 옮김, 아르케, 2009)를 볼 것.

55. Not in Employment, Education or Training의 줄임말로, 취업이나 직업훈련을 하지 않는 일종의 청년 구직포기자를 가리키는 말이다.

56. 〈한국사회적기업진흥원〉 홈페이지 협동조합 현황, 2016년 6월 27일 검색. http://www.socialenterprise.or.kr/cooperative/coop_present.do

57. 임영선, 『협동조합의 이론과 현실』(한국협동조합연구소, 2014), 33쪽.

58. 구체적인 사례들은 앤드류 매클라우드, 『협동조합, 성경의 눈으로 보다』(홍병룡 역, 아바서원, 2013)의 7장을 볼 것.

59. 협동조합의 강점과 협동조합 자체가 안고 있는 취약점들을 분석하면서 기독교 협동조합의 가능성을 모색한 글로, 이종원, 「기독교 협동조합의 가능성」, 『신학과 사회』 30권 1호(2016년)를 볼 것.

60. 협동조합의 조직적인 특징과 협동조합 설립의 원인에 대한 구체적인 연구가 부족한 현실에서 사례 연구를 통하여 협동조합 설립의 제도적 원인을 분석한 글로, 이영환, 「협동조합에 대한 신제도론적 접근: 완주 로컬푸드를 중심으로」, 『신학과 사회』 28권 3호(2014년)를 볼 것.

61. 장종익, 「한국 협동조합운동의 역사적 흐름과 과제」, 『에큐메니안』, 2012년, 7월 4일. http://www.ecumenian.com/news/articleView.html?idxno=9013에서 인용.

62. 김권정, 「1920·30년대 한국기독교의 농촌협동조합운동」, 『숭실사학』, 제21집 (2008년), 256쪽.

63. 당시 장로교 협동조합운동 이론가인 유재기는 덴마크의 삼애주의 정신을 기초로 하는 '예수촌건설운동'을 주장하기도 했다.

64. 장규식, 「1920년대 개조론의 확산과 기독교사회주의의 수용·정착」, 『역사문제연구』제21호(2007년), 112~118쪽. 이와 관련하여 성경을 사회주의의 관점에서 바라볼 필요가 있다고 보면서, 무조건 사회주의를 거부하고 배척할 것이 아니라 기독교와 사회주의가 서로 인정하고 대화해야 한다고 주장하는 이덕주, 『기독교 사회주의 산책』(홍성사, 2011)을 볼 것.

65. 사회적 경제란 공동체의 이익이라는 사회적 가치 실현을 위해 생산, 교환, 소비, 분배하는 다양한 내용을 수행하는 경제조직을 뜻하며, 최근 논의되고 있는 사회적 기업, 마을 기업, 협동조합 활동을 아우르는 개념이다.

66. 김권정, 앞의 책, 267쪽.

67. 장규식, 앞의 책, 119~120쪽.

68. 같은 책, 124쪽.

69. 한경호, 「협동조합운동과 농촌교회」, 『에큐메니안』2012년 8월 2일. http://www.ecumenian.com/news/articleView.html?idxno=9059에서 인용

70. 한경호, 「한국 기독교 협동조합 운동의 역사와 성격」, 『기독교사상』2013년 7월호,

38쪽.

71. 이에 대하여는, 고건, 「공동체 자본주의와 근대 자본주의 정신」, KDI, 『사회적 기업 활성화 방안에 관한 심포지움 자료집』(2008년 11월 14일)을 볼 것.

72. 앤드류 매클라우드, 앞의 책, 23~28쪽.

73. 협동조합에 대하여는 스테파노 자마니·베라 자마니, 『협동조합으로 기업하라: 무한경쟁시대의 착한 대안, 협동조합 기업』(송성호 역, 북돋움, 2012), 그리고 협동조합의 다양한 사례에 대해서는 김현대·하종란·차형석, 『협동조합, 참 좋다: 세계 99%를 위한 기업을 배우다』(푸른지식, 2012)를 볼 것.

74. 이에 대하여는 김기섭, 『깨어나라! 협동조합: 더 좋은 세상을 만드는 정직한 노력』(들녘, 2012)을 볼 것.

75. 이에 대하여는 그레그 맥레오드/이인우 역, 『협동조합으로 지역개발하라』(한국협동조합연구소, 2012)를 볼 것.

76. 같은 책, 48.

77. 하현봉, 『협동조합 교과서』(싱크스마트, 2015), 329쪽.

78. 도서관의 발전사에 대하여는 류부현, 『도서관문화사』(한국학술정보, 2004)를 볼 것.

79. 홍의균, 「근대 공공도서관 발전의 배경에 관한 연구」(이화여자대학교대학원 석사학위논문, 1986), 6쪽, 37쪽, 60쪽.

80. 김세훈, 『문화공간의 사회학: 국가, 공공영역 그리고 도서관』(한국학술정보, 2009), 58~59쪽.

81. 박영신, 「하버마스와 의사소통 행위의 사회학」, 『현상과인식』11권 2호(1987년 8월), 32쪽.

82. 김세훈, 앞의 책, 63~64쪽.

83. 같은 책, 80쪽.

84. 스가야 아키코, 『미래를 만드는 도서관』(이진영·이기숙 옮김, 지식여행, 2004), 15~16쪽.

85. SBS 특집 다큐 〈새 도서관〉(2011년 8월 11일 방영)

86. 로널드 B. 맥케이브, 『도서관, 세상을 바꾸는 힘』(오지은 옮김, 이채, 2006), 166쪽.

87. 유은미, 「커뮤니티 개념으로서 작은도서관의 역할과 위상에 관한 연구」(전남대학교 석사학위논문, 2008년), 18~21쪽.

88. 이재희, 「작은도서관 활성화를 위한 민관협력 방안에 관한 연구」, (가톨릭대학교 석사학위논문, 2008년), 10~11쪽.

89. 김준, 「작은도서관의 개념에 대한 이해」, 『도서관계』, 140호(2006년), 11쪽. 김준은 작은도서관이라는 명칭의 표기와 관련하여, '작은'과 '도서관'이 합성된 새로운 용어로 정의하여 '작은도서관'으로 붙여 표기했다.

90. 이용재 외 엮음, 『작은도서관 선진형 모형 및 프로그램 개발연구』, 국립중앙도서관, 2007.

91. 김준, 앞의 책, 11~12쪽.

92. 가난한 사람들을 위한 도서관 활동에 대해서는 카렌 M. 베추렐라 엮음, 『도서관을 통한 지역사회 프로그램』(도서관운동연구회 옮김, 한울, 2002)을 볼 것.

93. 중앙대학교 산학협력단, 『작은도서관(문고 포함) 중장기 발전방안 연구』(국립중앙도서관, 2006), 86쪽.

94. 『크리스채너티 투데이 한국판』(2012년 2월호), 80쪽.

95. 이에 대하여는 정재영·조성돈, 『더불어사는 지역공동체 세우기』(예영, 2010), 1부의 내용을 볼 것.

96. 이에 대하여는 김소희, 「작은도서관운동의 마을만들기적 성격에 관한 연구」(성공회대학교 NGO대학원 석사학위논문, 2008년), 5장을 볼 것.

97. 노인들이 만드는 어린이도서관의 사례에 대해서는 윤재호, 『도서관이 만드는 행복한 세상』(나루코, 2010), 2장을 볼 것.

3부

함께 살아나고 있는
마을과 교회

1. 바자회를 통해 주민과 하나가 된 신광교회

안양대학교 근처의 서민들이 모여 사는 주택가에 위치한 신광교회는 한때 성도가 백여 명 가까이 모일 정도로 안정된 교회였지만, 교회 안에서 어려움 을 겪고 나서 교인이 열 명도 채 남지 않게 되었다. 김문건 목사는 1997년에 이 교회에 부임하여 인근 병원에서의 호스피스 봉사, 복지관 쌀 나누기 등의 활동을 십여 년 간 꾸준히 펼쳐 오다가, 보다 주민들과 함께할 수 있는 활동 을 하기 위해 새로이 바자회 행사를 준비했다.

　김 목사는 바자회를 준비하면서 교인들끼리 나누어 가지기 식으로 하는 바자회나 교회가 일방적으로 준비해서 주민들을 손님으로 취급하는 바자회 가 아니라, 주민들이 함께 준비하고 참여하는 바자회를 하기로 마음먹었다. 그래서 처음부터 동네 여기저기를 찾아다니며, 주민들을 위한 바자회를 준 비하고 있으니 참여해 달라고 호소했다. 그리고 수익금 중 절반은 우간다에 화장실을 만들어 주기 위한 후원금으로, 나머지 절반은 어린이 도서관 건립을 위해 쓰겠다고 약속했다.

바자회를 시작하자 재활용 업체의 사장, 성당의 아파트 부녀회 임원, 옆 교회의 교인 등 다양한 지역 주민들이 참여했다. "링컨이 어렸을 때부터 책벌레였다고 하는데, 우리 동네에서도 아이들이 마음껏 책을 읽을 수 있는 도서관을 만들어서 링컨 같은 위인이 나오도록 힘을 모아 봅시다"라는 김 목사의 말이 사람들의 마음을 움직인 것이다. 기증받은 모든 물품은 무조건 천 원에 판매했다. 의류가 가장 많았으나, 쓸 만한 장난감, 주방용품, 공정무역 커피 등 다양한 물건들을 기증받아 모두 천 원만 받고 판매했다. 오 일 동안 진행된 바자회의 총 판매 금액은 놀랍게도 오백만 원이나 되었다. 수량으로 보면 오천 개나 팔린 것이다. 교인이 열 명도 안 되는 작은 교회가 시작한 일에 주민들이 자발적으로 참여하고 헌신하여 이룬 결과였다.

김 목사는 주민들과의 약속대로 판매금액의 절반은 아프리카 선교사에게 보내어 화장실을 짓는 데 쓰도록 했고, 나머지 절반으로 '징검다리 어린이 도서관'을 교회 1층에 마련했다. 이 도서관은 시작 단계에서부터 지역 주민들이 도서와 책장을 기증하여 이루어졌고, 현재는 원어민 영어교실과 책 읽어 주기, 다문화 가정 어머니가 진행하는 중국어 교실, 어린이 대상 쿠키 만들기, 그리고 도서관과 함께하는 마을인문학 등 다양한 프로그램을 운영하고 있다. 그 결과 이 도서관은 안양시 우수도서관에 선정되어 상금 오백만 원을 받기도 했다.

안양시에만 줄잡아 100여 개의 작은도서관이 있고, 그중 80퍼센트 가까이를 교회에서 운영하고 있다. 그러나 교회에서 운영하는 작은도서관 중에 거의 80퍼센트 정도는 간판만 걸려 있고 운영이 되지 않고 있는 실정이다. 그런 상황에서 신광교회가 길지 않은 시간 동안 이러한 성과를 이룰 수 있었던 요인은, 무엇보다도 '진정성'이었다. 김 목사가 동네 여기저기를 찾아다니며 주민들을 만나 설득하다가 보니 구두 밑창이 떨어져 나갔을 정도였다. 또한 동네에서 무엇인가 의미 있는 일을 하고 싶어 하는 고등학생들에게 도서관 사서 봉사를 맡겼는데, 시간 때우기 식이 아니라 실제로 아이들을 돌보고 독서를 지도하는 일을 맡기니 성과가 아주 좋았다.

그러던 어느 날 한 중년 여성이 교회 주보를 들고 찾아와서 "이 주보가 이 교회 것이 맞나요?"하고 물어 왔다. 그래서 맞는데 왜 그러시냐고 했더니, "우리 아이가 이 교회 도서관에서 봉사를 하고 있는데, 저보고 교회를 나가려거든 이 교회에 나가라고 하면서 아주 좋은 교회라고 소개를 했어요." 하는 것이다. 이렇게 동네에 좋은 소문이 나자 교회도 점차 회복되어 갔고, 이제는 서른 명에서 많을 때는 마흔 명까지 모여서 예배를 드릴 정도가 되었다. 고무적인 사실은, 큰 교회처럼 수평이동을 해 온 사람들이 아니라 대부분 초신자들이라는 것이다. 그래서 신광교회에서 세례를 받은 사람도 여럿이 된다. 김 목사는 교회가 회복되어 가는 모습에 감사하며 눈물도 많이 흘렸다고 했다.

도서관 활동의 일환으로 작년에는 도서관 외벽에 벽화 그리기를 했다. 전문가의 도움을 받자는 의견도 있었지만, 대단한 그림을 그리는 것이 아니라 동네 주민들이 참여하는 것이 의미가 있는 일이었다. 그래서 아이들과 어른들 손으로 직접 밑그림부터 그리게 하기로 결정하고 며칠 동안 벽화 그리기를 했는데, 교회 맞은편에서 주택 임대 사업을 하는 사업가가 지켜보고 있다가 김 목사를 찾아왔다. 그리고는 "목사님, 저는 불교 신자이지만 며칠 동안 지켜보니 목사님이 정말 지역을 위해서 좋은 일을 하는 것 같습니다." 하면서, 벽화 그리는 데 보태라고 헌금을 낸 일도 있었다.

그러나 이러한 사역을 하는 데 어려움이 없는 것은 아니다. 때로는 전도에 힘쓰지 않는 것처럼 보여서 목회자로서 마음이 어려워지기도 한다. 이런 지역 섬김 사역은 일종의 텃밭 가꾸기와 같아서 기다림이 있어야 하고 한참 후에나 열매를 기대할 수 있는데, 때로는 이런 기다림이 참으로 어렵게 느껴진다. 평일에서 토요일까지는 교회를 오가지만 정작 주일예배에는 오지 않는 그런 사람들을 마음에 품고 기다리는 것이 참으로 어렵다고 했다.

언젠가 다른 교회에 특강을 갔더니 첫 질문이, 이런 많은 사역을 하면 언제 목회를 하느냐는 것이었다. 이럴 때는 참으로 마음이 먹먹해진다. 김 목사는 그 질문에 두 가지 대답을 했다. 먼저, 이런 사역을 결코 혼자 하지 않는다는 것이다. 평신도 동역자들과 더불어 하기 때문에 그들에 대한 목회를 하지 않는 것이 아니다. 그리고 기도를 게을리 하지 않는다. 그래서 김 목사는 질문자에게 웃으면서, "저요, 기도 열심히 합니다. 오전에는 전화도 거의 받지 않고 오직 성경, 오직 기도의 삶을 우선으로 합니다."라고 말했다.

여전히 기다림은 매우 중요하다. 지역 주민들과의 공감이 이루어질 때까지, 즉 진정성을 인정받을 때까지 서로를 점검하며 기다려야 한다. 도서관을 연 첫해에는 책을 읽으러 오는 아이들보다 '거기 가면 무엇인가 먹을 것이 생기지 않을까' 하여 오는 아이들이 더 많아서, 한 해를 그 아이들하고 씨름하는 일로 거의 보내기도 했다. 그런 고비를 참고 넘겨야 비로소 열매를 기대할 수 있다.

이렇게 기다리는 마음으로 지금은 이 년째 도서관에서 인문학 강좌를 열고 있다. 한 달여 동안 토요일마다 동네 주민들과 어린 아이들을 초청하여 도서관과 마을 공동체에 관련된 강의를 듣게 하는 것인데, 교인들뿐만 아니라 동네 주민들까지 모여서 강의를 듣고는 교회가 좋은 일을 한다며 좋아한다. 불교 신자인 동네 식당 주인이 간식으로 먹으라고 과일을 보낼 정도로 주민들의 호응이 좋다. 보수 교단에 속한 김 목사는 주민들에게 직접 복음을 전하고 싶은 강한 열정이 마음속에 있다. 그러나 복음을 말로만 전하는 것보다는, 주민들에게 진정성을 인정받아 마음 문을 열어야 더 쉽게 복음이 전해질 것이라고 믿는다. 김 목사는 신광교회가 이 지역에서 나눔과 섬김의 이웃사랑을 실천하여 더 깊이 지역에 뿌리내리기를 꿈꾸고 있다.

2. 지역과 함께 호흡하는 숨·쉼교회

광주광역시의 신도시 지역인 수완동에 자리 잡은 숨·쉼교회는 안석 목사가 2010년에 개척한 작은 교회다. 감리교의 개척 프로젝트에 지원하여 백여 평의 부지를 제공받았고, 여러 성도들의 도움을 받아 예배당을 건축할 수 있었다. 건물은 여느 교회당과 달리 십자가도 없고 교회 이름도 없이 펜션 주택 느낌이 나는 목조 건물로 건축했다. 이렇게 한 이유는 보통의 교회와 달리 교회당을 지역 주민들과 공유할 수 있는 공간으로 만들고 싶었기 때문이다. 1층 공간 중에 절반은 지역 어린이들을 위한 작은도서관으로, 나머지 절반은 지역 주민들을 위한 북 카페로 만들었다. 각각의 이름은 '책만세 도서관'과 '북 카페 숨'이다.

　예쁜 목조 건물이 세워지자 건축공사 중에도 많은 사람들이 찾아와서 무슨 건물을 짓는 것인지 물어 왔다. 안 목사는 지역 주민들을 위한 시설을 마련하고 있으니 완공되면 많이들 이용하시라고 대답했다. 마침내 공사가 끝나자 많은 아이들이 엄마 손을 잡고 와서 도서관을 이용하고 싶다며 이용료가 얼마냐고 물어보았다. 안 목사는 이용료는 없으니 마음껏 이용하라고 이야기했다. 안 목사 말로는, 광주는 광역시이기는 하지만 생활 여건은 수도권보다 오 년 내지 십 년이 뒤쳐져 있다. 당시만 해도 좋은 시설을 갖춘 도서관이나 카페가 동네에 별로 없었으므로 주민들이 교회 도서관을 아주 좋아했는데, 어느 날은 한 가족이 큰 액자를 들고 와서는 "우리 거실에 걸어 놓았던 액자인데, 우리 거실에서는 우리 가족 네 명만 볼 수 있지만 도서관에 걸어놓으면 동네 사람들 모두 볼 수 있잖아요." 했다.

도서관은 아이들뿐만 아니라 '비폭력대화'나 '광주여성영화제'와 같은 지역 단체들의 모임 장소로도 이용되고 있다. 지역에 마땅한 모임 장소가 없어서 인기가 대단하다고 한다. 한번은 인근 수완중학교 교사에게서 전화가 왔는데, 학생들과 함께 공정무역 캠페인을 하고 싶은데 카페를 장소로 사용할 수 있느냐는 문의였다. 안 목사는 대환영이라고 이야기했다. 전화를 한 사람은 공정무역 관련 동아리 지도 교사였는데, 알고 보니 꽤 많은 지역 카페들 중에서 공정무역 커피를 취급하는 곳이 북카페 숨이 유일하여 이곳으로 전화를 했다는 것이었다.

책만세 도서관에는 유명 출판사의 과장이 정기적으로 책을 기증하고 있다. 그는 의미 있게 운영을 잘하는 작은도서관들에 자비로 도서를 구입해서 기증을 하고 있는데, 책만세 도서관도 그중의 한 곳이 되었다. 처음에는 이곳이 교회에서 운영하는 곳인 줄 모르고 도와줬는데, 나중에 사장이 목사인 것을 알고는 깜짝 놀랐다고 했다. 그는 몇 년 전에 교회에 다니다가 큰 상처를 받아서 교회를 떠나게 되었고, 기존의 목회자들에 대해서도 매우 좋지 않은 인상을 가지고 있었기 때문이었다. 그러나 안 목사를 알고 나서는 이런 목회자가 목회하는 교회라면 다시 나갈 수도 있겠다는 생각을 할 정도로 신뢰하게 되었다고 한다.

안 목사는 교회를 개척하면서 세 가지 원칙을 세웠다. 첫째는 경쟁의 상징인 수도권을 벗어나는 것이었다. 안 목사는 이전에 중형교회에서 부목사로 사역을 했었는데, 나름 건강하게 목회를 하던 교회였지만 교회들 사이에서의 경쟁은 피할 수 없었고, 목회라는 것이 '교인 빼앗아 가기 경쟁'을 하는 것 같아 회의감마저 들었다. 그래서 감리교로서는 선교지와 같은 전라도로 내려오게 된 것이었다.

그러면서 세운 둘째 원칙이 다른 교회와 경쟁하지 않는 구조를 만드는 것이었다. 광주에도 다른 교단 교회들이 이미 많이 세워져 있는데, 그런 상황에서 보통 교회들과 같은 방식으로 목회를 한다면 어쩔 수 없이 경쟁을 할 수밖에 없게 된다. 그래서 지금과 같이 여느 교회와는 다른 형태와 내용의 교회를 세우게 된 것이다. 마지막으로 교회가 다른 곳으로 이사하는 것을 주민들이 반대할 만한 교회를 하자는 다짐이었다. 그러자면 교인들만이 아니라 마을 사람들과 자주 만나고 소통할 수 있어야 했다.

이런 원칙에 따라 오 년 동안 목회를 하다 보니 숨-쉼교회는 이제 지역의 명소가 되었다. 지역 행사가 있으면 안 목사가 꼭 참여해 주기를 부탁한다. 선거철이면 지역 후보자가 찾아와서 챙겨 인사할 정도이다. 교회 규모는 여전히 개척교회 수준이지만, 안 목사의 목회는 교회 울타리를 넘어 지역 전체를 목회지이자 선교지로 삼고 있다. 그에게 붙어 있는 지역사회 관련 직함만도 개척교회 목사라고 보기 어려울 정도로 여러 개다. 부인 이진숙 사모는 목회자 자녀로 자라서 교회 밖에서는 사람을 사귀어 본 적이 거의 없었다고 했다. 그런데 여기에 와서 이런 목회를 하면서 사람들을 만나서 '날 것' 그대로 인격적인 관계를 만들어 가다 보니, 비로소 이것이 진짜 목회고, 진짜 선교라는 생각이 들었다고 한다.

숨-쉼교회는 요즘 많이 거론되는 선교적 교회나 새로운 교회 개척 모델로 많이 언급되고 있다. 그러나 안 목사는 요즘 카페 교회가 유행처럼 번지는 것을 크게 반기지 않는다. 뚜렷한 목적의식 없이 그저 교회 문턱을 낮추기 위해서 카페를 하는 것은 큰 의미가 없다고 보기 때문이다. 카페에서 예배를 드린다고 해서 사람들이 더 쉽게 찾아오는 것도 아니다. 오히려 안 목사는 2층의 작은 공간에 예배 처소를 따로 마련해 두었다. 예배는 구별된 장소에서 경건의 경험을 하는 것이어야 한다고 생각하기 때문이다. 그러면서도 강대상이나 예배용 집기들을 건축할 때 사용했던 목재들을 활용해서 만들어, 예배가 일상과 분리되지 않아야 함을 강조하고자 했다. 예배와 삶의 일치가 숨-쉼교회가 추구하는 참된 교회의 모습이다. 모든 영역이 자본의 논리에 정복당하는 시대에 대안을 찾아내고 복음의 상상력으로 현실에 도전하는 삶이, 바로 성육신 하신 예수그리스도의 삶이기 때문이다.

2015년 12월에 숨-쉼교회는 지난 오 년 동안 지역사회와 함께 해 온 역량을 바탕으로 북카페 공간을 동네 책방으로 전환했다. 지역사회에 보다 더 깊이 다가가기 위한 전환이었다. 자라나는 세대에게 서점은 지겨운 공간 중 하나다. 주로 문제집과 참고서를 구입하는 곳으로 인식되기 때문이다. 그래서 안 목사는 친구와 함께, 또는 부모님과 함께 자신의 호기심을 찾아 여행하는 공간, 강요된 삶이 아닌 자신에게 주어진 재능을 찾아 스스로 기획하고 도전하는 삶을 나누는 공간으로 책방을 꾸려 가고 있다. 이를 통해 타인의 경험을 공유하는 삶이 얼마나 아름답고 소중한지를 체험하고 있다고 한다.

그러나 여전히 우리나라의 상황에서 지역과 함께하는 교회 모형을 세워 나가는 데는 여러 가지 어려움이 뒤따른다. 주변의 오해, 경제적 압박, 육체의 피로 등이 항상 장애물로 따라온다. 지금까지 이 모든 장애물들을 목회자 개인 혹은 작은 공동체가 온전히 맞서 넘었다면, 이제는 한국교회가 공동의 책임으로 받아들여야 한다. 이를 통해 지역공동체와 함께 호흡하는 교회가 성육신 신학을 실천하는 모형으로, 지역복음화의 패러다임을 바꾸는 변혁으로, 교회의 공공의식을 회복하는 기회로 확장되어 갈 수 있을 것이다.

3. 선한 기부로 착한 동네를 만드는
행복한교회

중국선교사 출신인 박훈서 목사는 교단의 정책적 지원으로 오 년 전에 군산에 교회를 개척했다. 교회가 별로 없다는 교단 관계자의 얘기를 듣고 지곡동에 개척을 하기로 했으나, 이곳에는 소속 교단 교회가 없을 뿐 이미 서른 개이상의 교회들이 자리를 잡고 있었다. 이때부터 박 목사는 이곳에서 목회를하는 것이 어떤 의미가 있을지 고민하게 되었다. 개척 과정 역시 쉽지 않았다. 건축공사비를 사기당하고, 교회 승합차를 도난당하고, 자해 공갈에 협박까지 하는 주민도 만나 영혼도 육신도 끝없는 나락으로 추락했다.

그래서 며칠을 굶어 가며 하나님 앞에 꿇어 엎드려 기도하다가 눈을 떠서거울을 보니, 몇 년은 더 늙어 보이는 초췌한 얼굴에 코털 몇 가닥이 삐죽 삐져나와 있었다. 그때 박 목사는 한 가지를 깨닫게 되었다. 삐져나오면 보기 싫은 코털이지만, 코털 역시 내 몸의 일부로 많은 중요한 기능을 담당하고 있다는 것이었다. 우리 몸의 필터 역할도 하고, 코 안의 습도를 유지하는 역할도 하는 등 매우 중요한 신체의 일부라는 것을 깨달았다. 그때부터 박 목사는 '코털 목회'를 하기로 다짐했다. 코털과 같이 겉으로 드러나지는 않으면서도 없어서는 안 되는 목회를 하기로 한 것이다. 여느 교회들처럼 건물 중심의 목회가 아니라, 교회 건물 밖에서 하나님을 만날 수 있는 목회를 해 보고자 했다.

그리하여 그가 생각해 낸 것이 '미리내 운동'을 하는 착한동네 카페를 여는 것이었다. 미리내 운동은 이탈리아의 '서스펜디드 커피Suspended Coffees' 운동을 참고하여 한국의 나눔 정서와 가게 문화를 접목시켜 시작한 운동이다. 카페에서 커피를 사고 누군가를 위해 미리 돈을 내 주거나 거스름돈을 기부하는 것이다. 이 비용으로 동네에서 일하는 경찰, 택배원, 청소부에게 음료를 전하기도 하고, 근처 학교의 배고픈 학생들이 찾아와 당당하게 간식을 먹기도 한다. 아름다운 선행의 순환이 이루어지는 것이다.

박 목사가 이 지역에 와서 보니 동네 청년, 청소년, 심지어 어린아이들까지도 지방 도시에 살고 있다는 박탈감을 안고 있었고, 미래에 대한 포부나 목표조차 없는 상태였다. 돈만 있고 실력만 있으면 하루 빨리 이 동네를 벗어나고 싶어 했다. 박 목사는 이때부터 이 젊은 세대들을 어떻게 격려하고 자존감과 마을에 대한 자긍심을 심어 줄 수 있을까 고민했다. 그런 고민의 산물이 '나눔'을 통해 새로운 시각과 자부심을 심어 줄 수 있다는 결론이었다. 그 출발은 어린아이들이었고, 여기에 어른들이 자극을 받아서 많은 어른들도 동참하게 되었다.

착한동네 카페는 미리내 가게로는 군산 1호점인데, 박 목사가 미리내 카페 이름을 '착한동네'라고 한 것은 이것으로 '하나님 나라'를 뜻하고자 했기 때문이다. 하나님 나라는 기독교인에게만 통하는 말이지만, 착한동네로 표현함으로써 누구나 격의 없이 어울리며 하나님 나라를 경험할 수 있도록 하고자 했다. 그래서 박 목사는 단순히 커피나 음료를 베푸는 것을 넘어서, 미리내 운동을 통해 지역에서 경제적인 어려움을 겪는 사람들을 위해 보다 다양한 나눔 운동을 펼치고자 했다.

생활보호대상자와 같은 빈곤층의 생존을 위해서 정부가 지원을 하지만, 생존의 문제만이 아니라 문화 복지의 측면과 같은 인간다운 삶을 위해 필요한 여러 가지를 채우는 일도 매우 중요하다. 그러나 이러한 문제를 해결하고자 하는 노력은 아무도 하지 않았다. 그래서 박 목사는 미리내 운동을 통해 독거노인을 위한 '효도세탁'을 지원하고 있고, 전기나 난방 시설 지원도 해 주고 있다. 그랬더니 이런 저런 재능을 가진 사람들이 나눔을 위해 모여들면서 카페를 중심으로 하나의 네트워크가 구성되었다.

이렇게 '나눔에서 또 하나의 나눔으로'라는 슬로건 아래 재능 기부 운동이 이어지고 있다. 천연 화장품을 만들 수 있는 아주머니와 우쿨렐레를 칠 수 있는 아저씨는 문화 교실을 열어서 무료 강습을 해 주기도 한다. 이렇게 '배워서 남 주는' 뜻 깊은 일들이 일어나고 있다. 또한 가정 형편이 어려워 머리가 길어도 미용실에 갈 수 없는 학생들에게는 동네 미용실에서 커트 쿠폰을 기부받아서 다른 사람 눈치를 보지 않고 머리를 자를 수 있도록 도와주었고, 앞으로는 멀티플렉스 영화관과 협의하여 한 달에 한 번 정도 영화도 볼 수 있게 해 주려고 계획하고 있다.

이런저런 일을 하다 보니 더 많은 자금을 필요로 하게 되었는데, 그때 유명 기부 NGO에서 활동했던 주민이 자기가 바자회를 잘할 수 있다면서 나섰다. 그는 기획부터 장소 섭외, 집기 동원까지 어려운 일을 도맡아 해 주었다. 여덟 개 단체가 동참하여 행사를 공동주관했고, 자원봉사자도 오십 명이 넘게 참여했고, 동네 자영업자들이 상품권과 쿠폰을 내놓아 경품 추첨도 했다. 고학생 시절 군고구마로 아르바이트를 했던 청년은 군고구마를 팔아서 수익금을 내놓기도 했다. 또한 여러 공연자들이 자원봉사로 공연을 펼쳐서 그야말로 성황리에 바자회를 마칠 수 있었다.

그러나 이 마을에서 하나님 나라, '착한동네'가 번져가게 하는 일에서 듣기 좋은 미담만 있는 것은 아니다. 돕고 있는 미혼모 가정이 아이를 핑계로 속이고 돈을 빌려 가서 연락을 끊은 일, 선의를 이용해서 착한동네를 체인점처럼 만들어 제 욕심을 차리려고 접근했던 사업자, 정치적 잇속을 챙기려고 카페를 이용했던 사람들도 있었다. 돌보아드리던 독거노인들에게 알고 보니 자녀들이 있었는데, 돌아가실 때까지 결국 안 나타나다가 노인이 머물던 쪽방도 재산이라고 처분하러 왔을 때는 너무 서운하기도 했다. 의식 불명의 할머니, 할아버지를 발견해 구조했는데 친족이 아니라는 이유로 수술 동의서를 작성하지 못했을 때도 너무 힘들었다. 혜택을 받은 사람들이 고맙다는 인사는커녕 불손한 태도로 행패를 부릴 때는 화가 폭발할 뻔했다.

이 과정에서 가장 힘들었던 것은 가족이 아픔을 겪을 때였다. 박 목사의 아내가 정말 성실하게 이런 일들을 감당하다가 이명이 심하여 구급차에 실려 간 일이 있었다. 며칠 동안 누워있으면서도 아내가 자신의 반찬을 기다리는 이웃들 걱정을 할 때, 박 목사는 아내에게 너무 미안하고 괴로웠다.

이 코털 목회를 하면서 이상한 사람 취급을 받거나 신천지 목사로 오해도 받고, 지역교회들에게 손가락질을 당한 적도 있었다. 그러나 오히려 불신자인 동네 이웃들이 해명해 주고 도리어 "교회가 이래야 교회지!"라고 말할 때는 억울한 감정이 위로를 받기도 했다. '그딴 게 교회가 아니라 이래야 교회'라는 이웃들의 말이 힘이 되었다.

신체의 아주 미약한 부분인 코털에서 영감을 얻은 박 목사의 기부 목회는 이제 패배감에 젖어 있던 동네를 조금씩 바꿔 나가고 있다. 그리고 이것이 하나님 나라를 사모하는 목사와 기독교인들이 하고 있는 일이라는 것이 알려지면서 교회의 인상도 아주 좋아지고 있다. 큰 교회도 하기 어려운 일을 개척 오 년째인 작은 교회가 이루어 가고 있는 것이다. 이 일을 통해서 군산의 작은 동네가 하나님 나라를 미리 맛볼 수 있는 아름다운 동네가 되는 날을 꿈꾸어 본다.

4. 도시를 춤추게 하는 새롬교회

경기도 부천시 약대동에 있는 새롬교회는 삼십여 년 전에 이원돈 목사가 세운 교회이다. 이 목사는 한국기독학생회총연맹KSCF 간사로 있던 시절에 사무실에서 우연히 기독 대학생들의 약대동 지역조사 보고서를 보고 '이런 서민 지역에서 목회를 하고 싶다'는 생각이 들어, 몇 년 뒤에 뜻이 맞는 청년 몇 명과 함께 교회를 개척했다. 이 목사가 이런 서민 지역을 택한 것은 예수님 역시 3년간의 공생애 중 가장 많은 시간을 소외된 지역인 갈릴리에서 보내셨기 때문인데, 그는 이곳이 바로 한국의 갈릴리 지역이라는 생각을 했다.

당시 새롬교회는 서민들을 위한 목회를 하면서 가장 먼저 맞벌이 부부를 위한 탁아소와 공부방을 세웠다. 또한 IMF 시기를 거치면서 지역의 가족이 해체되는 것을 목격하고, 예수님의 가정을 꿈꾸면서 '신나는 가족 도서관'을 열었다. 신나는 가족 도서관은 단순히 도서를 열람하고 대출하는 도서관이 아니라, 지역의 가족과 아동을 지원하는 여러 센터들과 연결되어 하나의 지역공동체를 세우는 역할과 기능을 하게 된다.

이렇듯 새롬교회는 시작부터 오늘에 이르기까지 지역공동체를 세우기 위한 목회를 벌여 왔다. 이 목사가 이러한 목회에 더욱 집중하게 된 계기 중의 하나는 목회 10년차에 접어들었을 때, 마을 사람들의 최종 목적이 돈을 벌어서 약대동을 떠나는 것이라는 사실을 알게 된 일이었다. 잘사는 사람들은 돈을 벌어서 좋은 동네로 떠나고, 어려운 사람들은 가정이 붕괴되어 마을을 떠나기도 했다. 그때 이 목사는 '마을이 변화되지 않고서는 교회도 목회도 선교도 필요 없구나!'라고 깨닫게 되었다. 그리고 교회만이 아니라 지역의 가정들과 마을 전체를 새로운 목회 대상으로 생각하면서 마을 전체를 돌보는 '마을 만들기'를 시작했다. 한국교회에서는 마을 만들기라는 말 자체가 매우 생소했던 시절에 선구적인 사역을 시작했는데, 이것은 '푸른부천21'이라고 하는 시민단체와 협력했기 때문에 가능했던 일이었다.

당시에 새롬교회가 마을 만들기의 일환으로 벌인 일은 약대동에 자생하는 풀과 꽃을 중심으로 생태공원을 조성하는 것이었다. 약대동이 재개발되면서 만들어진 도로가 중장비와 큰 트럭들의 주차장으로 바뀌어서 아이들이 안전한 놀이터를 잃어버렸기 때문이었다. 그래서 자전거를 타고 동네를 도는 '다 같이 돌자, 동네 한바퀴' 운동을 시작했고, 꽃밭과 꽃길 만들기, 벽화 그리기, 약대마을 지도 만들기도 했다. 이 일은 지역의 가정 해체를 막기 위해 새롬어린이집, 약대글방, 새롬공부방, 신나는 집의 활동을 묶어 세운 새롬가정지원센터와 약대동 주민자치센터의 주민 자치모임, 그리고 약대초등학교가 협력하여 이루어졌다. 이렇게 새롬교회는 마을을 새롭게 하는 꿈을 꾸면서 도시 전체가 춤추게 하는 목회를 추구하게 되었다.

2010년 이후에는 마을의 희망을 찾기 위해 '수요 인문학 카페'를 기획하여 인문학적 성경 읽기와 마을 인문학을 시작했다. 기독교인들에게 부족한 인문학 공부를 통해서 오늘 한국사회의 문제를 바라보게 되었고, 새롬교회는 고립, 자폐, 우울, 침묵 등 현대사회의 역병을 규명하고 치유하기로 결심했다. 이 일에 작은 지역교회와 마을 도서관, 지역아동센터가 중요한 역할을 할 수 있고, 이들이 네트워크를 이룬다면 마을에서부터 문제들을 해결해 나갈 수 있다고 생각했다. 그리고 이들이 평생학습이라는 고리로 연결되어 마을과 도시를 잇는 평생학습공동체를 이룰 수 있다는 보다 구체적인 꿈도 꾸게 되었다.

새롬교회는 작은 교회가 다수를 차지하고 있는 한국교회의 현실에서 작은 교회들이 감당해야 할 역할에 대해서도 좋은 모범을 보여 주고 있다. 몇 년 전 이 교회의 송구영신 예배에 한 청년이 왔는데, 그 청년은 교회가 운영하는 지역아동센터 출신으로 지방대에 입학하여 교회를 떠났었다. 이 청년이 오랜만에 교회에 다시 나온 것은 대학을 나온 이후에 번번이 취업에 실패하면서 절망감에 빠져 있다가, 어렸을 때 자신을 돌봐준 교회가 생각났기 때문이었다. 청년이 처지를 하소연하자, 이 목사는 자꾸 실패하는데 일반 기업에 취업하려고만 하지 말고, 여기 이 마을에 할 일이 많으니 마을에서 할 일을 찾아보라고 했다. 마침 청년이 신방과를 졸업했다는 이야기를 듣고 이 목사는 동네 방송국에서 전공을 살려 일해 보도록 독려하고 최소한의 생활비를 마련해 주었다.

이 청년은 동네 방송국에서 열심히 일하며 마을 활동가로 성장하고 있다. 이 청년이 활동을 하면서 마을 활동에 동참하는 청년들도 늘었다. 목회자를 비롯한 어른들 말에는 반응을 하지 않던 동네 청년들이 친구가 이야기하니까 선뜻 동참하게 된 것이다. 이제 이 마을에서 청년 활동가들이 움직이기 시작했다. 이 목사는 새롬교회의 장점은 '화폐 자본'은 없지만 '사회자본'

이 풍부하다는 것이라고 말한다. 그리고 청년들에게도 이 사회자본을 갖추어 주면 자신들의 힘으로 앞길을 헤쳐 나가게 될 것이라고 말한다.

30년 가까이 지난 지금 새롬교회의 꿈은 상당 부분 이루어지고 있다. 그 결과물 중 하나는 지역사회와 함께 창립한 협동조합 떡카페 '달나라토끼'이다. 협동조합 논의 역시 '수요 인문학카페'에서 시작되었다. 미래에는 무한 경쟁, 승자독식의 시대가 아니라 공동체와 협동의 시대가 되어야 한다는 것을 알게 되었고, 새롬교회 26주년을 맞이하여 마을에서 협동적 삶의 상상력과 창의성을 높이는 잔치 자리를 마련한 것이 계기가 되었다. 자발적 참여, 민주적 운영, 사회적 경제를 목표로 창립한 '달나라토끼'는 새롬교회가 그동안 추구해 온 지역공동체 운동의 연장선 위에 있다.

'달나라토끼'는 단순히 수익사업이 아니라 마을 공동체를 이루기 위한 활동이다. 협동조합을 운영하는 데서 관건은 이것이 수익을 잘 내느냐 하는 것이다. 협동조합도 일종의 사업이기 때문에 수익이 나지 않으면 지속 가능하지 않기 때문이다. 그러나 수익성에 지나치게 치중하다 보면 협동조합의 본래 정신을 잃어버릴 수도 있기 때문에 주의해야 한다. 특히 협동조합은 단순히 수익 사업이라기보다는 수익 사업을 바탕으로 한 공동체 운동으로 이해되어야 하는데, 현실에서는 공동 사업이나 동업 정도로 생각하는 경우가 많다는 것이 우려스럽다. 조합원들에게 이러한 교육이 반드시 이루어져야 하지만 현실적으로 교육을 잘 하지 않는다는 한계를 극복하는 것이 큰 과제이다.

이렇게 어려운 여건 속에서도 새롬교회는 그동안 철저하게 지역사회에 기반한 목회활동을 펼쳐 왔다. '달나라토끼'는 마을과 동떨어져 있지 않고 마을 속으로 들어가 주민과 함께 마을 만들기를 해 온 교회의 정신을 오롯이 담고 있다. "교회가 인큐베이팅해서 지역에 내놓았다"라는 이원돈 목사의 말이 그것을 그대로 나타내 준다. '마을이 꿈을 꾸면 도시가 춤을 춘다'는 이 교회의 슬로건처럼, 삶에 지친 사람들에게 꿈을 심어 주고 마을에 생기를 불어넣어 주는 일이 새롬교회와 함께 앞으로도 계속 이어지기를 기대한다.

5. 들꽃으로 마을을 활짝 피운 시온교회

충남 보령에 있는 작은 시골 마을에 '들꽃마당 시온교회'가 자리하고 있다. '들꽃마당'은 교회 마당에 키운 들꽃의 아름다움을 나누기 위해 주민들과 함께 시작한 마을 잔치에서 비롯된 이 교회의 다른 이름이다. 이웃 주민들과 즐거움을 나누기 위해 시작한 작은 잔치가, 지금은 교회 장로가 운영하는 인근 수목원으로 자리를 옮겨 천 명 이상이 모이는 천북면의 대표적인 지역 축제인 '온새미로 축제'가 되었다. 이 교회 김영진 목사는 원래 도시에서 나고 자랐지만, 이십 년간 농촌 목회를 하는 동안 들꽃 이름을 줄줄이 외고 최신 농업기술 정보에도 훤한 '농촌 사람'이 됐다.

대학생 때 연극부와 밴드 활동을 할 정도로 문화와 예술에 관심이 많았던 김 목사는 문화 목회가 주목받기 이전부터 문화 목회에 관심을 가지고 있었다. 요즘은 보편화된 파워포인트를 활용한 설교를 교계에서 가장 먼저 도입한 것도 김 목사다. 그 효과로 주일학교 학생들이 두 배 이상으로 늘었다. 그러고 나서 한 일은 문화 시설이 부족한 농촌 사람들이 문화 활동을 할 수 있도록 도와주는 것이었다. 장터에 나가 광목을 끊어다 200인치 스크린을 만들고, 거금을 들여 빔 프로젝터를 구입하여 읍내 비디오 가게에서 영화를 빌려다 틀기 시작했다. 평생 처음 영화를 보는 노인부터 동네 꼬마까지 예배당 '마을 극장'으로 모여들었다. 이렇게 하면서 마을 주민들과 격의 없이 어울릴 수 있게 되었고, 주민들도 교회 활동에 매우 협조적으로 바뀌었다.

김 목사는 2007년에 교회 근처 낙동초등학교가 재학생 숫자가 쉰 명 아래로 줄며 '통폐합 대상'이 되자 학교 살리기에도 힘을 보탰다. 당장 그 학교에 다니던 딸의 학교가 없어지게 된 것도 문제였지만, 아이들이 줄어들었다고 해서 행정편의주의로 학교를 없앤다고 하는 것에 동의할 수 없었다. 부족한 예산은 십시일반으로 돕고, 부족한 시설은 재능 기부를 하고, 부족한 인력도 자원 봉사로 충당할 수 있다고 생각했다. 김 목사는 이를 위해 학교 동문회와 함께 신입생 유치 운동을 벌이고, 먼 곳에 사는 학생을 위해 자신은 스쿨버스 기사 역할을 자청했다. 하루 두 시간 반씩 수십 킬로미터를 다니면서 스쿨버스를 몰았다.

학교 활성화의 결정적인 계기는 뜻밖에 찾아왔다. 2009년에 한 TV 방송국에서 비올리스트인 리처드 용재 오닐이 시골의 아이들에게 재능 기부를 하는 프로그램을 기획했는데, 이것을 이 학교에서 유치하게 된 것이었다. 방송국에서 이 프로그램을 준비하면서 대상 학교를 수소문한다는 소식을 들은 김 목사는 무조건 낙동초등학교에서 해야 한다며 학교 당국과 동문을 설득했다. 방송국에다가도 이 학교에서 프로그램을 찍으면 본인이 책임지고 모든 지원을 다 해 주겠다고 약속을 하여 결국 대상 학교로 선정되었다. 이것이 계기가 되어 이 학교에 다니는 아이들은 모두 한 가지 이상씩 악기를 연주할 수 있게 되었고, 지금도 학교는 도시 학교 아이들 이상으로 지원을 아끼지 않고 있다. 그리고 당시에 했던 약속을 지키기 위해 김 목사는 딸이 졸업한 후에도 여전히 스쿨버스를 운행하고 있다.

김 목사는 이러한 활동을 단순히 사회봉사 차원이 아니라 마을 공동체를 만들고자 하는 관심에서 하고 있다고 말한다. 교회나 마을에서 야유회를 가면 그 지역에 마을공동체의 좋은 사례가 되는 곳을 꼭 들러서 견학을 한다. 마을 축제도 이러한 노력의 하나로 시작했고, 최근에 관심을 가지고 있는 것은 협동조합 운동이다. 그는 도시에 비해 인구도 적고 인프라도 부족한 열악한 농촌 환경을 극복할 수 있는 좋은 방법이 협동조합 운동이라고 생각한다.

김 목사는 교단의 충남노회 이름으로 협동조합을 설립하고 먼저 생산자 조합원과 소비자 조합원들을 모집하여 도농 직거래와 농촌 체험, 지역특산품 유통 등의 일을 시작했다. 충남노회는 서해안을 따라 동서로는 부여에서 태안까지, 남북으로는 서천에서 아산까지 휴양지와 관광지가 많이 있고 농수산물이 많이 생산되는 넓은 지역을 기반으로 하고 있어 이를 활용한 각종 사업을 진행하기에 안성맞춤이다. 현재 이 조합에는 오십여 교회가 참여하고 있다.

김 목사는 농촌 체험 관광 마을 만들기에도 관심을 가지고 있다. 농촌은 도시에는 없는 훌륭한 자연환경과 자원들을 가지고 있는데, 이것을 잘 활용할 수 있다면 도시와는 다른 차원에서 풍요로운 삶을 누릴 수 있다고 생각한다. 특히 이 지역은 바닷가를 끼고 있어서 풍광이 아름답고, 조개 체험 프로그램을 연계하면 도시 사람들이 와서 며칠 머무를 수 있는 좋은 상품이 될 수 있을 것으로 본다.

협동조합을 하자면 임원들이나 조합원들 사이에서 의견을 조율하는 것이 중요하다. 협동조합은 민주적인 의사결정이 운영의 핵심이다. 충남노회

협동조합에도 다양한 주체들이 참여하고 있는데, 사업이나 경영 측면에서 협동조합을 보는 사람들과 농촌교회의 입장에서 협동조합에 접근하는 사람들 사이의 의견이 다를 때가 많았다. 그래서 이를 조율하고 협의하는 과정에서 약간의 어려움을 경험하기도 했다. 교회의 관점에서는 도시와 농어촌 지역의 직거래화가 가장 중요한 문제였지만, 이것을 현실적으로 이루어 나가기 위해서는 여러 사업 부서들이 필요했다. 지금은 각각의 부서들이 분담을 해서 잘 협력해 나가고 있다.

이러한 협동조합 활동의 대가로 헌금이 아니라 합당한 보수를 받는 것이 시골 미자립 교회들에게는 목회 터전을 잡아 가는 데 큰 도움이 된다. 헌금은 임의로 되기 때문에 정확한 예산을 세우기 어렵고 헌금한 사람의 의향을 고려하게 되지만, 합리적인 정당한 임금은 계획에 따라 능동적으로 교회 재정으로 사용할 수 있는 것이다.

김 목사는 체험 마을 운영이나 마을 축제는 협동조합에서 수익을 내지 않고 운영자들이 적게나마 직접 이익을 취할 수 있게 하여 지역 활성화를 도모할 방침이다. 김 목사는 이와 같이 협동 정신으로 함께 일하면 농촌 문제와 농촌 교회 문제를 동시에 해결할 수 있다고 생각한다. 이것은 농촌 교회에만 한정된 것이 아니다. 그래서 김 목사는 지역은 농촌이지만, 자신의 목회를 농촌목회로 국한하지 않고, 지역과 함께하는 '지역목회'를 하고 있다고 표현한다. 서두르지 않고 천천히 주위 사람들과 함께 호흡하며 마을 공동체를 세워나가는 시온교회의 모습이 꽤나 믿음직스럽다.

6. 복음의 공공성을 추구하는
더불어숲동산교회

경기도 화성시에 있는 더불어숲동산교회는 안산동산교회에서 개척한 교회다. 2010년 1월 첫 주에 안산동산교회의 성도 열아홉 명이 개척했는데, 당시에 이도영 담임목사는 사적인 것이 된 복음에 대한 문제의식이 있었다. 개인주의적인 근대사회가 신앙에도 영향을 미쳐서 복음조차도 오직 한 개인이 천국 가는 티켓을 따는 것처럼 매우 협소하게 이해되고 있는 것이다. 그래서 복음의 공공성을 회복하자는 뜻으로 교회 이름에 '더불어숲'이라는 단어를 붙였다. 보다 풍성한 복음의 열매를 맺고 더불어 큰 숲을 이루자는 취지이다. 그런 점에서 더불어숲동산교회는 공교회성과 공동체성, 그리고 공공성을 추구한다.

이 목사는 보수적인 신학교를 나왔는데, 신학교에서 시위를 하는 운동권 학생들을 목격하곤 했다. 그들을 보면서 처음에는 의아하게 여겼으나, 점차 그들을 이해하고자 하는 마음이 생겨서 이른바 '운동권 책'들을 읽기 시작했다. 한국민중사나 간디에 대한 책, 전태일에 대한 책들을 읽으면서 충격도 받았고, 몰랐던 세상에 대한 눈도 열렸다. 그리고 그때부터 우리 사회에 대한 고민을 하기 시작했고, 세계관 공부도 다시 시작했다.

그러면서 교회는 갱신의 대상이고 사회는 변혁의 대상일 뿐이라고 생각했는데, 군목을 하면서 뜻밖에 생각의 전환이 이루어졌다. 말 그대로 아주 전통적인 신앙을 가진 분들을 접하면서 특별한 체험을 하게 되었고, '교회는 갱신의 대상이기 전에 사랑의 대상이구나. 마치 잘못을 범한 부모를 고치려 드는 듯한 태도는 잘못되었구나.'하는 생각을 하게 되었다.

완전히 진보적인 고민들만 하느라고 놓쳤던 것들을 전통적인 교회에서 군목을 하면서 많이 배우게 되었고, 제자훈련도 그때 공부했다. 그리고 실제로 목회를 하면서 영적 전쟁의 차원에 대해서도 새로운 경험을 하게 되었다. 군목 후에는 마침 제자훈련 교회에서 셀 교회로 전환하던 동산교회 부목사로 들어가서 한국교회에 보급된 셀 목회도 경험할 기회를 얻었다. 이 교회에서 이 목사는 내적 치유 수양회를 맡아서 정착시키고 내적 치유 사역을 오랫동안 하게 되면서 목회에 대한 나름대로의 균형을 이루게 되었다. 그리고 한국교회에 주어진 다양한 영적 전통을 통합하고 보수와 진보를 아울러서 한국교회의 나아갈 방향을 제시하는 교회를 이루고자 하는 꿈을 가지게 되었다.

그러나 교회 개척은 생각처럼 쉽지 않았다. 안산동산교회의 교회개척 지원 정책이 바뀌게 되었기 때문이었다. 이전에는 충분한 지원을 하면서 개척을 했는데, 그렇게 지원해서 성공 못할 교회가 없다고 해서 지원 액수를 크게 줄이기로 한 것이다. 이 목사는 이 과정이 너무 힘들었다고 회상한다. 피눈물을 흘리면서 기도도 하고 원망도 많이 했다. 그러다가 기도하는 중에,

'주님 다시 오실 때까지 나는 이 길을 가리라, 좁은 문 좁은 길 나의 십자가 지고'라고 고백하는 찬양을 부르면서 완전히 깨졌다. 내 마음의 원망은 결국 내가 다 내려놓지 못해서 그런 것임을 깨닫게 된 것이다.

그렇게 다 내려놓고 편한 마음으로 목회를 하니, 그때부터 하나님께서 일하시기 시작하시는 경험을 했다. 기대도 못했고 상상도 못했던 일들이 일어나면서 주위에서 정말 필요한 사람들이 연결되고, 필요한 도움들을 적절하게 받게 되었다. 인테리어를 하는 분을 만난 것도 그런 경험이었다. 그분의 도움으로 교회 공간을 공정무역 카페와 어린이도서관과 마을서재라는 세 개의 콘셉트를 따라서 꾸몄다. 복음의 공공성을 실천하기 위해 지역과 소통하고, 지역을 섬기며 교회가 속한 지역 전체를 하나의 공동체로 만들기로 결심했기 때문이었다. 하나님께서 교회만 통치하시는 게 아니라 온 세상을 통치하신다는 믿음으로 기존의 셀 교회를 넘어서기 위한 고민을 한 결과였다. 공유, 협동, 생태, 협업, 위키노믹스와 같은 단어에 천착하면서 공정무역 카페를 통해 지역과 소통하고, 철저하게 지역을 섬기는 교회가 되어서 지역과 함께 마을 만들기를 하는 교회가 되기로 했다. 그리고 교회 건물조차도 우리 건물이라고 생각하지 않고, 이 지역의 공유재산이라는 생각을 품게 되었다.

그리고 작은 교회로서는 쉽지 않은 NGO도 설립했다. '페어라이프센터'라는 마을 만들기 NGO인데, 지역사람들과 소통하면서 카페를 하고, 바자회나 벼룩시장을 열어 얻은 수익금에 카페 수입금을 더하여 세계의 분쟁지역 등지에 도서관을 만드는 일을 한다. 이 NGO가 지금은 사회적 협동조합으로 발전했는데, 화성시 제1호 사회적 협동조합을 작은 교회가 설립했다고 해서 지역에서 유명세를 떨치고 있다. 특히 페어라이프센터가 운영하는 공정무역카페 '맑은 샘'은 공정무역을 통해 실제 커피나무를 재배하는 농부에게 정당한 대가를 지급하는 길을 개척해 운영하고 있고, 최근에는 '가자지구'의 기독교인을 지원하는 프로젝트에도 참여하고 있다. 센터에서는 재능기부 사업도 하고 있다. 지역주민 누구나 학생 또는 선생이 될 수 있는 시부야 대학처럼 다양한 강좌에서 재능기부가 진행되고 있다.

협동조합을 설립하면서 크고 작은 어려움도 겪었다. 초창기 이사회는 굉장한 팀워크가 필요하다. 핵심 구성원들이 협동조합의 정신을 공유하고 함께 헌신할 수 있는 팀워크가 이루어져야 한다. 그런데 그 팀워크가 이루어지기까지는 엄청난 어려움이 있었다. 그런 팀워크를 만들지 못해서 협동조합이 깨지는 경우도 많다. 교회 안에서도 성향이 다른 사람들이 이사회에 모이기 때문에 팀워크를 이루는 것이 만만치 않다. 교회도 마찬가지지만, 공동체는 내가 함께 있고 싶고 같이 살고 싶은 사람과만 이루는 것이 아니라, 때로는 정말 싫은 사람과 같이해야 한다. 그러기 위해서 서로가 깨지고 그래서 한 몸이 되어 갈 때 교회가 되는 것이고, 협동조합도 되는 것이다.

이도영 목사는 이 사회적 협동조합으로 취약계층의 사람들을 고용해서 수익사업을 하여 사회에 공헌하고자 한다. 최근에는 조합원이 늘면서 자금도 늘어났지만, 어떻게 사용할 것인지에 대해서는 신중하게 논의하고 있다. 사회적 협동조합이라고 해도 누군가를 고용하면 그 사람의 생계를 책임져야 하는데, 수익이 나지 않는다고 해서 교회가 돈을 채워 넣을 수는 없기 때문이다. 그래서 이 목사는 앞서 가려는 사람들에게 오히려 "제발 느리게 해라. 정신이 공유되어야 된다. 하나님 나라 가치가 무엇인지 늘 확인하자."라고 말한다. 더불어숲동산교회를 통해서 지역사회 안에서 복음의 공공성이 실체화될 수 있기를 기대해 본다.

7. 땅에서도 하늘을 품고 사는
하늘땅교회

경기도 오산시 원동에 위치한 하늘땅교회는 요즘 일반화된 교회 개척 방식
을 따르지 않았다. 커다란 교회 건물을 짓는 것이 성공한 목회로 치부되고
있는 한국교회 현실이지만, 이재학 담임목사는 건물보다는 사람이 우선이
라고 생각했다. 교회는 건물이 아니고 사람이기 때문이다. 특히 교회 공간이
점점 비대해지고 과시적으로 대형화를 추구하는 모순과 부조리를 보면서
건물 없이 교회를 시작하기로 결심했다. 주변에서는 돈이 있고, 건물이 있
고, 사람이 있어야 개척할 수 있다며 만류했지만, 이 목사는 사람을 먼저 만
나야겠다 싶어서 가정집에서 개척 모임을 시작했다.

오산에 아무 연고가 없었지만, 소년원 교정사역을 할 때 만났던 아이들,
그의 청소년 사역에 동참하기를 원한 청년들과 함께 2010년 10월에 하늘땅
교회를 시작했다. 땅에 있지만 하늘을 품고 살자고 해서 교회 이름을 하늘땅

교회라고 지었다. 그리고 하늘땅교회는 땅을 딛고 일어나 하늘을 바라보며 소풍을 가는 공동체이기 때문에, 이재학 목사는 자신의 목회를 '소풍 목회'라고 말한다. 흔히 '순례'라는 신학적인 표현을 많이 쓰지만, 비기독교인들과 쉽게 소통하기 위해서 소풍 목회라고 말하는 것이다. 방과 후에 아이들과 함께 공도 차 주면서 소풍을 가듯이 목회를 시작했다.

그리고 이 목사는 예배와 교육, 선교 등에 이르기까지 모든 사역들을 담임목사 혼자 다 해야 한다는 생각은 잘못됐다고 생각한다. 그래서 청년교회 목회자, 어린이교회 목회자와 장년 교인을 맡은 책임목사 세 명으로 이루어진 공동목회팀을 구성했다. 통상 부서로 나뉘는 주일학교와 청년부를 하나의 독립된 교회로 보고, 각 교회마다 담임목회자를 세웠다. 조직 중심의 관리형 목회가 아니라 사람을 세우고 사람을 돌보는 '교회 안의 교회'를 이룬 것이다.

사람 중심의 목회를 교회 밖으로 넓히기 위해서는, 무엇보다도 오산 시민들이 어떤 사람들인지 이해하고 그들에게 필요한 사역이 무엇인지 알아야 했다. 그래서 이재학 목사는 개척 후에 달걀공장에 취업했다. 도농복합지역인 오산 주민들 중에는 공장에서 일하는 사람들이 많았기 때문에, 주민들을 이해하기 위해 공장에 취직한 것이다. 성도들에게는 교회론을 함께 공부하면서 목사가 공장으로 들어가는 이유를 분명히 전했다. 이 년 동안 달걀공장에서 일하며 사람들을 만나 교제했고, 나중에는 점심시간에 직원들과 예배를 드리게 되었다. 그에게 달걀공장은 또 다른 목회지였다.

이재학 목사는 공장에서 일한 것은 분명 이중직에 해당하지만, 이것을 그리 단순하게 볼 것은 아니라고 말한다. 그에게 공장은 목회 사역의 현장이었기 때문이다. 따라서 현대 사회에서 교회개척에 대한 새로운 접근이 필요하다고 그는 말한다. 특히 교회가 공동체성을 상실해 가는 요즘, 자기들끼리만의 공동체가 아니라 지역을 품을 수 있는 공동체가 되어야 하기 때문에 더욱 그러하다. 이러한 선교적 목회, 선교적 교회의 관점에서는 직업활동도 목회와 연결될 수 있다. 직업활동이 곧 선교활동이 될 수 있기 때문이다. 또한 목회자가 목회 외에 또 다른 전문 직업을 갖는다면, 은퇴 이후에도 전문성을 갖고 계속 사역할 수 있을 것이다.

이 목사는 개척할 당시부터 '작은 교회 연구소'를 운영하고 있다. 한국교회의 영향력이 감소한 가장 주된 책임이 목회자들에게 있다고 생각했기 때문에, 새로운 교회 개척론을 가지고 도전해 보려는 동역자들을 모으고자 했다. 그리고 건강한 교회에 관심이 있는 평신도들과도 힘을 합쳤다. 매년 십여 명씩 모여서 개척 샘플을 정해서 돕는 사역을 했다. 그러면서 그가 동료 목회자들에게 경제적 지원이 없는 교회 개척을 권할 수 있는 것은, 그에게 직업이 하나 더 있기 때문이다. 삶 속에 교회가 있다고 여기는 하늘땅교회의 공동목회팀은 저술가, 학원 영어강사, 대학교 조교 등의 직업을 가지고 사역을 해 나간다. 사모도 예외가 아니다. 이 목사의 사모는 주중에는 특수학교 교사로, 어린이교회 전도사 사모는 헬스 트레이너로 일하면서 주말에는 교회 사역을 한다.

이렇게 지역 속으로 들어가는 목회를 한 지 이 년 만에 하늘땅교회는 성도가 백 명을 넘었다. 완전한 자립은 아니었지만, 목양해야 할 성도들이 늘어나서 이 목사는 공장목회를 그만두고 하늘땅교회 전임 사역을 하고 있다. 하지만 이 목사는 언젠가는 하늘땅교회를 분립하고 또 직업을 구해서 '현장 목회'를 할 생각이다. 이미 스무 명씩 분립하여 두 교회를 개척했고, 세 번째 분립 개척을 준비 중이다.

한편으로 하늘땅교회는 개척 초기부터 목회자 사례비보다는 선교비를 책정해야 한다는 판단에서, 작은 교회들에게 선교비로 백만 원을 보내 주고 있다. 또한 지방에 있는 작은 교회들을 선정하여 찾아가 작은 음악회를 열고, 지역 노인회관을 빌려서 축제를 해 주기도 한다. 고아원, 사랑의 집 등을 방문해 봉사도 하고, 요양원에 찾아가기도 한다. 웬만한 규모의 교회보다 훨씬 더 지역 밀착형의 선교적 목회를 하고 있다.

지금의 자리까지 오면서 이 목사는 솔직한 고백을 한다. 그에게 개척은 어려운 것이 아니었다. 오히려 배운 것, 고민했던 것을 실제로 해 볼 수 있다는 기대가 컸다. 하지만 개척하고 난 후 지금까지 지금 자리를 지키는 일이 더 어려웠다. 그래도 순간마다 찾아오는 작은 감동, 곧 사람들이 신앙 안에서 변화되는 모습이 너무 크게 보였기에, 그 기쁨 때문에 잘 걸어올 수 있었다. 물론 물질 때문에, 사람들 때문에, 건강한 교회에 대한 각자의 생각 차이 때문에, 헌신 없는 요구 때문에 처음에는 어려웠다. 가장 큰 어려움은 그때마다 흔들리는 자신의 마음이었다.

그래도 웃으며 여기까지 올 수 있었던 것은 가장 작은 것을 아름답게 보는 눈 때문이었다. 여기저기서 좋은 조건의 청빙이 들어오기도 했는데, 이 목사는 그것이 자신의 마음을 점검하기 위한 일이었다고 생각한다. 그때마다 신앙생활을 이제 시작하는 교인들이 어려움과 아픔을 털어놓는 모습이 너무 크게 보였기 때문에 지금의 이 자리를 지킬 수 있었다. 그에게 가장 큰 은혜는 여기까지 변함없이 자리를 잘 지켜 오게 하신 것이다.

현재 우리 사회에는 육만 개가 넘는 교회가 있는 것으로 알려져 있다. 그런데 교회를 또 개척하는 것이 과연 필요할까 하는 생각들을 많이 한다. 목회에 대한 분명한 인식이 없이 이해타산을 따져서 여건에 따라 개척을 하려고 하면 진정한 의미의 목회를 하기 어려울 것이다. 무리해서 빚을 져 가면서 시설에 치중하는 것도 바람직하지 않다. 그러나 한 사람, 한 사람을 귀하게 여기고 그들을 섬기며 신앙 안에서 바로 세우는 목회를 한다면, 그런 교회는 여전히 우리 사회에서 필요하다. 하늘땅교회와 같이 올바른 교회관에 터한 사람 중심의 교회들이 더욱 부흥하기를 소망한다.

8. 교회 밖으로 나간 사랑누리교회

수원시 우만동에 있는 사랑누리교회는 루터교단에 속한 교회다. 오 년 전에 이 교회에 부임한 강일구 목사는 먼저 교회 공동체를 회복하는 것을 급선무로 보았다. 부임 전에 있었던 교회의 어려움으로 대부분의 성도가 교회를 떠나서, 부임 당시에는 단 두 명의 성도밖에 없었기 때문이다. 게다가 한국에서 교세가 약한 루터 교단은 사람들에게 잘 알려지지 않아서, 간혹 이단으로 오해를 받을 정도다.

사실 루터교회는 16세기 종교개혁의 과정에서 마틴 루터로 말미암아 등장한 개신교 최초의 교파이고, 수천만 명에 달하는 신자가 있는 전 세계에서 가장 큰 교파 중의 하나다. 특히 독일의 개신교회는 루터교회가 주류를 이루고 있다. 그러나 한국에서는 다소 늦게 1958년에 처음 선교활동이 시작되어서 다른 교단에 비해 교세가 미약한 상황이다. 게다가 루터교회의 예배 예전이 언뜻 가톨릭 미사와 같은 분위기로 느껴져서 익숙하지 않은 사람들은 당황하기 일쑤이다. 새로운 신자가 왔다가도 예배를 시작하고 묵도가 끝나고 나면 슬그머니 사라져 버린 일이 한두 번이 아니었다.

강 목사는 교단을 알리기 위해 애쓰면서도, 한편 자신이 목회하는 교회가 지역 주민들에게 친밀한 교회가 될 수 있도록 노력하는 것이 필요하다고 생각했다. 이것은 단순히 교회를 알리기 위해서가 아니라 지역교회로서 주어진 사명을 다하기 위해서였다. 교회가 자리한 우만동은 수원 지역에서 중하류층의 서민들이 많이 사는 동네다. 특히 교회 주변은 생활이 불편한 언덕 지역이라서, 그중에서도 형편이 어려운 주민들이 몰려 살고 있다. 강 목사는 교회가 이 서민들 사이에 자리 잡고 있는 것을 감사하게 생각했다. 요즘에는 어느 정도 규모가 된 교회들은 주택가가 아닌 변두리 지역에 새로 건축을 해서 교회 건물만 덩그러니 지어 놓는 경우가 많은데, 사랑누리교회는 규모는 크지 않지만 주민들 틈바구니에 끼어 있어서 지역 사역을 하기에는 더없이 좋은 조건이라 생각했다.

강 목사가 주민들과 함께 살기 위해 가장 먼저 생각한 것은 마을 음악회였다. 이곳 주민들은 소득 수준이 높지 않아 생계를 위해서 맞벌이를 하고 대부분 늦은 시간까지 일하기 때문에, 문화 예술 활동에 참여할 기회를 거의 갖지 못한다. 그래서 강 목사는 교우들과 이웃 주민들이 함께 어울려 즐길 수 있는 음악회를 열기로 마음먹었다. 한국 전통음악을 바탕으로 새로운 소리를 창출하여 주목을 받고 있는 음악 그룹 '공명'에게서 재능 기부를 받았다. 공명은 음악회의 취지를 듣더니 흔쾌히 무료 공연을 약속했다. 무대는 교회 마당에 꾸몄다. 빽빽하게 세워도 차량 열 대가 채 들어가지 않는 작은 공간이었지만, 한쪽에 공연을 할 수 있는 무대를 세우고 간단한 조명 시설을 갖추니 제법 분위기 좋은 음악 공간이 만들어졌다.

다음에는 주민들을 초대하는 것이 일이었다. 교회가 생긴 지는 십 년 훨씬 지났지만, 그동안 교회가 주민들과 왕래한 일이 없어서 주민들이 교회 마당에 발을 들여놓을지 확신이 없었다. 강 목사와 교인들은 이웃 주민들을 일일이 찾아가서 부담 없이 와서 즐기라고 설득했다. 다행히 주일 오후에 음악회를 시작하기도 전에 교회 마당은 이미 주민들로 가득 차 있었다. 교회에 담장이 없기 때문에, 마당에 들어오지 못한 사람들은 길가에까지 둘러서서 음악회를 즐겼다. 주변에 사는 사람들은 창문을 열고 음악을 듣거나 건물 옥상에서 내려다보기도 했다. 음악 소리가 꽤 크게 울려 퍼졌지만, 시끄럽다고 항의하는 사람은 단 한 명도 없었다. 동네 작은 교회가 주최한 음악회 치고는 대성공이었다.

강 목사는 음악회의 성공에 힘입어 바자회도 열었다. 먼저 교우들이 솔선수범하여 옷가지며 여러 가지 물건들을 내놓았는데, 나중에는 주민들 중에도 깨끗한 물건들을 가져오는 사람들이 많이 있어서 바자회가 동네잔치가 되었다. 바자회에서 나온 수익금은 동네 중학교에 장학금으로 전달했고, 또한 어려운 노인들을 돕는 데도 사용했다. 이렇게 시작한 음악회와 바자회는 가까이 있는 주민센터에도 알려져서 주민센터와 함께하는 음악회와 바자회로 발전해서 열리기도 했다. 그때마다 강 목사는 교회를 내세우기보다는, 자신 역시 주민의 한 사람으로서 좋은 마을 만들기에 참여한다는 마음으로 임했다.

최근 들어 강 목사의 경험이 전문적으로 인정을 받게 되었다. 지역 활동을 열심히 하는 강 목사에게 주민센터와 구청에서 마을 만들기 사업과 지역복지 사업에 위원으로 참여할 것을 제안하는 연락을 해 왔기 때문이다. 이 일을 통해 여러 단체들이 협력해서 지역사회를 바꾸고 지역공동체를 세워나가는 일에 참여하게 되었다. 물론 이 과정에서 크고 작은 어려움을 경험하기도 했다. 가장 어려운 일은 마을의 여러 기관과 단체들이 참여하는 과정에서 협력하는 것이 그렇게 원만하지는 않았다는 점이다. 각각의 단체들이 자기 단체 중심으로 주장을 펴면서 갈등을 빚기도 했다. 한 단체는 지나치게 자기 생각을 관철시키려고 하다가 협의체를 깨뜨릴 뻔하기도 했다. 서로 좋은 의도를 가지고 참여한다고 해도 여러 단체들이 의견을 조율하고 협력해서 마을 일을 한다는 것이 그리 쉬운 일이 아니라는 것을 경험했다.

교회에서도 공동체를 이루기 위해 크고 작은 갈등을 경험하지만, 그럼에도 우리는 공동체를 이루기 위해 애쓴다. 마을 공동체를 이루는 과정도 비슷하다는 것을 깨달을 수 있었던 좋은 기회였다. 작은 교회가 지역과 함께 상생할 수 있음을 사랑누리교회를 통해서 다시 한 번 확인한다.

9. 도서관으로 소통하는 작은나무교회

2012년 8월 경기도 부천시 역곡동에 문을 연 작은나무교회는 '뜰작'으로 줄여서 부르는 '뜰 안에 작은 나무' 도서관으로 더 유명하다. 예배 처소가 평일에는 작은도서관으로 사용되고 있기 때문이다. 엄밀히 말하면 도서관 공간을 주일에 교회가 사용하고 있다고 말하는 것이 더 정확하다. 이 교회의 나유진 목사는 처음에는 여느 교회와 같은 방식으로 개척을 했지만, 육 개월간의 고민과 기도 끝에 새로운 방식의 목회를 하기로 결심했다. 얼마 되지 않는 교인들과 주일 예배를 드리면서 평일에는 교회 공간을 빈 상태로 방치하기보다, 언제나 지역주민들이 활용할 수 있는 공간으로 만들기로 한 것이다. 그래서 지금의 모습인 도서관 교회로 거듭나게 되었다.

가끔 작은도서관을 운영한다고 하면 "젊은 목사님이 좋은 일을 한다"라며 "교회는 어디에 있어요?" 하고 묻는 이들에게, "여기가 교회입니다."라고 대답하면 당황하는 경우가 있었다. 하지만 이제는 동네 명소가 되면서 이런 질문을 하는 사람들이 거의 없어지게 되었다. 17평 남짓 크지 않은 공간이지만, 뜰작은 동네 엄마들과 아이들에게 없어서는 안 되는 공간이 되고 있다. 오전 열 시에 도서관 문을 열면 엄마 손을 잡고 들어오는 아이들이 책을 고르고 오순도순 모여 앉아 즐겁게 이야기를 나누기도 한다. 오후가 되면 영화제, 만들기, 북 아트 등 아이들을 위한 다양한 프로그램과 학부모들을 위한 교육 강좌도 진행된다. 그리고 다섯 시 반에 도서관 업무가 끝난 이후에는 또 다른 이들이 도서관을 이용한다. 주위에 있는 여러 지역 단체들이 모임 장소로 대여하는 것이다. 많은 지역 단체들이 모임을 할 만한 마땅한 장소가 없어서 애를 먹던 차에 도서관이 장소 대여를 하자 크게 환영했다고 한다.

도서관이 문을 열고 이 년 반이 지난 지금은 육백여 명의 주민들이 뜰작 회원으로 등록되어 있다. 눈에 잘 띄지 않는 상가 건물 2층에 있는 작은도서관이 이렇게 명소가 된 것은 나 목사 혼자의 힘이 아니다. 교인들의 협력뿐만 아니라 지역 학부모 등 여러 사람들의 재능 기부가 바탕이 되었다. 엄마들의 제안으로 강사가 섭외되기도 하고, 다른 도서관에서 활동하던 이가 이사를 와서 강좌를 맡기도 하고, 이웃 단체들의 도움과 협조로 진행되는 프로그램들도 있다. 이렇게 하여 엄마와 어린 자녀들이 그림책을 갖고 활동하는 그림책 놀이, 영화 상영과 만들기 활동을 접목시킨 '뜰작 어린이 영화제', 청소년 형, 누나들과 함께하는 만들기, 역할극 및 연극 발표회, 북 아트, 그리고 엄마들을 위한 그림책 강연과 교육 강좌들까지, 도서관은 매일매일 쉴 새 없이 돌아가고 있다.

이와 같이 뜰작은 그야말로 작은 교회, 작은도서관이 혼자서는 상상도할 수 없는 많은 일들이 벌어지고 있는 지역 활동의 용광로와 같은 곳이다. 이렇게 많은 일들이 벌어지고 있는 뜰작의 자랑 중의 하나는 '뜰 안에 작은 음악회'다. 이 음악회는 한 달에 한 번 열리는 인디밴드 공연인데, 제대로 된 음향장비도 조명도 없지만 음악회가 있는 날이면 동네 잔치와 같이 사람들이 몰려든다. 이 음악회는 삐지라는 뮤지션이 우연히 이곳에 왔다가 공연을 제안하여 시작되었는데, 기왕 하는 거면 지속적인 공연을 만들자 해서 매달 두 번째 주 토요일 저녁마다 공연을 펼치고 있다. 한때는 관객이 적어서 공연을 접을까 했지만 최근에 다시 관객이 늘고 있고, 없애지 말아 달라는 요청까지 들어오면서 음악회는 계속 이어지고 있다.

도서관 활동 중에서 특별히 나 목사가 공을 들이는 것은 '건강한 교육'이다. 나 목사는 단순히 주민들을 즐겁게 해 주기보다는 이들이 우리 사회에 대한 건강한 시각을 갖기를 원했고, 그 핵심이 교육이라고 생각했다. 거의 모든 아이들이 사교육에 찌들어 있지만, 마땅한 대안이 없는 상황에서 부모들은 자기 아이들이 행여 뒤처질세라 아이들을 학원으로 내몰고 있다. 나 목사는 아이들을 뛰놀게 하면서 건강하게 키우는 사람은 소수이지만, 학원에 모든 것을 걸어야 한다는 확고한 신념을 가진 사람 역시도 소수라는 사실을 깨닫고, 자녀 교육에 새로운 흐름을 만들고 싶었다.

그리고 이런 고민들을 나눌 수 있는 공론의 장이 필요하다고 생각해서 다양한 교육 전문가들을 초청하여 강좌를 열기 시작했다. 도서관에서 하는 강좌들이 정답은 아닐 수 있지만, 또 다른 길이 있다는 것을 제시해 주는 것만으로도 의미가 있다고 생각했기 때문이다. 이를 통해서 학교가 변하고 공교육이 변하면, 우리 마을이 변하고 대안적인 문화들이 확산될 수 있을 것으로 기대하고 있다. 나 목사 스스로도 아이가 다니는 초등학교에 운영위원으로 적극 참여하고 있다.

이런 과정에서 목회자들이 겪는 공통적인 어려움이 있다. 그것은 목회자로서의 정체성에 대한 것이다. 지역공동체 운동에 참여하는 것을 중요한 목회의 차원으로 이해하고 있지만, 현실에서의 어려움에 부딪히게 되면 이러한 정체성이 흔들리기도 한다. 특히 도서관 일에 많은 시간과 열정을 쏟게 되면서 상대적으로 교회 사역을 소홀히 하는 것 같은 느낌이 들기도 한다. 이것은 지역공동체 운동뿐만 아니라 자비량 목회나 이중직을 하는 목회자들의 경우에도 비슷하게 경험하는 일이다. 이러한 어려움을 극복한 목회자들은 그 방법이 다른 데 있는 것이 아니라고 입을 모은다. 스스로 깨어서 목회자의 영성을 더 깊게 하고, 교회 사역을 소홀히 하지 않기 위해 시간과 열정을 균형 있게 사용해야 한다고 말한다.

나 목사는 작은 교회의 목사이지만, 교인 수가 성장하기보다는 있는 교인들이 기독교인으로서 신앙을 올바로 실천하기를 중시한다. 그는 서울에서 부교역자 생활을 하면서, 한국교회가 지역교회라고 하면서도 지역과는 전혀 상관없을 뿐만 아니라 이웃 교회들과도 협력이 안 되고 경쟁하는 모습들을 많이 보았다. 그래서 개척을 한다면 '진짜 지역교회'를 해야겠다고 마음먹었다. 그래서 "교회가 동네에 도움이 되는 점도 있구나" 하는 말을 듣는 꿈을 꾸었다.

지금 그 꿈이 조금씩 이루어지고 있다. 뜰작을 이용한 지 한 달쯤 된 어떤 사람은 말하기를, 사실 자기가 기독교 안티였는데 '이런 교회도 있구나' 하면서 이제 '안티' 자를 떼겠다고 했다. 그리고 나 목사의 생일날에는 그의 SNS에 "태어나 주셔서, 우리 동네에 와 주셔서 감사하다"라는 메시지를 남긴 사람도 있었다. 나 목사의 꿈이 모든 한국교회들의 꿈이 되기를 기대해 본다.

10. 자비량 목회로 개척한 어.울림교회

어.울림교회는 부천시에 있는 작은 교회다. 남태일 목사가 2015년 1월에 개척한 어.울림교회는 서민들이 많은 부천 괴안동에 위치해 있다. 남 목사는 기성교회 부목사로 오랫동안 사역했지만, 기성교회에서는 자신이 바라는 이상을 추구하기가 어려워 개척을 하기로 결심했다. 평소에 교회에 대한 전망을 나누던 몇몇 지인들이 교인으로 참여했다. 교회 이름에 있는 '어'는 감탄사다. 하나님 때문에 '어!' 하고 감동할 때 가슴 깊이 울리는 그 울림에 함께 공명한다는 뜻이다. 그리고 함께 공명하게 된 하나님의 백성들이 같이 어울리며 한 가족이 된다는 의미도 있다. 좋은 의미를 담고 있지만, 노회에 교회 설립 신청을 할 때 교회 이름이 이상하다고 하여 신청이 반려될 뻔하기도 했다.

이름만큼이나 어.울림교회는 그 모습에도 독특성이 있다. 다름 아니라

남 목사가 자비량 목회자라는 점이다. 자비량 선교사는 많이 있지만, 자비량 목회자는 생소할 법하다. 그는 성도들에게 목회자의 사례에 대한 부담을 주지 않고 목회자 스스로 생계를 책임지기 위해 아르바이트로 학원 강사를 하고 있다. 남 목사가 버는 수입은 많지 않지만, 스스로 '삼삼사 원칙'을 세워서 사용하고 있다. 수입의 3은 교회에, 3은 자신의 생활에, 나머지 4는 기부를 하는 것이다. 그리스도인이라면 하나님 한 분으로 충분하기 때문에 돈에 얽매이지 않아야 한다고 생각해서다. 그리고 이렇게 해서 절약한 교회 재정은 지역사회와 이웃 주민들을 위해 더 많이 쓸 수 있게 되었다.

앞서 과도한 교회 개척과 경쟁을 야기하는 한국 교계의 실정을 살펴본 바 있다. 이러한 현실에서 목회를 전통적인 관점에서 '교회 안에서의' 활동으로만 한정하기가 어렵게 되고 있다. 현대 사회에서는 목회의 범위를 교회 밖의 다양한 일이나 활동으로 넓힐 필요가 있는 것이다. 외국에 나가서 선교 사역을 하는 경우 교회 건물 안에서만 사역을 하는 것이 아니라 온 지역을 다니면서 다양한 사역을 하는 것처럼, 목회도 이렇게 이해한다면 훨씬 폭넓은 가능성이 열릴 것이다.

어.울림교회는 이러한 판단을 근거로 개척 단계에서부터 도서관을 운영하기로 성도들이 의견을 모았다. 집마다 책을 장만하기 어려운 서민 지역에서 도서관이 매우 유용하다고 생각했기 때문이다. 교회들이 전도하기 위한 목적으로 도서관이나 카페를 운영하는 경우들이 많은데, 어.울림교회는 오로지 지역 섬김 자체를 위해 도서관을 운영하고 있다. 도서관의 이름은 '언덕 위 광장'이다. 고대 그리스의 광장이 다양한 철학과 사상이 형성되고 언제나 사람들이 모여서 다양한 목소리를 내던 공간이었기 때문에 '광장'이 도서관의 이름으로 좋다고 생각했다. 그리고 '언덕'은 도서관이 실제로 언덕마루에 있기도 하지만, 성경에서 언덕 위의 마을을 이야기하는 구절에서 착안했다. 언덕 위에 있기 때문에 누구나 볼 수 있고, 누구나 볼 수 있는 곳에서 빛과 소금의 역할을 하는 곳이 되겠다는 의미가 있다.

언덕 위 광장에는 작은도서관들 중에서도 돋보이는 특징이 있다. 아동도서, 교육 관련 도서 이외에도 작은도서관답지 않게 묵직한 인문, 사회과학 도서들을 구비했다는 점이다. 이렇게 사회과학 책에 주력하게 된 이유에는 도서관을 통해 지역사회에서 실현하고 싶은 남 목사의 포부가 담겨 있다. 남 목사는 이 지역에서 기독교인들이 비기독교인들과 함께 나눌 수 있는 담론을 만들어 가기를 원한다. 삶이 바쁘다 보니 지역에, 사회에, 정치에 무관심해지고, 그런 무관심 가운데 지역과 사회, 정치는 그 순기능을 잃어 가는 악순환이 발생하고 있다. 이 고리를 끊고 선순환으로 변화하는 과정에서는 가치관의 충돌이 일어날 수밖에 없는데, 이런 사회과학적인 생각과 이야기들에 자꾸 노출되어야 가치관들의 조정이 가능해지겠다고 생각한 것이다. 그것이 도서관의 이름인 '언덕 위 광장'에도 걸맞은 역할이라고 생각한다.

이러한 취지로 도서관에서는 다양한 활동이 이루어지고 있다. 남 목사는 특히 교회에서뿐만 아니라 가정에서도 자꾸 주변부로 내몰리고 있는 아빠들을 다시 중심으로 끌어오려고 한다. '아꿈사', 곧 '아빠와 꿈을 찍는 사진관' 프로그램을 운영하면서 아빠들이 자녀들과 어울릴 수 있는 자리를 만들어 주고, 학교 운동장에 모여서 함께 짜장면을 시켜 먹기도 한다. 그리고 함께 활동하면서 모이게 된 지역 아빠들이 서로 알게 되고 친구 관계로 발전하면서 마을이 공동체가 되어 가는 것을 경험한다. 이제 아빠들은 회사에서 일찍 퇴근해서 더 많은 시간을 자녀들과 보내려고 하고 있다. 그리고 엄마들과는 책을 읽는 모임을 가지고 있다. 자녀교육 관련 책부터 인문서적까지 다양한 책들을 읽고 토론하는 시간이다. 앞으로는 요즘 쟁점이 되고 있는 역사책을 아이들과 읽으면서 토론하려고 한다.

이런 과정에서 크고 작은 어려움도 경험한다. 자비량 목회의 어려운 점은 무엇보다 재정적인 부분이다. 도서관 운영이 수익을 창출하지 않기 때문에, 목회자 가정의 생활비를 마련하기 위해서는 도서관 운영 시간 외에 일을 해야만 한다. 지역 주민들의 도서관 후원으로 인건비가 마련될 수 있다면 아주 바람직하지만 현실적으로 쉽지 않다. 학원 강의를 통해 재정을 마련했으나, 도서관을 통한 지역 활동이 많아지면서 그 역시 쉽지 않다. 각 지자체에서 주민 참여 사업으로 마을공동체 활성화 사업을 공모하고 선정된 단체에 사업비를 지원하고 있으나, 실제 사업을 주관하고 실행하는 도서관 운영자의 인건비는 지원되지 않는다.

그리고 교회를 개척하고 도서관 운영을 통해 지역과 소통하려고 하지만, 그 현실의 벽은 결코 낮지 않다는 것도 경험했다. 여기서 지역주민들의 참여가 지속적이지 못한 점이 가장 어려운 부분이다. 더불어 함께하는 지역살이에 공감하고 동의하지만 삶에서 경제활동이 절대 우위에 있기에, 지속적인 모임과 자생력을 갖기에 어렵고 수동적인 참여로 만족하는 경향이 강하다. 그래서 주민들이 주체적으로 활기차게 활동할 수 있는 사회적 환경과 인식을 만드는 일이 무엇보다도 중요하다고 생각한다.

여러 가지 어려움을 경험하고 있지만, 어.울림교회는 교회 개척의 좋은 모델을 보여 주고 있다. 한국의 많은 교회들이 재정 형편에 따라 지역을 정해서 개척을 하고 개척 자금이 바닥나게 되면 교회 문을 닫는 경우가 허다하다. 어.울림교회는 교회 개척이 재정에 좌우될 필요가 없다는 점과, 교회가 자기들만의 공동체가 아니라 지역사회에 열려 있는 공동체로서의 역할을 하는 것이 얼마나 중요한지를 보여 주는 좋은 사례다.

또한 어.울림교회를 통해 작은 교회의 가능성도 보게 된다. 교회가 양적으로 성장하지 못해서 작은 교회인 것이 아니다. 보다 친밀한 공동체를 추구하면서 큰 교회와는 다른 방식의 지역 밀착형 목회를 하며 자신들만의 이야기를 만들어 간다면, 작은 교회는 교회로서의 역할을 거뜬히 해 낼 수 있다는 점에서 그러하다. 앞으로 우리 사회에서 더 많은 작은 교회들의 풍성한 이야기들을 들을 수 있기를 기대한다.

11. 미국 시애틀 교회들의 실험

시애틀 탐방

목회사회학연구소 주관으로 미국 시애틀 교회들을 2주간 탐방했다. 흔히 많이 찾는 LA를 포함한 캘리포니아 지역이 아닌 시애틀을 찾은 이유는, 성공한 목회를 보기 위한 것이 아니라 새로운 환경에 교회들이 어떻게 대응하는지를 보고 싶었기 때문이다. 시애틀은 잘 알려진 대로 커피전문점 스타벅스 1호점이 있는 곳이고, 사업 분야에서도 다양하고 새로운 시도들이 일어난 곳이다. 빌 게이츠 역시 시애틀 출신이고 마이크로소프트 본사가 시애틀 인근 밸뷰 지역에 있다. 이외에도 온라인 기업 아마존, 항공업체 보잉사, 대형 양판점 코스트코도 시애틀에서 시작된 기업들이다.

이러한 환경의 영향을 받았을까? 시애틀의 교회들에서도 다양한 실험들이 있었다. 최근 미국에서 기독교인의 감소가 두드러진다는 소식이 전해지고 있는데, 시애틀은 미국에서도 가장 기독교인 비율이 낮고 종교 인구도 적은 지역, 다시 말해서 가장 세속화된 지역이라고 할 수 있다. 이곳의 종교 상황을 설명하는 단어는 비종교인을 뜻하는 'None'과, 교회는 끝났다는 의미의 'Done'이라는 단어다. 『겨자씨VS맥세상』과 『하나님나라의 모략』으로 우리에게도 잘 알려진 톰 사인Tom Sine 교수를 만났는데, 그는 미국의 새 밀레니엄 세대에 관심을 가지고 있었다. 그는 새 밀레니엄 세대 중에서도 서른 살 아래의 젊은 세대는 교회의 경험이 없는 'None족'이고, 서른 살 이상은 대개 교회를 떠난 'Done족'이라는 차이가 있다고 설명해 주었다. 이렇게 교회뿐만 아니라 종교 자체에 관심이 줄어든 미국인들에게 다가가기 위해 미국 교회들은 다양한 시도를 하고 있다.

그중에서도 가장 놀라웠던 교회는 보통 CTK 교회로 줄여 말하는 크라이스트더킹Christ The King교회였다. 이 교회는 인근 지역에서 소모임을 활성화시키고 이 소모임을 중심으로 사람들이 모이면 새로운 교회를 개척해서 '멀티 사이트 처치multi site church'를 만들고 있는 교회로 유명하다. 우리가 방문한 교회는 『작은 교회가 답이다』의 저자이고 CTK 교회들의 리더인 데이브 브라우닝Dave Browning 목사가 시무하고 있는 교회였다. 브라우닝 목사는 자신이 개척하여 지금은 가장 규모가 커진 교회를 다른 목사에게 맡기고 자신은 다시 인근 지역에 개척해서 나왔다. 미국에는 현재 이러한 멀티사이트 처치가 팔천여 개이며 오백만 명의 신도가 속해 있어서, 교단으로 치자면 미국에서 네 번째로 큰 교단에 해당한다고 할 정도로 최근 급성장했다. 그래서 새로운 트렌드이면서도 이미 일상화 되어서, '새로운 일상new normal'이라고 말할 정도다.

이 교회는 유지관리비를 절약하기 위해 창고를 개조해서 예배당으로 쓰고 있었다. 그래서 교회 외관은 우리나라에서도 흔히 볼 수 있는 물류 센터의 모습과 같았다. 더욱 놀라운 것은 예배 시작 전후에 사람들이 간단한 식사를 한다는 것이었다. 예배당 뒤편(예배당 밖이 아니다!)에 간단한 뷔페식 음식들이 마련되어 있어서, 예배 시작 전뿐만 아니라 예배가 시작된 후에도 음식을 먹는 사람들이 많이 있었다. 예배 후에 물어보니, 교회에 처음 나오는 사람들도 자기 집처럼 편안함을 느끼도록 하기 위한 배려라고 한다. 예배 시간이 좀 어수선하긴 했지만, 사람들은 익숙해서 신경 쓰지 않는 것 같았다.

선교적 교회를 지향하다

이러한 교회들을 찾아서 방문한 것은 단순히 특색 있고 유별난 교회들을 보기 위한 것이 아니라, 요즘 주목받고 있는 선교적 교회들을 보기 위한 것이었다. 선교적 교회(미셔널 처치missional church의 역어다)는 교회의 선교 사명을 해외에 있는 직업 선교사에게만 맡길 것이 아니라 모든 교회가 지역사회에서 감당해야 하며, 마찬가지로 모든 그리스도인들은 각자의 삶의 영역에서 선교의 삶을 살아야 한다고 여기는 교회를 가리킨다. 기존의 mission이라는 단어가 본래의 의미와는 다르게 변질되고 있는 것을 반성해서 사전에도 없는 'missional'이라는 단어를 만들어서 쓰고 있는 것인데, 이것은 한국 교계에서 쓰는 '선교'라는 말에도 똑같이 해당되는 것으로 보인다.

선교적 교회를 표방하는 교회들은 기존의 또는 전통적인 방식의 목회나 신앙생활을 과감하게 바꾸어서, 해외 선교지에 있는 교회들처럼 교회 울타리를 넘어서까지 목회의 영역을 확장하는 특징들을 보인다. 그래서 대부분의 선교적 교회들은 자신이 속한 지역사회에 깊숙이 들어가서 주민들과 인격적인 관계를 만들고, 지역 문제들을 해결하여 이 땅에 파송된 교회의 본래 사명을 감당하고자 한다. 현실에서는 뚜렷하게 선교적 교회를 표방하는 교회들이 있고, 명시적으로 드러내지는 않지만 그 사역이 선교적 교회의 지향점과 통하는 교회들도 선교적 교회의 범주에 넣는다. 앞에서 소개한 CTK 교회도 선교지와 같이 변해 버린 시애틀 지역에서 교회가 선교 사명을 감당하고 사람들에게 쉽게 다가가기 위해 이러한 시도를 한 것으로 이해된다.

미국 자체가 이민 국가이기도 하지만, 특히 시애틀 지역은 전 세계에서 수백여 민족과 나라의 사람들이 들어오는 지역이라고 한다. 마이크로소프트 본사가 있는 밸뷰 지역에서 다문화 사역을 하고 있는 '쥬빌리 리치Jubilee Reach'라는 기관은 처음에 중견교회인 밸뷰장로교회가 세웠지만 지금은 이 교회가 전혀 주도권을 주장하지 않고, 기관을 지원하는 지역 교회들과 파트너십을 유지하면서 독립적으로 운영되고 있다. 이 기관의 디렉터인 톰 브루어Tom Brewer 목사는 남가주에서 목회를 은퇴하고 이곳에서 디렉터로 제2의 사역을 하고 있다. 그는 이민자가 많은 시애틀에서도 가장 다양한 인종과 민족이 있고 서른 개 이상의 언어가 사용되고 있는 벨뷰 지역에서 사역하는 것이 바로 선교사역이라는 생각을 가지고, 주민들의 필요를 채워 주는 사역을 하고 있다고 말한다.

지역과 함께하는 교회

시애틀 지역교회들을 탐방하면서 많이 들은 단어 중 하나는 '커뮤니티 디너community dinner'였다. 교인들끼리 애찬식의 의미로 공동 식사를 하는 경우도 있지만, 지역 주민들을 초청해서 함께 식사를 하기도 한다. 매우 인상 깊었던 곳은 순복음 교단 목회자가 빈곤층 사람들에게 식사를 제공하는 커뮤니티 디너였는데, 식사를 해결하기 어려운 사람들에게 요일마다 장소를 정해서 매일 저녁 공동 식사를 제공하고 있었다. 식사 전에 간단한 메시지를 전하고 기도를 했는데, 처음에는 거부감을 가졌던 사람들이 점점 익숙해지면서 나중에는 기도를 부탁하기도 한다고 했다. 놀라운 것은 이 교회는 따로 예배를 드리지 않고 이 커뮤니티 디너 자체를 예배라고 한다는 것이었다. 이 교회의 담임목사는 건물 중심의 '교회화churchinity'가 문제라면서, 이 공동식사 자체가 교회이고, 함께 식사하는 이들이 자신의 교인이라고 말했다.

이러한 미국 교회들의 실험을 우리 교회 현실에서 그대로 적용할 수도 없고, 그럴 필요도 없다. 하지만 우리 사회에서도 최근 종교에 대한 무관심이 증가하고 있고, 교회를 떠나는 사람들은 더욱 급증하고 있다. 이러한 상황에서 교회가 어떻게 대응을 해야 할지 고민해야 한다. 종교 단체에 속하지는 않은 사람도 종교 자체에 무관심한 것은 아니라는 연구 보고들이 있고, 교회를 떠나는 사람들도 신앙 자체를 버린 것이 아니라고들 이야기한다. 예수님은 사랑하지만 교회를 사랑하지는 않는다는 것이다. 이런 모습을 보면서 한국교회 역시 지나치게 교회 중심의 사고에 갇혀 있지 않은가 되돌아보게 된다. 한국교회들이 교회 본래의 모습을 되찾고 지역에 뿌리내리는 사역들을 펼칠 수 있기를 간절히 소망한다.

12. 쥬빌리 리치의 '아래로부터'의 방법

탈근대 시대

현재 일어나고 있는 사회 변화 가운데 가장 주목을 받는 것은 전체 사회를 뒤덮고 있는 '탈근대주의postmodernism' 경향이다. 근대화의 기획 이래 현대 사회에서는 절대 진리와 보편 법칙과 같은 근대적 거대 담론이 주류를 형성해 왔다. 그러나 이러한 근대화의 심화는 이에 대한 반작용을 일으켰고, 이제까지 현시대를 특징적으로 표현하는 '근대modern'라는 말로는 설명할 수 없는 새로운 사회를 등장시켰다. 학자들은 근대 이후의 새로운 사회를 '포스트모던postmodern', 곧 탈근대 사회라고 지칭하고 있다.

근대 사회를 추동하는 힘은 진보의 개념이었으나, 탈근대주의를 지지하는 학자들은 역사의 진보라는 가정이 무너졌다고 말한다. 탈근대주의의 관점에서는 역사의 개념을 총체적인 것으로 이해하는 거대 서사는 더 이상 존재하지 않으며, 존재하는 것은 어떤 자연적 중심도 갖지 않는 무한한 수의 서로 다른 역사들과 지식의 형식들뿐이다. 인간의 이성에 기반한 과학의 권위가 실추하고, 다양하지만 동등한 중요성을 지닌 가치와 성향들의 존재를 인정하게 된 것이다. 이러한 점에서 탈근대의 세계는 고도로 다원화된 세계라고 할 수 있다.

이러한 탈근대적인 변화는 목회의 거의 모든 부분에 대하여 변화를 요구한다. 사회 분화의 극대화로 목회자는 이제 모든 분야의 전문가일 수가 없으며, 유동성의 심화로 과거와 같이 교인들 사이에서 강력한 결속력을 기대하기도 점점 더 어렵게 된다. 특히 집단보다는 개인의 개성과 권리를 중시하는 풍조는 교회에 대한 충성과 헌신을 요구하기도 어렵게 만들어, 권위에 일방적으로 복종을 요구하는 것은 더 이상 가능하지 않게 되고 있다. 따라서 교회의 구조는 교회의 본질적인 요소를 견지하면서도 이러한 유동성과 개성을 수용할 수 있는 방향으로 전환될 필요가 있다.

이에 따라 목회자의 지도력도 변화를 요구받는다. 근대적인 지도력은 이른바 '교사-학생' 모델로, 지도자가 정답을 알고 있고 조직 구성원들은 그 정답을 따르기만 하면 된다고 하는 '위로부터top down'의 모델이다. 많은 교회 지도자들은 여전히 올바른 방법과 전략만 갖는다면 원하는 미래를 예견할 수도 있고 관리할 수도 있다고 약속하는 근대화 기획에 매료되어 있다. 이들에게 그 미래는 여전히 많은 사람들로 가득 찬 대형 교회들을 뜻한다. 그러나 이것은 우리 사회가 변화해 나가는 방향과는 거리가 먼 것이다.

사회는 점점 더 불확실한 상황으로 변해 가고 있다. 이러한 탈근대적 변화가 일어나는 상황에서는 거창한 사명 선언이나 전략적 기획은 적절하지 않다. 그보다는 지역에 있는 평범한 사람들의 삶을 통해 그들에게서 일어나는 실제 변화에 주목하면서, 지도자와 구성원이 함께 자기들 나름대로의 대안을 마련해가는 '아래로부터bottom up'의 운동이 적실성이 있을 것이다. 어느 시대 어느 사회에나 들어맞는다고 하는 보편적인 원리를 추구하고 거대 담론을 논하기보다는, 평범한 사람들의 소소한 이야기에 귀를 기울이며 스스로 자기들만의 삶과 신앙에 대한 이야기를 만들어 갈 수 있도록 안내하는 것이 탈근대 시대의 지도자에게 적합한 덕목이다.

지역 사역도 아래로부터

이러한 아래로부터의 방법은 최근 관심이 모이고 있는 선교적 교회론에서도 중요한 원리로 활용되고 있다. 교회 중심의 사역이 아니라 지역사회로 들어가서 그곳의 필요에 따라 적절한 사역을 개발하는 것이 강조되기 때문이다. 미국 교회들을 탐방했을 때 시애틀 인근 밸뷰 지역에서 '쥬빌리 리치Jubilee Reach'라는 기관을 방문했다. 지역 사역을 위해 밸뷰장로교회가 시작한 기관인데, 지금은 독립적으로 운영되고 있다. 이 기관은 이민자가 많은 시애틀에서도 가장 인종과 민족과 언어가 다양한 밸뷰 지역에서 사역하는 것이 바로 선교사역이라는 생각을 가지고 주민들의 필요를 채워 주는 사역을 하고 있다.

여기서 가장 중요한 원칙은 '사랑하고, 듣고, 배우라'는 것이라고 한다. 곧 지역 주민들을 사랑하며 그리스도의 사랑을 실천하고, 그들의 이야기를 듣고, 그들로부터 배우라는 것이다. 이곳에서 디렉터로 사역하고 있는 팀 브루어 목사는 많은 교회들이 진리를 선포하는 데만 열중해서 말만 열심히 하는 데 반해, 자신들은 먼저 지역 주민들의 이야기를 들으려고 했다고 한다. 그래서 이들의 이야기를 듣고 필요를 파악하여, 서른다섯 가지 언어가 사용되는 다문화지역에서 영어를 가르치기 시작했고, 맞벌이하는 부모가 일찍 출근한 후에 보살핌이 필요한 아이들을 위해 비포스쿨before school: 방과 전 학교을 시작했고, 수업이 끝난 아이들이 기관을 찾아오자 애프터스쿨after school: 방과 후 학교을 하기 시작했다고 한다. 그리고 운동이 아이들의 정서와 품성 개발에 유익하기 때문에, 모든 아이들에게 스포츠를 열심히 가르친다고 한다.

아이들을 가르치는 일은 전문성을 갖춘 현장 코치들이 하는데, 아이들은 목사님이나 선생님, 부모님 말씀에는 별로 귀를 기울이지 않지만 자원봉사자들인 코치들은 잘 따른다고 한다. 중요한 것은 이 모든 일들이 큰 계획 아래 이루어진 것이 아니라, 하나씩 하나씩 풀뿌리로부터 시작되었다는 점이다. 그리고 지금은 수백 명의 자원봉사자들이 삼천 명의 학생과 주민들을 위해 봉사하고 있다. 기관의 모든 시설은 기증받아 마련되었는데, 지금은 지역의 십여 개 교회들이 이 사역에 동참하고 있고, 월드비전이나 빌 게이트 재단에서도 도움을 받고 있는 큰 사역이 되었다고 한다.

작은 일부터 실천하는 것이 중요하다

겨울이 시작되기 전에 많은 교회에서 하는 봉사활동 중의 하나가 김장하기다. 형편상 김장김치를 담글 수 없는 이웃들에게 김장을 담가 주는 봉사 활동이 꽤 오래전부터 진행되어 왔다. 그런데 언젠가 독거노인에게 반찬 봉사를 하는 사람의 이야기를 들어 보니, 어르신께서 집에 김치는 있느냐며, 없으면 김치 좀 가져가서 먹으라고 하시더라는 것이다. 냉장고를 보니 혼자서는 다 먹을 수 없을 만큼의 김장 김치가 쌓여 있었다고 했다.

이것은 김장이나 반찬 봉사가 특정인에게 몰려서 너무 많은 양을 받기 때문이기도 하지만, 또 사실 잘 먹지 않는 김치를 담가 주기 때문이기도 하다. 대부분의 김장 봉사는 수십 명이 모여서 똑같은 종류의 김치를 수백 포기 또는 천 포기 이상 담가서 제공하는 것이다. 그런데 사람에 따라서 어떤 사람은 젓갈이 들어간 김치를 안 먹기도 하고, 빨간 김치보다는 백김치를 좋아하기도 하는 등 입맛이 다 다르다. 그러나 봉사하는 쪽에서는 이러한 세세한 필요를 파악하지 않고 한 가지 김치만을 담가서 주는 것이다. 어쩌면 이들의 마음속에는 '없는 형편에 주는 대로 받아먹고 감사하게 생각해야지.'하는 생각이 있는지도 모르겠다.

이제는 이러한 시혜성 봉사를 넘어서야 한다. 정말 필요한 것을 주기보다는 그저 봉사자 스스로를 만족시키는 봉사는 그만두어야 한다. 성경에 나오는 예수님의 사역은 수요자의 필요를 정확하게 파악하여 그것을 해결해 주는 사역이었다. 한국교회들이 예수님의 사역을 본받아, 작은 것 하나라도 진심을 담아 필요를 제대로 채워 줄 수 있는 사역을 펼치게 될 수 있기를 기대한다.

참고 문헌

가네코 이쿠요 엮음, 김정복 옮김, 『커뮤니티 비즈니스의 시대』, 이매진, 2010.

고건, 「공동체 자본주의와 근대 자본주의 정신」 KDI, 『사회적 기업 활성화 방안에 관한 심포지움 자료집』, 2008년 11월 14일.

곽현근, 「현대 지역공동체의 의의와 형성전략」, 이종수 엮음, 『한국사회와 공동체』, 다산, 2008.

굿미션네트워크 엮음, 『시민사회 속의 기독교회』, 예영, 2008.

김경동, 『급변하는 시대의 시민사회와 자원봉사: 철학과 과제』, 아르케, 2007.

김구, 「지역공동체 역량구축을 위한 정부의 역할」, 이종수 엮음, 『한국사회와 공동체』, 다산, 2008.

김권정, 「1920·30년대 한국기독교의 농촌협동조합운동」, 『숭실사학』제21집, 2008.

김기섭, 『깨어나라! 협동조합: 더 좋은 세상을 만드는 정직한 노력』, 들녘, 2012.

김선일, 「신도시주의 운동과 교회의 공동체성 회복에 대한 전망」, 『기독교사회윤리』11권, 2006.

김성오 외, 『우리, 협동조합 만들자: 협동조합 창업과 경영의 길잡이』, 겨울나무, 2013.

김순환, 「한국교회 연합을 위한 실천신학적 성찰과 제언」, 『신학과실천』 26권, 2011년 2월.

김영수·박종안, 「한국 커뮤니티 비즈니스의 성공요소에 관한 사례연구: 농촌체험 관광 마을을 중심으로」, 『농촌사회』제19집 2호, 2009.

김영정, 「지역사회 공동체의 재발견: 공동체 복원 및 활성화 정책의 방향과 과제」, 『한국사회학회 심포지움 논문집』, 2006.

김재현, 「살고 싶은 도시 만들기 활성화 방안: 살고 싶은 도시 만들기와 커뮤니티 비즈니스」, 『국토』321호, 2008.

김준, 「작은도서관의 개념에 대한 이해」, 『도서관계』140호, 2006.

김진범·정윤희·이승욱,·진영환, 『도시재생을 위한 커뮤니티 비즈니스 지원방안 연구』, 국토연구원, 2009.

김찬호, 「일본 도시화 과정에서 마을 만들기의 전개와 주민 참여」, 『도시행정학보』13권 1호, 2000.

김현대·하종란·차형석, 『협동조합, 참 좋다: 세계 99%를 위한 기업을 배우다』, 푸른지
    식, 2012.

나카모리 마도카, 「커뮤니티 비즈니스와 중간지원조기의 역할」, 희망제작소 엮음, 『지
    역재생과 자립을 위한 대안찾기』, 희망제작소, 2008.

뉴스앤조이 엮음, 『이웃과 함께하는 도시교회2』, 뉴스앤조이, 2015.

러셀 J. 달턴 지음, 박형신·한상필 옮김, 『새로운 사회운동의 도전』, 한울아카데미,
    1996.

알렌 록스버그, 「서구 교회에서의 미셔널 정황」, 한국기독교목회자협의회, 『한목협 제
    11회 전국수련회 자료집: 하나님의 사명을 수행하는 교회와 리더십』, 2009.

앤드류 매클라우드 지음, 홍병룡 옮김, 『협동조합, 성경의 눈으로 보다』, 아바서원,
    2013.

그레그 맥레오드 지음, 이인우 옮김, 『협동조합으로 지역개발하라』, 한국협동조합연구
    소, 2012.

박영신, 「'공공의 공간' 형성과 확장: 한말 조선 사회와 그 이후」, 『사회이론』, 2004년
    봄/여름호.

박형신, 「한국의 배타적 민족주의, 시민사회론, 선교적 교회론」, 『신학과실천』48호,
    2016.

백승우·정안성·김수현, 「농산물 직거래 활성화를 위한 지자체와 협동조합의 역할」,
    『신학과 사회』28권 3호, 2014.

막스 베버 지음, 박성수 옮김, 『프로테스탄티즘의 윤리와 자본주의 정신』, 세계, 1988.

성석환, 「지역공동체 형성을 위한 '문화 복지'의 실천」, 『지역공동체를 세우는 문화 선
    교』, 두란노, 2011.

성석환, 「지역공동체 형성을 위한 도시교회의 문화선교」, 『한국기독교신학논총』68권 1
    호, 2010.

송시형, 「한국 협동조합 설립유형에 관한 기초연구」, 『글로벌사회보지연구』제5권 2호,
    2015.

시바타 이쿠오지음, 서현진 옮김, 『소호와 함께 마을만들기』, 아르케, 2009.

신명호 외, 「도시 공동체운동의 현황과 전망」, 『도시연구』6호, 2000.

아사 아츄시, 「커뮤니티 비즈니스의 지원 구조와 정부의 역할」, 희망제작소, 『지역재생

과 자립을 위한 대안찾기』, 희망제작소, 2008.

개러스 아이스노글 지음, 김선일 역, 『왜 소그룹으로 모여야 하는가』, 옥토, 1997.

안종현, 『주민과 함께하는 농촌관광마을 만들기』, 한국학술정보, 2009.

오하라 가즈오키 지음, 김현정 옮김, 『마을은 보물로 가득 차 있다: 에코뮤지엄 기행』, 아르케, 2008.

우미숙, 『공동체도시』, 한울, 2014.

로버트 우스노우 지음, 정재영·이승훈 옮김, 『기독교와 시민사회: 현대 시민사회에서 기독교인의 역할』, CLC, 2014.

윤태근, 『성미산 마을 사람들』, 북노마드, 2011.

이덕주, 『기독교 사회주의 산책』, 홍성사, 2011.

이영환, 「협동조합에 대한 신제도론적 접근: 완주 로컬푸드를 중심으로」, 『신학과 사회』28권 3호, 2014.

이원돈, 『마을이 꿈을 꾸면 도시가 춤을 춘다』, 동연, 2011.

이종수, 「공동체와 마을 만들기」, 이종수 엮음, 『한국사회와 공동체』, 다산, 2008.

이종원, 「기독교 협동조합의 가능성」, 『신학과 사회』30권 1호, 2016.

이혁배, 「기독시민과 교회시민에 대한 시민신학적 성찰」, 『신학과실천』32권, 2012.

이현웅, 「전환기에 선 한국교회 목회 패러다임의 변화: 지역사회 섬김을 위한 미래 목회 실천 방안」, 『신학과실천』31권, 2012.

임영선, 『협동조합의 이론과 현실』, 한국협동조합연구소, 2014.

스테파노 자마니·베라 자마니 지음, 송성호 옮김, 『협동조합으로 기업하라: 무한경쟁 시대의 착한 대안, 협동조합 기업』, 북돋움, 2012.

장규식, 「1920년대 개조론의 확산과 기독교사회주의의 수용·정착」, 『역사문제연구』제 21호, 2007.

장종익, 「한국 협동조합운동의 역사적 흐름과 과제」, 『농촌과 목회』54호, 2012.

정규호, 「한국 도시공동체운동의 전개과정과 협력형 모델의 의미」, 『정신문화연구』35권 2호, 2012.

정재영, 『교회 안 나가는 그리스도인』, IVP, 2015.

정재영, 「교회가 참여하는 지역공동체 운동으로서의 커뮤니티 비즈니스」, 『신학과실천』34집, 2013.

정재영, 「사회봉사를 넘어 지역공동체 운동으로」, 기윤실, 『교회와 함께하는 지역공동체 세우기 워크샵 자료집』, 2011.

정재영, 「제자훈련에 대한 경험과 의식」, 송인규 외, 『한국교회 제자훈련 미래 전망 보고서』, IVP, 2016.

정재영, 「지역공동체 세우기를 통한 교회의 시민사회 참여」, 『신학과실천』22권, 2010.

정재영, 『한국교회, 10년의 미래』, SFC, 2012.

정재영·조성돈, 『더불어 사는 지역공동체 세우기』, 예영, 2010.

조명래, 「지역사회에의 도전: 도시공동체의 등장과 활성화」, 한국도시연구소 엮음, 『도시공동체론』, 한울, 2003.

조무성, 「JKSH 공적신학 모형을 통한 샬롬 시티와 건강도시 형성: 성남시 다섯 교회 분석」, 『신학과실천』 54호, 2017.

조은기, 『농촌불패: 농업이 미래다』, 모던플러스, 2009.

주재일, 『이웃과 함께하는 도시교회』, 뉴스앤조이, 2013.

최병두, 「공동체 이론의 전개과정과 도시공동체 운동」, 한국도시연구소 엮음, 『도시공동체론』, 한울, 2003.

최병두, 『도시 공간의 미로 속에서』, 한울, 2009.

최재선, 「역사-종말론적 일터공동체 모형과 사역방안: 협동조합식 마을형 사회적기업 창업준비팀 '아하체험마을'을 중심으로」, 실천신학대학원대학교 석사학위논문, 2012.

최혁진, 「사회적 협동조합의 등장과 교회의 역할」, 『기독교사상』, 2013.

하비 칸·매누엘 오르티즈 지음, 한화룡 옮김, 『도시목회와 선교: 교회개척을 위한 지침서』, CLC, 2006.

로버트 퍼트넘 지음, 안청시 외 옮김, 『사회적 자본과 민주주의』, 박영사, 2000.

하현봉, 『협동조합 교과서』, 싱크스마트, 2015.

한경호, 「한국 기독교 협동조합 운동의 역사와 성격」, 『기독교사상』7월호, 2013.

한경호, '협동조합운동과 농촌교회', 〈에큐메니안〉, 2012년 8월 2일자.

함유근·김영수, 『커뮤니티비즈니스』, 삼성경제연구소, 2010.

호소우치 노부타카 엮음, 정정일 옮김, 『우리 모두 주인공인 커뮤니티비즈니스』, 이매진, 2008.

호소우치 노부타카 지음, 박혜연·이상현 옮김, 『지역사회를 건강하게 만드는 커뮤니티 비즈니스』, 아르케, 2007.

호소우치 노부타카 엮음, 장정일 옮김, 『우리 모두 주인공인 커뮤니티비즈니스』, 이매 진, 2008.

황병배, 「한국 기독교 사회적 기업 연구: 사례를 중심으로」, 『신학과실천』32권, 2012.

Conn, Harvie M. *Planting and Growing Urban Churches*. Grand Rapids: Baker Academic, 1997.

Fuder, John. *Neighborhood Mapping*. Chicago: Moody Publishers, 2014.

Fuder, John·Castellanos, Noel. *A Heart for the Community: New Models for Urban and Suburban Ministry*. Chicago: Moody Publishers, 2013.

Jacobsen, Eric. "Receiving Community: The Church and the Future of the New Urbanist Movement". *Journal of Markets & Morality*, Vol. 6, No. 1(Spring 2003).

Jamieson, Alan. *A Churchless Faith: Faith Journeys beyond the Churches*. London: The Society For Promoting Christian Knowledge, 2002.

Johnson, Elmer H. *Social Problems of Urban Man*. Homewood, Ill.: The Dorsey Press, 1973.

Numrich, Paul D.·Wedam, Elfriede. *Religion & Community in the New Urban Amerca*. N.Y.: Oxford University Press, 2016.

Onyx, Rosemary Leonard·Jenny. *Social Capital and Community Building: Spinning Straw into Gold*. Janus Publishing Company, 2005.

Peters, Ronald E. *Urban Ministry: An Introduction*. Nashville: Abingdon Press, 2007.

Putnam, Robert D. *Bowling Alone: The Collapse and Revival of American Community*. New York: Simon & Schuster, 2000.

Sedmak, Clemens. *Doing Local Theology*. N.Y.: Orbis Books, 2002.

Simmel, Georg. "The Metropolis and Mental Life," *On Individuality and Social Forms*. Chicago & London: The U. of Chicago Press, 1971.

Smith, C. Christopher·Pattison, John. *Slow Church*. Illinois: IVP, 2014.

Sparks, Paul·Soerens, Tim·Friesen, Dwight J. *The New Parish*. Illinois: IVP, 2014.

Wuthnow, Robert. *Producing the Sacred*. Urbana and Chicago: University of Illinois Press, 1994.

Wuthnow, Robert. *Christianity and Civil Society: The Contemporary Debate*. Pennsylvania: Trinity Press International, 1996.

Wuthnow, Robert. *Saving America?: Faith-Based Services and the Future of Civil Society*. Princeton, N.J.: Princeton University, 2004.